KB061441

10분 마음챙김

지금 이 순간을 살기 위한 하루하루 마음챙김 71가지

10-Minute Mindfulness: 71 Simple Habits for Living in the Present Moment
by S. J. Scott and Barrie Davenport

10분 마음챙김

지금 이 순간을 살기 위한 하루하루 마음챙김 71가지

10-Minute Mindfulness

71 Simple Habits for Living in the Present Moment

S. J. Scott · Barrie Davenport 공저
전현민 역

역자 서문

마음을 챙긴다는 것, 지금 우리가 살고 있는 시대에 가장 필요한 것이라고 생각한다. 수없이 쏟아지는 각종 정보와 사건들로 우리의 마음은 요동친다. 한순간이라도 마음을 챙기지 않으면 금방 불안하고 두렵고 우울하고 슬퍼진다.

지금 현재에 살면서도 과거의 일로 후회하고 자책감을 느끼고, 아직 일어나지도 않은 미래를 생각하면서 불안과 두려움에 휩싸인다. 과연 우리가 오로지 **지금**, 그리고 **여기**에 집중하는 순간은 얼마나 될까?

오늘에 집중한다는 것, 오늘 내가 숨 쉬고 있기에 존재할 수 있다. 먼저 나의 호흡을 알아차리고, 마음을 챙기면서 차를 마시고 음식을 먹고 일을 집중해서 해낸다면 오늘을 온전히 살았다고 말할 수 있을 것이다.

이렇게 오늘 이 순간에 마음을 챙기고 느끼고 집중하면 과거로부터 자유로워지고 더욱 발전적인 미래를 맞이할 수 있을 것이다.

이 책을 번역하면서 마음에 와닿는 글이 있어서 여기에 적어 본다. 인도의 고전 철학서인『우파니샤드(Upanishads)』에 나오는 글이다.

> 당신은 당신이 가장 깊게 열망하는 것에 존재한다. 당신이 무언가를 열망할 때, 당신은 의지를 갖게 된다. 당신의 의지는 또한 당신의 행위 그 자체이다. 당신의 행위는 또한 당신의

운명이다.

　정말 마음에 깊게 와닿는 말이다. 우리는 우리가 깊게 열망하는 곳에서 가장 자기답게 존재할 수 있다. 무엇을 열망하면 하고자 하는 의지를 갖게 되고 행동을 하게 된다. 그런 행동들은 우리의 삶을 더 좋은 방향으로 변화시킬 것이다.

　이 책을 읽는 독자들도 하루하루 마음챙김을 하면서 자신이 가장 깊게 열망하는 것에 존재하게 되길 바란다. 꼭 그렇게 되길 바란다.

　이 책을 읽으면서 71가지 습관을 다 실천하기보다는 자신의 마음에 들어오는 마음챙김 습관 몇 가지에 주목하길 바란다. 이 책을 읽고 단지 3가지의 마음챙김 기법이라도 살아가면서 실천할 수 있게 된다면 삶은 조금씩 좋은 방향으로 변화할 것이다.

　그리고 이 책에 나와 있는 영어로 된 많은 책, 문화적 차이로 인해 이해하기 어려운 단어들, 수많은 웹사이트에 너무 신경 쓰지 않길 바란다.

　끝으로 이 책이 나올 수 있도록 배려해 주신 학지사 김진환 대표님께 먼저 깊은 감사를 드린다. 친절하고 세심하게 원고를 살펴 주신 정은혜 과장님께도 감사한 마음을 전한다. 또한 이 책을 선정하고 번역하는 과정에서 참신하고 유연한 아이디어를 내놓으면서 힘을 준 사랑하는 아들 이효진과 묵묵히 너그러운 마음으로 모든 것을 배려해 준 남편 이민규에게 감사한다.

2021. 8.

전현민

알아 두기

━━━━━

이 간행물의 어떤 부분도 복사나 기록을 포함한 어떤 형태나 수단, 기계, 또는 전자적 방법, 정보 저장 및 검색 시스템에 의해 복제 또는 전송될 수 없으며, 출판사의 서면 승인 없이 이메일로 전송될 수 없다.

이 출판물에 제공된 정보를 검증하기 위한 모든 시도가 이루어졌으며, 저자나 출판사는 이 책의 주요 주제에 대한 오류, 누락, 또는 상반된 해석에 대해 어떠한 책임도 지지 않는다.

이 책은 오직 여가를 즐기는 데 유용한 책이다. 책의 내용은 저자의 견해일 뿐이며, 전문가의 절대적인 지시로 받아들여서는 안 된다. 독자는 자신의 행동에 대한 책임이 있다.

미국, 캐나다, 또는 기타 관할 지역에서 사업을 수행하는 국제, 연방, 주 및 지역 관리 전문 면허, 사업 관행, 광고 및 기타 모든 측면을 포함하여 모든 해당 법률과 규정을 준수하는 것은 구매자나 독자의 단독 책임이다.

저자나 출판사는 이 자료들의 구매자나 독자를 대신하여 어떠한 법적 책임이나 의무도 지지 않는다.

어떤 개인이나 조직에 대한 언급이 있지만 의도한 것은 아니다.

차례

PART 4 늦은 아침의 마음챙김 습관_147

PART 7 결론_337

당신을 위한 작은 선물

이 책을 구매한 데 대한 감사의 표시로, 『10분 마음챙김』 독자들에게만 무료 웹사이트를 제공하고 있다.

제공된 웹사이트를 통해 당신은 인쇄 가능한 마음챙김 체크리스트, 확인용 작업 계획표 및 보너스 비디오를 얻을 수 있을 것이다. 즉각적인 무료 접속을 원한다면 다음 링크를 참조하라.

MindfulnessHabit.com/10mm

이 책에 포함된 하이퍼링크

『10분 마음챙김』의 디지털 버전은 당신의 자기주도 학습을 도울 수 있는 100개가 넘는 자료와 도구의 하이퍼링크를 포함하고 있다. (몇몇 웹사이트는 링크가 바뀌거나 삭제될 수 있음을 양해 바란다.)

이 책에서 언급한 모든 웹사이트를 저자의 블로그에 엮어 놓았다. www.developgoodhabits.com/10mmnotes

언급된 특정 도구 또는 자료에 대해 자세히 알아보려면 페이지를 참조하고 나중에 다시 참조할 수 있도록 책갈피를 해 놓는 것이 좋다.

한 번 더 언급하자면 블로그 주소는
www.developgoodhabits.com/10mmnotes이다.

이 책을 읽으면서 행복하길 바란다!

PART 1
소개

당신은 일어나려고 했던 예정 시간보다 20분이나 지나서 알람시계 버튼을 세 번 두드린 후에야 겨우 침대에서 일어난다.

시계를 확인하고 머릿속으로는 '아 너무 늦었어.'라고 생각하면서 놀라서 급하게 서두르기 시작한다.

샤워도 하기 전에 TV에서는 나쁜 소식과 정치적 이슈가 나오고, 절망감으로 아침을 시작한다.

당신의 뇌는 아침 뉴스를 보면서, 오늘 당신이 해야 할 모든 일을 기억한다: 회의, 과제 제출, 병원 진료, 아이들 데려다주기.

또한 당신은 어제 사장과 언쟁이 있었고, 그런 대화를 마음속에 몇 번이나 되새기면서 다시 온몸으로 분노를 느낀다.

샤워를 하고 나오면 당신의 휴대폰에서 각종 이메일들과 문자들의 수신음이 울린다. 당신의 심장박동은 빠르게 뛰기 시작하고 낮은 수준의 불안감이 더블 에스프레소의 여운처럼 몸속을 윙윙거린다.

샤워를 하고 옷을 입으며 이미 혼란스러운 상황 속에서, 아이들은 어수선하게 음식을 먹는 듯 마는 듯하고 당신의 배우자가 잃어버린 자동차 키를 찾느라 이리저리 헤매는 동안 당신은 부엌에서 허겁지겁 아침 식사를 하고 하루의 일정을 시작한다.

당신이 일을 하기 위해 움직이거나 아이들을 데려다주거나 당신이 하루를 시작하기 위해 어느 곳이든 도착하기 전까지, 당신의 마음은 기진맥진해지고 수많은 방해를 받는다. 당신 내면의 세계는 화산이 폭발하기 직전 초기의 미진 상태처럼 혼란스럽다.

당신이 아드레날린과 불안감으로 꽉 차 있을 때, 당신의 몸과 마음은 극단적인 것, 부정적인 것, 그리고 일상을 방해하는 것에 중독되기 시작한다. 이러한 중독은 당신이 의식적으로 오늘 하루 얻고 싶은 것을 얻어 내게 하기보다는 생각과 사건들에 대해 무조건적 반사 반응을 보이는 패턴 속에 당신을 갇히게 만든다.

저녁이 되면, 당신은 가족과 함께 시간을 보내고, 취미를 즐기며, 또는 휴식을 취하기에 이미 너무 지쳐 있게 된다. 대신, 당신은 잠들기 전에 몇 시간 동안 텔레비전을 시청하거나 인터넷 서핑을 하면서 멍한 상태로 있게 된다.

당신의 일상은 이 시나리오와 비슷한가?

이러한 일상이 당신의 일상을 정확하게 설명해 주지는 않는다고 할 수도 있다. 하지만 당신은 삶에서 앞서 말한 종류의 일상을 경험했을 것이다. 방해하는 것, 스트레스, 걱정, 불안, 부정적인 생각, 감정적인 피로, **육체적인 피로.** 이 모든 것이 우리가 받아들일 수 있는 범위보다 우리 삶에 훨씬 더 큰 영향을 준다.

종종 우리의 하루는 평화롭고 즐겁게 시작하지 않는다. 사실 우리는 편안하고 집중하고 현재에 있다는 느낌과는 다른 현실에 살며, 그것은 우리의 행복과 정신건강에 해를 끼친다.

의식하지 않는 삶의 덫

우리가 앞에서 설명한 시나리오는 삶을 방해하는 것들, 그리고 스트레스의 악순환은 전형적으로 '의식하지 않는 삶'을 말해 준다.

우리 대부분은 불행과 불안을 일으키는 생활방식에 대해 인식하지 못한다.

우리는 우리의 진정한 가치, 인생의 우선순위, 그리고 더 균형 있
는 인생의 방식을 위한 깊은 열망에 대해 인식하지 못한다.

우리는 또한 현재 이 순간에 누릴 수 있는 큰 평화와 만족감에 대
해 인식하지 못한다. 왜냐하면 우리는 과거에 대한 후회와 미래에
대한 걱정에 너무 사로잡혀 있기 때문이다.

영국의 철학자이자 작가이며 연설가인 앨런 와츠(Alan Watts)는 이
렇게 말한다.

> 우리는 시간의 착각으로 완전히 최면에 걸린 문화 속에서 살
> 고 있는데, 말하자면 현재의 순간은 강력한 원인이 있는 과거
> 와 빠져드는 중요한 미래 사이에 극도로 아주 미세하고 가느
> 다란 선에 지나지 않는다. 우리에게 현재는 없다. 우리의 의
> 식적인 사고는 거의 완전하게 과거의 기억과 미래에 대한 기
> 대에 사로잡혀 있다. 우리는 현재의 경험 외에 어떠한 다른
> 경험은 있을 수 없고 또한 있을 수 없게 될 것이라는 것을 전
> 혀 깨닫지 못한다. 그러므로 우리는 현실과 동떨어져 있다.
> 우리는 말하고 묘사하고 추측한 세계와 실제로 존재하는 세
> 계를 혼동한다. 우리는 이름, 숫자, 상징, 표시, 개념, 그리고
> 아이디어의 유용한 도구들에 끌려서 아픔과 혼란을 느낀다.

만약 당신이 스스로 의식하지 못하고 현실에서 벗어나 있다고 여
긴다 하더라도(그리고 대부분의 우리가 그렇다), 이것이 당신이 뭔가 잘

못되었다는 것을 의미하는 것은 아니다. 자신에 대해서 인식하지 못한다는 것이 특정한 결점이나 정신적인 결함은 아니다. 그것은 당신이 태어날 때부터 갖고 있는 것이 아니다.

사실상 당신은 어린아이들이 의식하지 못하는 것으로부터 고통받지 않는다는 것을 알고 있다. 아이들은 좋든 나쁘든 전체적이고 완전하게 현재 이 순간에 완전히 빠져 있다.

그들은 꽃을 보고 단순하게 기뻐한다. 그들은 그들이 피곤할 때 바닥에 누워서 잘 수 있고 또한 무언가 그들을 화나게 했을 때 공공장소에서 밴시(역자 주: 아일랜드 신화에 나오는 여자 유령)처럼 소리를 지를 수 있다. 아이들에게는 그 순간과 그에 대한 반응 사이에 필터가 거의 없다.

의식하지 못하는 것은 우리가 오랜 시간 동안 발달시킨 학습된 행동이다. 그러나 이것은 또한 우리의 뇌가 지각된 위협에 반응하는 방식과 우리가 매일 받는 사회적·문화적·기술적 압력에 어떻게 반응하는지에 대한 부산물이다.

우리가 우리의 책인 『Declutter Your Mind』에서 다루었듯이, "인간의 신경계는 600만 년 동안 진화해 왔지만, 그것은 여전히 하루에 수도 없이 생명을 위협받는 상황 속에 살고, 단순히 살아남는 것을 열망했던 우리의 선조들과 똑같은 반응을 보인다."

결과적으로 우리는 '부정적 편견'과 연결되어 있다. '부정적 편견'이란 긍정적인 경험들보다 부정적인 자극들에 더 강렬하게 반응하는 것을 말한다. 이것은 심지어 우리가 삶을 위협받는 것과 같은 시나리오 속에 살지 않더라도 발동하게 된다. 우리의 삶을 위협받는 상황은 심사숙고하는 상황, 후회하는 상황, 그리고 걱정하는 상황의 형태로 다가오게 된다.

현대 기술은 우리의 불안이라는 불길에 기름을 부었다. 24/7 뉴스, 광고, 그리고 정보를 접할 수 있게 되면서 우리는 많은 '유령 부기맨'에 노출되어 초조해하고 있다.

- 나는 충분히 매력적인가?
- 충분히 똑똑한가?
- 충분히 돈이 많은가?
- 충분히 행복한가?
- 나의 아이들은 안전한가?
- 경제가 완전히 망하지는 않을까?
- 나는 알맞은 식단을 섭취하고 있는가?
- 내가 바다에 가서 쓰나미를 맞지는 않을까?
- 내가 외계인들에게 납치를 당하지는 않을까?

매일, 매시간 대부분의 우리는 끊임없이 우리를 휘젓고 걱정하게 하고 종이호랑이들을 쫓는 정보들로부터 휩싸인다.

우리는 보이지 않는 미래를 준비하거나 과거의 고통을 재연하느라 너무 바쁘기 때문에 지금 이 순간을 즐길 시간이 없다.

우리의 휴대폰, 노트북, 그리고 태블릿은 삶을 방해하는 거대한 무기가 되었다. 그리고 이것들은 우리의 진짜 평화와 행복의 유일한 곳인 이 순간으로부터 점점 더 멀어지게 만든다.

베트남 사람이며 불교 수도승이자 평화주의자인 틱낫한(Thích Nhất Hạnh)은 그의 책『Peace is Every Step』에서 이렇게 말한다. "삶이라는 것은 오직 현재의 순간에서만 찾을 수 있다. 과거는 지나갔고 미래는 여기 있지 않으며, 만약 우리가 지금 이 순간으로 우리를 되돌리지 않는다면 우리는 우리의 삶을 제대로 영위할 수 없다."

불교 수도승에게는 쉬워 보인다. 그렇지 않은가?

하지만 많은 사람은 현재에 살아야 한다는 생각을 믿지 않는다. 그들은 그것을 현대 사회를 살아가는 사람들이 얻기 어려운 것으로, 비현실적이거나 시간을 낭비하는 것으로 여긴다.

이것을 어떻게 이룰 수 있을까? 미래에 치중되어 있는 빡빡한 세상 속에서 당신이 무언가를 계획하고, 목표를 성취하고, 삶을 살아가는 동안, 어떻게 해야 현재에 머무를 수 있을까? 승려나 은둔자가 아닌 이상, 어떻게 지금에 진실하게 살아갈 수 있을까?

그 정답은 꾸준한 일상에서의 마음챙김 연습에서 찾을 수 있다.

마음챙김을 연습하는 것은 심지어 아주 짧은 시간 동안만 해도 당신을 현재 이 순간에 머물게 해 주고, 사실상 이 습관을 형성하는 가장 최고의 방법은 아주 짧은 시간으로 시작하는 것이다.

우리는 당신이 하루 종일, 매일, 마음챙김을 해야 한다고 제안하는 것이 아니다. 우리는 당신을 마음챙김 **연습**, 즉 당신이 이러한 습관을 천천히 기르면서 당신이 살고 싶은 방식의 일부로 받아들일 수 있도록 초대하고 있다.

당신은 당신 삶의 모든 순간마다 현재에 집중하는 것이 가능한가?

아니다.

하지만 당신이 마음챙김을 연습함으로써 현재에 더 집중하도록 노력할 수는 있다.

하루 동안 당신이 마음챙김을 매분 연습한다면, '의식하지 않는 삶'의 시간 속에서 당신을 지지해 줄 수 있는 내면의 평화라는 저장소를 만들어 낼 수 있다.

당신이 마음챙김을 연습하면 할수록 당신은 더 많이 현재를 만끽할 것이고, 의식하지 않는 삶은 더 줄어들 것이다. 당신의 행동과 결정의 더 많은 부분이 자기인식에 기초할 것이고, 당신은 즉각적이고 반작용적으로 행동하기보다는 인식하는 반응적 행동을 할 수 있게 될 것이다. 시간이 지나면서 당신이 현대 생활의 요구의 반작용적인 사이클에 갇혀 있는 자신을 발견하게 될 때 현재로 되돌아가는 습관을 갖게 될 것이다.

마음챙김이란 무엇인가

마음챙김은 매우 간단하다. 이것은 당신이 당신의 감정, 생각, 그리고 몸의 감각에 집중하는 동안 **의도적으로** 현재 이 순간을 인식하게 되는 것을 의미한다.

당신은 의도적으로 목적을 가지고 집중을 하며 당신이 하고 있거나 생각하는 무언가로 의식적으로 향하게 한다. 설거지하기, 배우자와 대화하기, 아이들과 놀아 주기, 과제 하기, 아무것도 하지 않기.

그러나 마음챙김은 한 걸음 더 나아가 '판단하지 않기'를 포함한다.

'판단하지 않기'는 일상의 마음챙김 연습을 더 깊고 의미 있게 경험하는 데 중요한 요소이다. 이것은 당신이 당신의 행동, 생각, 그리고 감정들에 거리를 두고 관찰하며 그것들을 좋거나 나쁨, 옳거나 옳지 않음 등으로 평가하지 않는 것을 말한다.

명상가이며 마음챙김 저자인 제임스 바라즈(James Baraz)는 그의 책 『Awakening Joy』에서 이렇게 말한다. "마음챙김은 단지 지금 일어나고 있는 일이 달라지는 것을 바라지 않고 그저 인식하는 것이다. 앞으로 변화할 것이라고 계속 생각하지 않고 기쁜 것을 현재 즐기는 것이다. 두려워하지 않으며 불쾌함과 함께 존재하는 것이다."

이 분리된 인식은 그리움, 후회, 욕망, 그리고 걱정과 관련된 스트레스로부터 당신을 자유롭게 해 준다.

그 순간을 분석하거나 부정적인 생각에 잠기기보다는 그 순간을 진정으로 경험하고 있을 때, 당신은 진정으로 삶이 변하는 육체적·감정적·심리적 혜택을 폭넓게 누리게 된다. (나중에 이러한 혜택들에 대해 더 많이 설명한다.)

마음챙김 연습은 굉장히 어렵거나 힘든 것이 아니다. 마음챙김의 어려움 정도는 마음챙김을 우리의 일상생활에 흡수시키는 우리의 능력에 달려 있다. 우리는 마음챙김 습관을 습득해야 하고 이 연습을 우리의 일상에 적용하는 전략을 만들어야 한다.

이 책을 읽는 대부분의 사람은 가족, 직업, 책임감, 그리고 목표를 가지고 있을 것이다. 당신의 삶은 아마도 매우 활동적이고 바쁠 것이다. 이것은 당신이 이미 마음챙김 연습과는 거리가 먼 일상생활을 하고 있다는 것을 의미한다.

불교인인 명상가 샤론 살츠버그(Sharon Salzberg)는 우리에게 이렇게 말한다. "마음챙김은 어렵지 않다. 우리는 단지 그것을 행해야 한다는 것을 기억할 필요가 있다."

그것이 우리가 이 책에 요약되어 있는 습관들로 당신이 할 수 있도록 돕고자 하는 것이다.

10분 마음챙김의 목적

우리는 당신에게 마음챙김 습관을 발달시킬 만한 실용적인 방법들을 제시하면서 당신이 그것을 행해야 한다는 것을 자주 충분히 기억해서 그것이 몸에 익어 자동적으로 하기를 바란다.

그리고 우리는 일어나면서부터 자기 전까지 당신이 하루 동안 마음챙김을 어떻게 적용하는지에 대해 보여 주기를 원한다. 따라서 당신이 심지어 하루 동안 평범한 활동을 하고 있을 때도 쉽게 현재 이 순간을 자각하도록 도울 수 있기를 바란다.

마음챙김은 당신이 행하는 그 어떠한 행동에도 적용될 수 있다. 우리는 당신이 명상의 자세를 하고 몇 시간 동안 명상하는 것을 요구하지 않는다. 당신은 이상한 옷을 입거나, 요가를 하거나(당신이 원하지 않는다면), 또는 동굴에 박혀 수련하지 않아도 된다.

당신이 원한다면 마음챙김을 당신의 종교적인 연습에도 적용할 수 있지만 당신이 마음챙김을 연습하면서 꼭 어떤 특정한 종교에 속할 필요는 없다.

앞서 말했듯이, 과제를 수행하든 또는 냉장고를 정리하든 상관없이 마음챙김을 연습하는 것은 단순하게 당신의 의식을 당신이 하는 무언가로 향하게 하는 것을 의미한다.

하지만 우리는 당신이 당신의 마음을 압박하지 않고 더 매력적이며 만족스럽게 성취감을 느낄 수 있도록 약 10분 안에 해낼 수 있는 71가지의 일상적인 마음챙김 습관을 제안한다.

여기에 설명된 습관들은 다음과 같이 해 준다.

1. 당신이 이 습관들을 행할 때 마음챙김을 위한 기회를 제공한다.
2. 하나의 행동 또는 마음의 변화를 위해 더 많은 마음챙김 생활양식을 지원한다.
3. 이 둘을 같이 한다.

이러한 마음챙김 습관의 많은 부분이 광범위하게 연구되었고, 나중에 책에서도 논했듯이 수많은 심리적·육체적 이익을 제공한다는 것이 증명되었다.

스티브(Steve)와 배리(Barrie)는 둘 다 스스로 많은 마음챙김 습관을 연습하고 직접 그 혜택들을 경험했다.

배리는 그녀의 책 『Peace of Mindfulness』에서 이렇게 말한다.

> 마음챙김 연습을 통해서, 나는 많은 혜택을 개인적으로 경험했다. 나는 상황에 맞게 마음챙김을 활용했고 불안, 걱정, 그리고 우울을 감소시켰다. 수술 후 회복하는 동안, 나는 마음

챙김을 고통과 좌절감을 관리하는 데 사용했다. 나는 규칙적으로 잠을 자기 전에 마음챙김을 연습했고, 그렇게 했을 때 내가 더 빨리 잠든다는 것을 깨달았다. 일상에서 마음챙김 기술을 연습할 때, 나는 더 만족감, 편안함, 그리고 감정적인 조화로움을 느꼈다. 나는 나의 인간관계에서 더 행복감을 느꼈고, 내가 명상을 하거나 현재 이 순간에 집중하는 기술을 적용하는 시간을 가졌을 때 세상이 더 행복하다고 느꼈으며 나의 경험을 더 긍정적으로 인식하게 되었다.

스티브는 마음챙김 연습이 조금 새로웠다. 결혼해서 아들의 탄생을 보는 것은 그에게 매일 체크리스트의 노예가 되는 것보다 현재 순간을 소중히 여기는 것의 중요성을 가르쳐 주었다. 그는 여전히 열심히 일하는 것을 즐기지만, 이제 인생의 작은 것을 감상하기 위해 하루 중 일부를 능동적으로 계획한다.

배리와 스티브는 둘 다 마음챙김을 그들의 일상에서 중요한 부분으로 만들었다. 그리고 그들이 깨달은 것은 이 작지만 중요한 습관을 형성하는 데 그리 길지 않은 시간이 걸린다는 것이었다. 사실상 그 습관들 각각은 10분 또는 그 이내에 실천할 수 있다.

왜 10분인가

어떠한 새로운 습관을 발달시키는 중요한 요점(PART 2에서 배울 것이다)은 작게 시작하고 꾸준히 집중하는 것이다(특정한 목적을 목표로 하지 않고).

많은 다른 습관(예: 운동)과는 달리, 마음챙김 연습은 활동을 하는 데 있어 당신의 시간을 몇 시간이나 투자할 필요가 없다. 만약 당신이 원한다면 1시간 정도의 명상 연습을 하거나 차를 마시기 위한 사전 의식을 실천해 볼 수 있다.

하지만 대부분의 마음챙김 활동은 당신이 현재 이 순간에 집중하는 몇 분 정도를 필요로 하고, 이런 습관들을 형성하는 것은 당신이 여태껏 한 활동들 중 가장 쉬운 것일 것이다. 다시 한번 말하자면, 요점은 하루 동안 꾸준히 습관들을 행해야 한다는 것을 기억하는 것이다. (운이 좋게도, 우리는 우리가 다음 단계에서 다룰 이런 습관들을 당신의 일상에서 실천할 수 있도록 여러 가지 좋은 제안을 할 수 있다.)

비록 이런 마음챙김 습관들이 연습하기에 쉽고 시간도 많이 걸리지는 않지만, 이 일상의 연습으로부터 우리는 수많은 혜택을 얻을 수 있다. 그러므로 마음챙김의 혜택들과 이런 습관들을 당신의 일상에 적용하려면 어떻게 해야 하는지 알아보자.

링크와 자료

우리가 다음 단계로 넘어가기 전에 마지막으로 알 것은 다음과 같다. 당신은 이 책이 수많은 책, 자료, 그리고 웹사이트와 많이 연결되어 있다는 것을 이미 알아차렸을 것이다. 이것들은 당신이 구체적인 습관을 형성하기 위해 다음 단계로 넘어갈 수 있게 도와주기 때문에 이 책에 포함되어 있다.

우리가 각 습관의 상세한 개요를 제공하는 동안 당신은 마음챙김 연습과 마음챙김을 당신의 삶에 어떻게 완벽히 적용할 수 있는지에 대해 더 배우기를 원할 것이다. 따라서 당신이 자기 주도적 학습을 통해 다음 단계로 넘어가기 위한 노력을 기울일 수 있도록 각각의 습관들은 당신이 참고할 수 있는 최소한 하나의 추가적인 자료를 제시하고 있다.

마지막으로, 당신은 이 책에 언급된 자료들을 따로 메모할 필요가 없다. **왜냐하면 모든 것이 제시한 웹사이트에 포함되어 있기 때문이다.**

당신이 이 책으로부터 무엇을 얻을 수 있는지에 대해 알았다면, 이제 마음챙김의 혜택들과 마음챙김 습관들을 형성하는 과정에 대해 이야기를 시작해 보자.

PART 2
마음챙김 습관
형성하기

마음챙김 습관 형성의 10가지 이점

마음챙김은 현재 순간에 더 크게 감사하고 삶에 대해 더 큰 시각을 가질 수 있도록 마음의 여유를 줌으로써 우리가 일상에서 흔히 집착하는 것들로부터 벗어나게 해 준다. 그것은 또한 우리가 어떻게 행동할지 선택할 수 있을 만큼 충분히 오래 머물게 하면서 우리의 습관적인 반응을 바꿀 수 있도록 도와준다.

마음챙김의 이러한 혜택은 3가지 종류로 나뉜다.

1. 당신의 육체적이고 정신적인 건강을 증진시킨다.
2. 육체적인 질병의 몇몇 증상을 감소시키거나 완화시킨다.
3. 파괴적이거나 부정적인 감정들의 빈도와 강도를 최소화한다.

이 3가지 요점을 분명히 하기 위해 여기 마음챙김이 당신의 삶에 긍정적인 신체적·정서적 영향을 미칠 수 있는 10가지 이점이 있다.

#1. 마음챙김은 과도한 생각과 복잡한 생각을 줄여 준다

반추는 중독성이 강한 자기반성의 부적응 형태이다. 당신이 끊임없이 '머릿속에' 부정적인 생각들을 반복하고, 걱정이나 화난 일을 되씹고 과거에 대해 회상할 때, 당신은 스스로를 우울증과 불안감 같은 정신적 건강 문제의 큰 위험에 노출시킨다.

연구 결과는 마음챙김을 연습하는 것이 반추를 줄이는 데 도움을 준다고 밝혔다. 체임버스 등(Chambers et al., 2018)의 연구에 의하면, 마음챙김 명상 수양(가톨릭의) 피정의 참가자들(이전에 명상 경험이 전혀 없는)은 통제 집단보다 상당히 높은 마음챙김을 하고, 적은 반추와 낮은 우울증 증상을 보였다.

#2. 마음챙김은 어느 정도의 스트레스를 완화한다

수많은 다른 연구와 마찬가지로 체임버스 등의 연구 결과에 따르면 마음챙김 연습은 스트레스 호르몬인 코르티솔의 정도를 감소시킬 수 있다. 연구 결과는 코르티솔의 감소와 마음챙김 정도 간의 직접적인 상관을 보여 준다.

#3. 마음챙김은 기억력, 집중력, 그리고 수행 능력을 증진시킨다

마음챙김 연습은 마음이 산만해지는 것을 줄여 줄 뿐만 아니라 집중력, 기억력, 그리고 독해력을 향상시킨다는 것이 증명되었다. 마음챙김을 연습하는 학생들은 마음챙김 연습을 하지 않는 사람들보다 시험에서 더 높은 수행 능력을 보였다.

매사추세츠 종합병원(Massachusetts General Hospital)의 연구원들은 연구에서 정기적인 명상이 뇌의 대뇌 피질을 두껍게 만들어 준다는 것을 밝혔다. 대뇌 피질은 기억력, 집중력, 그리고 학습 능력과 같은 높은 수준의 뇌 기능에 많은 관여를 한다.

#4. 마음챙김은 정서적인 반응성에 도움을 준다

마음챙김은 우리가 스트레스로 인해 분노하고 감정폭발이 일어날 때 반응하지 않도록 도와주며 정서적 안정을 유지하는 능력에 영향을 미친다. 마음챙김은 우리가 스트레스를 받는 상황 속에서 더 차분하고 건강한 방식으로 반응하도록 도와준다.

오트너 등(Ortner et al., 2007)의 연구는 혼란스러운 상태를 겪었지만 마음챙김 명상을 실행하지 않은 사람들과 비교해 볼 때 마음챙김 명상에 참가한 사람들은 정서적으로 혼란스러운 상태로부터 벗어나 인지적인 작업에 더 집중할 수 있다는 것을 보여 주었다.

#5. 마음챙김은 인지적 유연성을 촉진시킨다

인지적 유연성은 상황의 요구에 맞추어 빠르게 당신의 생각과 연결하여 변화시키는 능력이다. 2009년의 한 연구에서 마음챙김 명상의 연습은 인지적 유연성을 증진시키고 우리의 생각을 덜 갇혀 있고 더 창조적으로 만들도록 도와준다는 결과를 얻었다.

#6. 마음챙김은 더 행복한 인간관계를 형성한다

노스캐롤라이나 대학교(University of North Carolina)의 '다소 행복하며 스트레스를 받지 않는 커플들' 연구는 활동적으로 마음챙김을 연습하는 커플들이 그들의 관계에서 행복감을 더 느낀다는 것을 보여 주었다. 그들은 관계에서 스트레스를 덜 경험했고, 위기에 더 쉽게 대처할 수 있었다.

#7. 마음챙김은 불안감을 줄여 준다

마음챙김 연습은 뇌의 공포 중추인 편도체를 줄이는 데 도움이된다. 마음챙김 연습은 전전두엽의 피질을 증가시켜 뇌를 더 차분하고 안정되도록 촉진시킨다. 불안한 생각과 감정을 분리하고 판단하지 않는 행위는 사고에 대한 공포 반응을 줄이는 데 도움이 된다.

#8. 마음챙김은 잠을 잘 자게 해 준다

불면증은 흔한 스트레스 반응이다. 마음챙김 습관은 차분하게하고 잠을 방해하는 반추를 감소시킨다.

2015년 성인들에 대한 연구에서는 마음챙김 명상 연습이 잠을 더잘 잘 수 있게 도와준다는 것이 확인되었다. 연구에 따르면, 마음챙김 명상은 자율신경계에 대한 통제력을 부여하는 주의 요소를 증가시키는 기능을 통해 이완 반응을 높일 수 있다.

#9. 마음챙김은 정신건강을 증진시킨다

오리건 대학교(University of Oregon)의 연구원들은 '통합적 보디-마인드 트레이닝(integrative body-mind traning)'이라고 불리는 마음챙김 기술이 정신적인 질병에 대항하여 우리를 지켜 주는 뇌의 변화를이끌어 낼 수 있다는 것을 발견했다. 연구에 따르면, 마음챙김 연습은 사람의 행동 조절을 도와주는 뇌 영역의 효율을 증가시켜 뇌의연결 구도에 긍정적인 구조적 변화를 야기한다.

#10. 마음챙김은 고통에서 벗어나게 한다

많은 연구에서 마음챙김 연습이 사람들로 하여금 만성적인 고통을 완화한다는 사실들이 발견되었다. 마음챙김은 고통을 판단하지 않고 알아차리게 해 주는 반면, 부정적인 생각들과 판단들은 고통을 악화시킨다. 마음챙김 연습은 또한 고통에 대한 보다 더 정확한 지각을 하게 해 주고 고통에 대해 평가하고 걱정하는 이차적 고통을 줄이는 데 도움을 준다. 학자들은 마음챙김 명상을 연습한 참가자들의 고통의 강도가 감소하고 고통으로 인한 아픔이 감소됨을 보고했다.

이런 습관들의 반복으로 의도적으로 형성된 마음챙김의 상태는 뇌의 기능과 구조에 오랫동안 변화를 주어 지속된다는 특징이 있다.

간단하게 말해서, 운동과 관련된 습관이 당신의 몸을 변화시키는 것과 같이, 마음챙김 습관은 당신의 마음을 변화시킬 것이다.

이제 이 책에서 서술된 몇몇 습관을 사용하여 하루 동안 마음챙김을 자동적으로 연습할 수 있도록 하기 위해 새로운 습관들을 형성하기 위한 기초 단계에 대해서 알아본다.

마음챙김 습관을 발달시키는 방법

여기 적힌 많은 마음챙김 습관은 당신에게는 새로울 것이며, 당신은 이 새로운 종류의 활동을 하루의 일상 속에 통합시키는 방법을 배워야 할 것이다.

하지만 몇몇 마음챙김 습관은 새로운 습관들을 형성하는 일반적인 방법과는 다르다. 지금 현재에 더 집중하는 것은 항상 당신이 한 번에 습관을 형성한다는 것을 의미하지 않는다. 대신에 이것은 종종 현존하는 습관을 더 나은 버전의 동일한 습관으로 대체하는 것과 관련이 있다.

여러 면에서 이것은 나쁜 습관을 좋은 습관으로 대체하는 것과 비슷하다. 이 습관은 이미 존재한다. 오직 당신이 해야 하는 것은 현존하는 습관을 개선된(더 마음챙김을 포함하는) 버전으로 바꾸는 것이다.

이것에 대한 구체적인 예시를 들어 보자. 매일 조는 아침 8시에 차를 만들어 마신다. 그는 하루를 시작하기 전에 에너지를 얻기 위해 다량의 카페인을 필요로 하기 때문에 차를 마신다.

조는 차를 마시는 습관과 함께, 모든 것을 자동적으로 행한다. 그는 차를 만드는 것을 출근 준비 과정의 한 부분으로 여긴다. 그는 직장에 가기 위해서 자동차를 운전하는 동안 후루룩 소리를 내며 차를 마신다. 때때로 그는 이런 행동을 너무 자동적으로 하기 때문에 자신이 아침에 차를 마셨는지 기억하지 못할 때도 있다.

반면, 차를 마시는 습관의 마음챙김 버전에서 조에게 필요한 가장 중요한 것은 시간일 것이다. 그는 어떠한 다른 방해 없이 차를 만들 시간이 필요하다. 그리고 그는 차를 마음챙김과 함께 즐길 시간이 필요할 것이다. 그 습관은 그대로이다. 단지 그는 개선된 버전을 위해 추가 시간을 고려하기만 하면 된다.

그럼 9가지 단계의 마음챙김 습관 형성을 위한 과정을 알아보자.

STEP #1: 당신이 만들고 싶은 변화를 결정하라

이 아이디어들을 행동으로 바꾸기 위한 첫 번째 단계는 당신이 형성하고자 하는 모든 습관을 목록으로 만드는 것이다. (희망적으로 이 책에 적혀 있는 71가지의 마음챙김 습관은 당신이 몇 가지 아이디어를 떠올리게 할 것이다.) 종이와 펜(또는 당신의 가장 좋아하는 노트 메모 앱)을 들고 앉아서 당신이 추가하거나 바꾸기를 원하는 습관들의 목록을 적으라.

이런 변화들은 당신이 원하는 것이어야 한다는 사실이 중요하다. 좀 더 마음챙김을 가져야 한다는 생각에 흥분하기 쉬우나, 어느 정도 일관된 노력이 필요하다. 더 마음챙김을 한다는 것은 훌륭해 보이지만, 당신의 삶에 원하는 변화를 만들기 위해서는 약간의 희생이 필요하다.

STEP #2: 기존 습관들을 목록화하라

당신이 즉시 변화하기를 원하는 행동 목록을 적고, 앉아서 당신의 일상 습관을 탐색해 보라. 이런 습관들이 얼마나 더 마음챙김 방식으로 행해지길 바라는가?

우리는 모두 매일의 구체적인 '습관'을 가지고 있다. 당신은 당신의 배우자와 대화하는 것을 습관으로 형성할 필요가 없다. 하지만 당신은 당신의 배우자와 더 마음을 챙기는 방식으로 의사소통해야 할 필요가 있다.

당신이 당신의 기존 일상 습관 목록을 탐색하는 것처럼, 당신이 열망하는 마음챙김 습관에 대해 생각하라. 이 두 그룹 간에 중복되는 습관들을 기록하라. 당신의 습관들이 잠재적으로 중복된다는 것을 깨달을 때, 이것이 당신이 솔직하게 변화하기를 원하는 첫 번째 습관이 될 것이다.

이러한 습관들은 이미 존재하기 때문에 변화하는 것은 쉽다. 당신이 오로지 해야 하는 일은 이 습관들이 더 마음을 챙기는 방식으로 향하도록 의식적인 결정을 내리는 것이다.

STEP #3: 당신이 변화시키기를 원하는 습관의 개수를 제한하라

로이 F. 바우마이스터(Roy F. Baumeister)와 존 티어니(John Tierney)의 『Willpower』에서는 사람의 '생각, 감정, 그리고 행동을 조절하는 능력이 감소된' 자아고갈(ego depletion)이라는 개념을 소개했다.

간단히 말하면, 우리의 의지는 근육과 같다. 근육을 계속해서 사용하면 근육이 점점 약해지는 것과 같이 의지도 지속적으로 사용하면 고갈 상태가 된다.

바우마이스터와 동료들은 자아고갈을 다양한 시나리오에서 실험했다. 하나는 무(채소) 실험이라고 불린다. 그들은 3개 집단의 사람들을 방에 두고 3가지 종류의 음식인 초콜릿, 쿠키, 무를 제공했다(참가자들이 퍼즐을 조립하기 전에).

- 한 집단은 그들이 원하는 것을 모두 먹을 수 있었다.
- 다른 집단은 오직 무만 먹을 수 있었다(단 것에 대한 유혹을 물리쳐야 했다).
- 마지막 집단은 어떠한 음식도 선택할 수 없었다.

그 이후에 각각의 집단은 긴 시간 지속적으로 수행해야 하는 퍼즐 과제를 수행하는 방으로 이동했다. 이전에 의지력을 발휘하지 않았던 집단(즉, 먹고 싶은 것을 모두 먹을 수 있었던 집단과 어떠한 음식 선택의 기회도 주어지지 않았던 집단)은 퍼즐을 **평균 20분** 정도 지속적으로 풀었다. 반면, 의지력을 갖고 맛있는 단 음식을 자제해야만 했던 집단은 앞의 집단들보다 퍼즐을 **평균 8분** 정도 덜 풀었다. 그들은 이미 단 음식에 대한 유혹을 물리치느라 너무 지쳐 있었다.

이 실험이 보여 주는 것은 무엇인가?

그것은 간단하다. 대부분의 사람은 어떤 상황에서 유혹에 대해 저항할 수는 있지만, 그로 인해 이미 지쳐서 다음 과제에서는 의지력을 최대한 발휘하지 못하고 '약해진' 상태에서 노력을 하게 된다. 사람들은 동기부여만으로는 최고의 성과를 얻지 못한다. 대신 수많은 결정이나 이미 완수한 과업들이 궁극적으로 새로운 업무의 성공 정도를 결정한다.

이것은 궁극적으로 당신의 습관을 성공적으로 형성하는 데 중요한 2가지 사실을 시사한다.

- 당신은 당신이 사용할수록 고갈되는 한정된 양의 의지를 가지고 있다.
- 당신은 어떠한 분야의 과제에 대해서 동일한 양의 의지력을 사용한다.

당신의 의지력(willpower, 동기도 마찬가지)의 정도는 시간이 지날수록 감소할 것임을 인지하고 있어야 한다. 이것은 만약 당신이 당신의 삶에 어떠한 중요하고 지속되는 변화를 만들고 싶다면, 오직 한 번에 수용 가능한 습관들을 형성하는 데에 집중할 필요가 있음을 의미한다. 이것에 대해서는 우리가 추후에 이야기할 것이다.

STEP #4: 새로운 습관을 만들기 위해서 최소 30일 정도 투자하라

마음챙김은 당신의 삶의 질과 인간관계의 연결성을 개선해 줄 것이다. 하지만 이런 좋은 감정들을 형성하는 것이 그 과정이 간단하거나 고통이 없을 것임을 의미하지는 않는다. 사실상 하룻밤 사이의 변화는 기대하지 않는 것이 좋다. 적어도 당신이 생각을 바꾸며 마음을 재교육하는 데 몇 주 정도는 걸릴 것이다.

몇몇 사람은 습관을 형성하는 데 21일가량 걸린다고 하는 반면에 어떤 사람들은 66일이 걸린다고 말한다. 진실은 사람마다 걸리는 시간이 다르고 습관마다 걸리는 시간이 다르다는 것이다. 당신에게 몇몇의 습관은 형성하기 쉬운 반면에 다른 사람들은 많은 노력을 필요로 한다는 것을 알 수 있을 것이다. 따라서 우리는 당신이 마음챙김 습관을 형성하는 데 최소한 30일을 잡을 것을 권고한다.

이 기간 동안 당신의 전체 삶은 당신의 새로운 마음챙김 습관을 연습하기 위해 하루의 일상을 나누어 체계적으로 계획되어야 한다.

STEP #5. 일상생활에 마음챙김 습관을 포함시키라

마음챙김 습관은 일시적인 유행이나 순간적인 열망, 그리고 한 순간 생긴 동기에 기초해서는 안 된다. 그보다는 그 행동 자체가 자연스럽고 자동적으로 당신의 일상에 스며들게 해야만 한다. 이것은 당신이 복잡한 일련의 단계를 밟지 않아도 된다는 것을 의미한다. 단순히 당신이 설정할 수 있는 무언가를 하라. 하루하루를 실패 없이 보내라.

B. J. 포그(B. J. Fogg)가 말한 '작은 습관(Tiny Habits)' 개념으로부터 좋은 예들을 생각해 볼 수 있다. 당신이 해야 할 일은 매우 작은 습관 변화를 시도하고 그것을 형성하기 위해 기초 단계를 밟는 것이다. 그가 중요하게 말하고자 하는 것은 당신이 이미 기본적으로 하고 있던 일상에 새로운 습관을 '고정'하라는 것이다.

- "나는 아침에 첫 번째 커피를 마신 후에 10분 동안 명상할 것이다."
- "나는 사무실에 도착한 후에 앉아서 내가 하루 동안 성취하기를 원하는 중요한 3가지 업무를 확인할 것이다."

• "저녁 식사 전에 나는 모든 전자 기기를 쓰지 않고 나의 가족도 그렇게 할 수 있도록 할 것이다."

당신은 아이디어를 가지고 있다. 당신이 일관되게 행하는 습관을 찾고 그것에 당신의 새로운 행동을 덧붙여서 연습하라.

STEP #6: 새로운 습관과 관련된 기초 단계를 밟으라

습관을 발달시키는 데 중요한 점은 세분화된 계획을 세우고 작은 목표에 집중하는 것이다.

마음챙김은 습관이 되기까지 어느 정도 시간이 걸린다. 주요 마음챙김 습관(마음챙김 관련 먹기와 마음챙김 관련 대화)은 일생의 경험을 뒤바꿀 것이다. 그것은 쉽지 않다. 처음에 당신이 마음챙김과 관련된 행동만 한다고 해도 부끄러워하지 말라. 대신에 당신이 하나의 과정을 만들 수 있다는 사실을 격려하라.

당신은 성공을 즐기고, 단지 남은 시간 동안 더 잘 일할 수 있도록 스스로를 상기시킬 필요가 있다. 마음챙김의 변화는 종종 매우 천천히 이루어지지만, 변화하려고 하면 할수록 점점 더 쉬워진다.

만약 당신이 당신의 마음챙김 습관을 유지하려는 데 문제가 생긴다면 아주 작은 것을 실천하려고 노력하라.

아주 작은 약속(micro-commitment)은 절대로 실패하지 않을 만한 아주 작은 목표를 말한다. 이러한 약속들과 함께, 특정한 목표를 달성하는 것보다 일관성을 유지하고 하루도 놓치지 않는 것이 더 중요하다. 아주 쉬운 약속을 정할 때, 당신은 그것을 시작하는 데 있어 더 편할 것이다.

여기 마음챙김 습관의 아주 작은 약속의 한 예가 있다. 마음챙김 식사를 하는 데 있어 식사하는 전체 시간 동안 마음챙김 관련 약속을 지키려고 하기보다는 매 식사의 처음 수십 번 음식을 씹을 때 집중하여 짧게라도 약속을 지키려고 하는 것이 좋다. 이렇게 작은 약속은 어떤 식으로든 당신의 기존 생활방식에 영향을 미쳐서는 안 된다. 하지만 이것은 당신의 마음챙김 습관을 강력하게 만들어 준다.

첫째, 이것은 당신이 마음챙김 습관을 **실패 없**이 매일 사용하게 하는 생활 습관을 만들어 준다.

둘째, 당신이 한번 마음챙김으로 무언가를 시작하면, 당신은 그것을 지속적으로 하게 될 것이다. 식사 초반 동안 '약속'을 지킬 수 있으면 네 번 중 세 번의 식사 동안, 당신은 자신이 식사를 하는 전체 시간 동안 마음챙김으로 밥을 먹을 것이다. 왜냐하면 사실 마음챙김 상태가 이루어지면 당신은 더 즐겁기 때문이다.

STEP #7. 잠재되어 있는 장애물에 대비하는 계획을 세우라

심지어 마음챙김 습관이라 할지라도 모든 새로운 습관에는 방해 요소가 있다. 많은 마음챙김 습관이 현존하는 습관의 변화라고 하지만 당신은 여전히 이런 새로운 변화에 대해 저항하게 될 것이다.

예를 들어, 당신은 때때로 이렇게 생각한다.

'마음챙김 식사를 하면 식사 시간이 10분 정도 늘어나게 된다. 그런데 나는 오늘 그만큼의 여유 시간을 가지고 있지 않다.'

또는 '나는 마음챙김 결정을 하는 것이 너무나 화가 난다. 나는 나의 분노를 터뜨리고 싶다.'

이 목록은 사람들이 기존의 습관에 마음챙김을 사용할 때 마주할 수 있는 2가지의 흔한 장애물이다. 전형적인 장애물들은 다음을 포함한다.

- 시간
- 고통
- 날씨
- 공간
- 비용
- 자의식

중요한 점은 이런 방해요소들이 모두에게 일어날 수 있다는 것을 이해하고 당신이 그것을 위한 대비 계획을 짤 수 있다는 것이다. 이런 방식으로 당신이 대비를 한다면, 장애물들을 마주했을 때 당신이 이런 부정적인 경험들로부터 갑작스러운 기습을 당했다는 느낌이 들지는 않을 것이다.

보이지 않는 장애물에 대비하기 위한 가장 간단한 방법은 특정한 상황이 나타날 때 당신이 어떠한 행동을 할 것인가에 대해 설정해 놓은 '만약 그렇다면 구절(if-then statements)'을 만드는 것이다.

여기 몇 가지의 예시가 있다.

- "만약 내가 날씨를 확인하고 비가 온다는 것을 안다면, 나는 야외에 있기보다는 체육관에서 운동을 할 것이다."
- "만약 내가 마지막 날까지 과제를 완료할 시간이 없다면, 나는 평소보다 30분 일찍 일어나 과제를 시작하고 어떠한 일보다도 과제를 우선적으로 할 것이다."
- "만약 내가 기분이 안 좋은 날이고 나의 배우자와 마음챙김 의사소통을 하는 기분이 들지 않는다면, 나는 그 또는 그녀에게 5분에서 10분 동안 오늘 나의 힘든 일과 감정들에 대해 마음챙김과 관련하여 설명하는 시간을 가질 것이다."
- "만약 내가 식사하는 시간이 짧다면, 나는 처음 3번 음식을 입에 넣을 때 마음챙김 방식으로 먹을 것이다."

이러한 급작스러운 장애물에 미리 대비해 놓으면, 당신은 당신의 길을 방해하는 어떠한 장애물도 극복할 수 있다. 나의 가장 중요한 규칙은 내 인생에 일어날 만한 모든 흔한 장애물에 대해 몇 가지 종류의 '만약 그렇다면 구절'을 생각하는 것이다.

STEP #8: 당신이 어떤 중요한 목표에 도달했을 때, 당신에게 보상을 주라

새로운 습관을 형성하는 것은 전혀 지루하지 않다. 사실상 당신은 과정에 따라 보상 시스템을 만들면서 그 과정 자체를 재미있는 과정으로 만들 수 있다. 당신이 고르는 그 보상은 오직 당신에게 달려 있지만, 그 보상이 목표의 의도와 상반되는 것이면 안 된다. 예를 들어, 당신이 마음챙김 먹기와 관련된 목표를 설정했다면, 보상으로 뷔페에 가서 원하는 것을 마음대로 먹기와 같은 것을 설정하면 안 된다.

그 보상은 제한된 한도를 넘어서 제공할 필요는 없다. 당신은 새로운 영화를 보거나, 중요한 누군가와 함께 저녁 시간을 보내거나, 또는 단순히 당신이 정말 좋아하는 무언가를 해도 된다(그리고 만약 당신에게 구체적인 생각이 없다면, '당신 자신에게 보상을 주는 방법 155가지'라는 웹사이트에 있는 기사를 참고하라).

STEP #9: 더 많은 마음챙김 습관을 연습하라

삶의 현재에 더 집중하는 것은 수많은 습관을 포함하는 것과 같고, 이것은 많은 새로운 행동처럼 보인다. 하지만 마음챙김 생각하기와 관련된 가장 좋은 점들 중 하나는 이 생각들이 마치 바이러스와 같이 확산된다는 것이다. 당신의 삶에 있어 당신이 더 의도적으로 만드는 영역들이 많아지면 많아질수록 이 마음챙김 생각 역시 다른 분야로 퍼져 나간다.

간단하게 말하면, 당신이 마음챙김을 더 연습하면 연습할수록 그것이 더 자연스럽게 된다는 것이다.

　이러한 사실 때문에 우리는 당신이 다음 71가지 습관의 목록을 몇 달마다 다시 보기를 추천한다. 왜냐하면 처음 볼 때에는 놓쳤지만 나중에 다시 보면 당신의 개인적인 상황과 더 관련이 있을 수 있는 수많은 새로운 작은 행동을 발견하게 될 것이기 때문이다.

　이쯤 되면 '마음챙김'이 거의 제2의 본성이 되는 좋은 일이 생긴다. 당신이 당신의 삶, 마음가짐, 그리고 행동에서 마음챙김을 완전하게 느낄 때까지 필요한 만큼 끊임없이 반복하라.

　이제 당신은 어떻게 마음챙김 습관을 형성하는지에 대해 알았으니 당신의 바쁜 나날들 속에 71가지의 변화가 어떻게 스며들 수 있는지에 대해 알아보자.

10분 마음챙김 습관을 활용하는 방법

우리는 하루 중 많은 생각을 하게 되고, 아침, 오후, 저녁에 할 수 있는 71가지 마음챙김 습관 연습을 정리하여 제공하고자 한다.

다시 말해, 우리는 당신이 이 모든 습관을 개발하라고 말하는 것이 아니다.

대신 우리는 당신이 가장 호감을 느끼는 마음챙김 연습을 결정할 수 있도록 도움을 주는 필요한 목록을 검토하는 '당신만의 도전을 선택하라(choose your own adventure)'는 접근법을 추천한다.

몇 가지의 마음챙김 습관을 하루의 일상에 추가하는 것으로 시작하라. 당신은 먼저 아침을 위한 마음챙김 습관을 고르는 것이 좋다. 왜냐하면 아침은 당신이 가장 많은 에너지와 집중력을 갖고 있을 시간이어서 당신이 새로운 습관을 형성하는 것을 더 쉽게 해 줄 것이기 때문이다. 하지만 당신은 또한 오후나 저녁에도 당신에게 호감을 주는 마음챙김 연습을 찾아야 한다. 당신은 이 2가지의 시간 중 하나만 선택해도 된다.

몇몇의 습관(예: 아침에 물 한 잔을 마시는 것)은 개발하기 매우 쉽다. 명상 또는 일기 쓰기와 같은 또 다른 습관들은 당신의 하루 일상에 녹아들게 하기 위해서 많은 시간과 집중력을 필요로 한다.

만약 당신이 습관을 개발하는 데 생소하거나 당신의 습관을 몸에 익히는 데 어려움이 있다면 간단한 마음챙김 연습으로 먼저 시작하라. 이런 쉬운 습관들은 나중에 더 어려운 습관들을 몸에 익힐 때 촉진제로 작용할 수 있다. 예를 들어, 아침에 일어나서 거울을 보고 웃는 습관은 당신이 일기를 쓰는 습관을 시작하도록 이끄는 촉진제가 될 수 있다.

또한 마음챙김 연습을 발달시키기 위해 당신의 개인적인 목표를 고려하는 것은 당신이 우선적으로 선택하기를 원하는 습관을 결정하는 데 도움을 준다. 당신 자신에게 다음과 같이 물으라.

- 당신은 긴장감이나 우울함으로부터 안도감을 느끼고 싶어 하는가?
- 당신은 걱정, 스트레스, 그리고 압박감을 줄이기 위하여 노력하는가?
- 당신은 당신의 집중력과 생산성을 향상시키기를 원하는가?
- 당신은 더 차분하고, 집중력을 높이고, 감정적으로 균형 잡히기를 원하는가?
- 당신은 질병을 잘 다루거나 당신의 육체적인 스펙을 향상시키기를 원하는가?
- 당신은 인간관계의 친밀도와 질을 향상시키기를 원하는가?
- 당신은 당신의 삶이 단순해지기를 원하는가?
- 당신은 당신의 열망과 동기를 더 잘 이해하기 위한 자의식을 원하는가?

당신의 개인적 목표를 이해하는 것은 당신이 마음챙김 습관을 발달시키는 데 있어 어떠한 부분에 더 노력을 집중해야 하는지 알 수 있게 한다.

마지막으로, 각각의 습관들과 관련하여 우리는 그것을 얻음으로써 얻는 이점, 그것을 형성하기 위해 **필요한** 구체적인 활동 단계, 그리고 만약 당신이 이 개념에 대해 더 배우기를 원한다면 추가적인 정보에 대한 링크를 소개한다.

이제 당신의 하루를 위한 각 부분에서의 71가지 마음챙김 습관에 대해 알아보자.

PART 3
아침의
마음챙김 습관

#1. 일찍 일어나라

━━━━

우리는 이 책을 너무나 익숙한 이야기로 시작하고자 한다. 우리는 아침에 몇 분 정도 늦게 일어나면 정신이 몽롱하고, 짜증 난 상태로 이미 예정된 스케줄보다 늦게 된다. 시간적 여유가 없고, 하루는 시간에 쫓겨 저돌적인 경주를 하듯이 시작되며, 집중을 방해하는 것들과 마음의 여유를 없애는 것들로 정신이 혼란스러운 상태가 된다.

우리에게는 아침에 하루를 준비하기 위한 시간이 없다. 우리는 사려 깊은 성찰, 사랑하는 사람들과의 관계, 또는 단지 천천히, 그리고 평화롭게 하루를 시작하는 시간을 허락하지 않는다. 때때로 우리는 심지어 아침을 먹을 시간도 없다.

당신이 늦게 일어날 때 모든 것은 급하고 난장판일 것이며, 이것은 당신에게 남은 하루의 상태를 결정할 것이다.

아침에 오직 10분의 시간을 투자하는 것만으로도 당신은 하루를 계획하거나, 짧은 아침 명상을 하거나, 또는 감사함을 전하는 목록을 작성할 수 있는 시간을 가질 수 있다.

아침에 조금 더 일찍 일어나기를 습관으로 기르는 것은 당신이 하루를 더 마음을 챙기면서 활동할 수 있게 만들어 줄 뿐만 아니라 인생을 즐길 시간을 늘려 준다.

18세기의 영어 교육자이자 작가인 필립 도드리지(Philip Doddridge)는 이렇게 말한다. "50년 동안 한 남자가 같은 시간에 잠을 잔다고 가정할 때, 아침 5시에 일어나는 것과 아침 7시에 일어나는 것의 차

이는 그 남자의 인생에서 거의 10년이라는 시간이 추가되는 것과
같다."

추가된 10년 동안 당신이 무엇을 할 수 있을지 상상해 보라.

사실 일찍 일어나는 습관은 몸에 익히기 쉬운 습관이 아니다. 당
신에게 강력한 이유가 있지 않은 이상 따뜻하고 편안한 침대에서 일
어나는 것은 엄청 힘을 내야 하는 도전이다. 하지만 만약 당신이 10
분이라도 더 일찍 일어난다면, 당신은 아침의 급한 마음을 가라앉
힐 수 있고 다른 마음챙김 습관을 하나 더 기를 수 있을 것이다. 이
10분의 추가 시간은 당신의 마음 상태에 강력한 영향을 줄 수 있다.

만약 당신의 현재 반응이 "나는 더 일찍 일어나기를 바라지 않아.
나는 내가 잘 수 있는 만큼 더 잘 거야."와 같은 반응이라면, 우리는
당신이 생각을 바꾸고 일주일 정도라도 시도해 보기를 권한다. 당
신은 오직 10분의 추가 시간으로 당신의 아침을 얼마나 더 즐길 수
있는지에 대해 놀랄 것이다.

시간이 더 지나면, 당신은 이른 아침이라는 시간이 당신의 하루
중 가장 최고의 시간이며 당신의 하루 동안 성공과 즐거움을 둘 다
가져다주는 시간이라는 것을 발견할 것이다.

활동계획

당신의 일어나는 시간을 바꾸는 가장 최고의 방법은
그것을 점진적으로 하는 것이다. 일주일 또는 당신과 당

신의 몸이 적응될 때까지 10분 일찍 일어나는 것을 시작하라.

만약 당신이 보통 아침 7시에 일어난다면, 그 시간을 갑자기 아침 5시로 바꾸지 말라. 일찍 일어나는 습관을 발전시키기 위해 처음에는 아침 6시 50분에 일어나도록 하라. 당신이 보통 일어나는 시간과 비교하여 갑자기 1시간 또는 더 많은 시간만큼 빨리 일어난다면 그것은 유지되기가 어렵다. 당신이 이 습관을 유지하기 어렵게 만드는 수면 부족을 가져올 수 있다.

당신이 일찍 일어나기를 원하는 시간까지 5분에서 10분씩 조금씩 시간을 앞당겨 일찍 일어나라. 당신은 최종적 목표를 원래 일어나던 시간보다 30분에서 1시간 일찍 일어나기로 잡을 수 있다. 이 시간보다 더 일찍 일어나려 한다면 당신의 심리적 및 육체적 건강 면에서 매우 중요한 수면 습관에 부정적인 영향을 줄 것이다.

당신은 더 일찍 일어나기 위해 잠자리에 드는 시간을 조절할 필요가 있다. 마음챙김 습관 #70에 저녁 시간의 단계적인 의식에 대한 내용이 있는데, 이것을 참고하면 당신이 좋은 수면을 준비하는 데 도움이 될 수 있다.

만약 당신이 침대에서 일어날 때 힘든 점이 많다면, 그것을 극복하기 위해 사용할 수 있는 많은 전략이 있다.

- 당신의 알람시계를 침대로부터 거리를 두어 놓아 당신이 그것을 끄기 위해 강제로 일어날 수 있게 하라.

- 당신이 침대에서 일어나 30가지의 단계를 해결하기 전까지 알람이 꺼지지 않는 'Step Out of Bed'라는 앱을 사용하라(이 앱은 아이폰 전용이며 $1.99이다).

- 당신이 침대에서 일어나 미리 선정해 놓은 당신의 집에 있는 어떤 물건을 사진 찍기 전까지 알람이 꺼지지 않는 Alarmy 앱을 사용하라(안드로이드 유저들에게 공짜이다).

- 당신의 수면 주기에 따르는 휴식 패턴에 집중하라. 잠자는 동안 반복되는 평균 수면 주기는 90분이라고 보고되어 있다. 만약 당신의 수면 패턴이 이 주기와 일치한다면, 당신이 일어날 때 상쾌하고 힘이 나는 기분이 들 것이다. Sleep Cycle과 같은 앱을 사용하는 것은 당신이 완전한 잠에 들어 휴식을 얻는 데 확실한 도움을 줄 것이다.

- 스누즈 버튼(snooze button, 역자 주: 아침에 잠이 깬 뒤 조금 더 자기 위해 누르는 라디오의 타이머 버튼)을 사용하는 것을 피하라. 이것은 당신이 다시 잠에 들도록 정신적인 느슨함을 주고, 심지어 다시 일어나고 움직이는 것을 더 힘들게 만든다.

- 침대에서 일어나는 것에 대해 나이키의 광고처럼 '그냥 해 버려(Just do it).'라는 태도를 적용하라. 머릿속의 졸린 목소리가 어떠한 힘도 갖지 못하게 하라. 우선 일어나서 당신의 아침 일상을 시작하라.
- 만약 당신이 아침에 일어난 뒤 다시 침대에 눕는 경향이 있다면, 가장 훌륭한 해결책은 당신이 침대에서 일어나는 순간 새로운 당신만의 침대를 만드는 것이다. 당신은 침대 윗부분에 책들 또는 다른 물건들을 쌓아서 당신이 다시 침대에 눕지 않게 만들 수 있다.
- 커피메이커에 커피를 올려 두고 당신이 타이머를 들을 수 있게 하며, 당신이 지정해 놓은 기상 시간에 커피가 만들어져 커피 냄새를 맡도록 만드는 것도 고려해 보라.

마지막으로, 가장 최고의 전략은 당신이 아침 일찍 일어날 만한 영감을 주는 이유를 당신 자신에게 새기는 것이다. 만약 아침에 시간이 더 있는 것이 당신에게 도움이 되지 않는다면, 뭔가 도움이 되는 것을 찾으라. 친구와 함께 걷거나 당신의 가족과 함께 앉아서 아침을 먹는 것이 도움이 될 수 있다. 창문을 바라보며 잠시 동안 커피를 마시고 감사함을 느끼는 것도 도움이 될 수 있다. 해야 할 어떤 일을 기대하는 것은 이불을 뒤로 젖히고 하루를 시작하게 하는 큰 자극이 될 수 있다.

참고자료

우리는 그 전날 밤부터 여전히 피곤하고 지친다고 느껴질 때 다음 날 일찍 일어나는 것이 쉽지 않다는 것을 인지하고 있다. 따라서 만약 당신이 우리가 앞서 제안했던 것들을 따랐음에도 불구하고 여전히 아침에 일어나는 것에 많은 어려움을 겪고 있다면, 우리는 『The Miracle Morning』 시리즈의 저자인 할 엘로드(Hal Elrod)의 책 『'Snooze-Proof' 5-Step Wake-Up Strategy』를 추천한다.

#2. 감사하면서 일어나라

감사하는 마음으로 아침을 시작하는 것보다 더 좋은 방법이 과연 있을까? 이렇게 마음챙김 습관을 기르는 것은 두려움, 긴장, 또는 무관심으로 이루어진 당신의 아침 생각들을 더 긍정적이고 생산성 있는 생각들로 바꿀 수 있다.

불교신자이자 교사인 잭 콘필드(Jack Kornfield)는 그의 책 『The

Art of Forgiveness, Lovingkindness, and Peace』에서 감사함의 연습에 대해 이렇게 말한다.

> 승려들은 매일 그들의 삶의 축복에 대한 감사를 하면서 하루를 시작한다. 미국 원주민의 장로들은 어머니(땅)와 아버지(하늘), 네 방향으로, 우리의 지구를 공유하고 우리의 삶을 지탱해 주는 동물, 식물, 광물, 형제자매들에게 감사하는 기도로 각 의식을 시작한다. 티베트 문화에서는 수도승과 수녀가 심지어 그들이 겪었던 고통들에 대해 감사 기도를 한다.

감사하는 마음챙김 습관은 정신없이 바쁜 우리의 삶에서 지나칠 수 있는 매일의 크고 작은 축복들에 대해 일깨워 준다. 우리가 감사하는 마음가짐으로 하루를 시작할 때, 우리가 지금까지 마주했던 도전, 좌절, 그리고 경멸에서 벗어나 우리의 마음이 긍정적으로 향하도록 훈련해 준다.

감사하는 연습은 축복에 대해 성찰하게 할 뿐만 아니라 건강과 안녕감을 향상시킨다. 감사함에 대해 연구한 세계적으로 영향력 있는 과학전문가 로버트 A. 에몬스 박사(Rober A. Emmons, PhD)는 감사함과 건강 사이의 관계에 대해 다양한 연구를 수행했고, 감사하는 연습을 하는 것은 행복함을 증가시키고 우울함을 감소시킨다는 것을 확인했다.

이런 연구들에 따르면 감사함을 갖는 것은 당신의 인간관계, 당신의 자아, 그리고 심지어 당신의 수면까지도 향상시킬 수 있다.

이 습관을 효과적으로 만드는 비결은 고마움을 느끼는 것의 양이나 감사하는 데 보내는 시간이 아니라 그런 노력에 대한 집중과 감정의 강도이다. 마음챙김을 얻는 감사함을 연습하는 것은 당신이 당신의 감정에 몰두하여 더 깊고 심오한 축복에 대해 느끼는 것을 의미한다.

활동계획

아침 알람을 당신의 10분 감사하기 습관을 시작하는 데 촉진제로 사용하라. 우리는 먼저 당신이 아침에 연습을 시작하기 위해 움직일 필요가 없도록 감사 일기와 펜을 침대 옆에 두는 것을 추천한다. (하지만 만약 당신이 이것을 '일찍 일어나기' 습관과 결합하려고 한다면, 침대 옆에 일기와 펜을 두는 것을 하지 말라.)

감사 일기를 쓰는 것은 감사함에 대한 당신의 감정을 강화시켜 주고 당신이 종종 기억을 되돌아볼 수 있도록 하는 훌륭한 방법이다.

매일 많은 감사한 일을 적기보다는 1개 또는 2개의 감사한 일에 초점을 맞추어 매일 아침 몇 분 동안 집중하는 것을 추천한다.

이것은 당신이 모든 축복에 대해 충분히 성찰하고 명상할 수 있게 해 주며, 그래서 당신이 더 깊고 지속적으로 감사할 수 있도록 해 준다.

여기 이 습관을 발전시켜 줄 단계의 과정이 있다.

1. "나는 나의 따뜻하고 편안한 침대에 감사한다."와 같은 말을 사용하여 당신의 일기에 감사한 물건을 적으라.

2. 당신의 침대에 대해 당신이 어떻게 느끼는지에 주목하고 침대가 얼마나 따뜻하고 편안한지에 주목하라.

3. 편안한 침대의 몇 가지 세부 사항, 즉 부드러운 시트, 푹신한 베개, 바닥에 떨어진 몸을 지탱해 주는 매트리스, 잠을 푹 잘 수 있게 해 주는 침대의 여러 상태에 대해 생각하라.

4. 앞서 언급한 침대의 예처럼 만일 감사할 것이 없다면 당신의 삶이 어떤지에 대해 생각하라.

5. 당신은 이렇게 생각할 것이다. "침대가 없다면, 나는 바닥 또는 소파에 누워 자야 할 것이다. 나는 춥고 불편하며 쉽게 잠들지 못할 것이다." 이런 관찰들은 당신의 감사함에 대한 느낌들을 향상시켜 준다.

당신이 적어 놓은 감사함을 느끼는 각각의 물건들에 대해 이와 같은 비슷한 단계를 밟으라. 당신이 감사함을 느끼는 것의 세부 사항들에 주의를 집중하라. 만약 신체적 또는 감정적 느낌들이 포함되어 있다면, 당신의 생각들을 이런 느낌들에 집중하라. 그리고 나서 당신이 감사함을 느끼는 것이 없다면 삶이 어떨지에 대해 생각해 보라.

참고자료

만약 당신이 감사함을 연습하는 것에 대해 더 깊이 알고 싶다면, 당신이 심지어 감사함에 대해 느끼지도 못할 때 「How to Practice Gratitude Even When You Don't Feel Like It」이라는 기사를 읽고 Udemy에 있는 Andy Grant의 감사함에 대한 과정(〈Improve Your Life and Happiness with the Power of Gratitude〉)을 점검하라.

또한 **배리(Barrie)**는 당신이 무료로 접속할 수 있는 이 책과 관련된 웹사이트(https://mindfulnesshabit.com)에 감사함에 대한 자료들을 올려놓았다.

#3. 마음챙김 보디 스캔을 하라

기초적인 마음챙김의 적용은 아침에 당신의 몸이 어떻게 느끼는지에 대해 생각하는 것이다. 만약 당신이 당신의 몸이 당신에게 전하는 것에 대해 주의 집중을 한다면 당신의 몸은 당신의 정신적, 그리고 감정적인 상태에 대해 매우 많은 것을 전달해 줄 수 있다. 그리고 당신이 어떤 감정을 가지고 있는지에 대해 접촉하는 가장 간단한 방법은 마음챙김 보디 스캔을 하는 것이다.

보디 스캔은 발가락부터 시작하여 머리까지 당신의 몸에서 움직이는 모든 영역에 집중하는 명상 연습이다. 요점은 각각의 구체적인 부분에 잠시 동안 주의를 집중하고 당신이 어떻게 느끼는지 자세히 들여다보는 것을 연습하는 것이다.

당신 몸의 각 부분과 각기 다른 근육들 속에 저장된 긴장에 주목함으로써, 당신은 의식적으로 긴장을 해소하고 당신의 마음속에 숨기고 있는 긴장 뒤에 있는 무언가에 대해 더 의식하게 된다. 당신이 느낄 수 있는 불편함이나 고통은 당신이 저장하고 있는 잠재된 감정일 수 있으며, 그것은 수용되고 해소되어야 할 필요가 있다.

또한 보디 스캔은 당신이 당신의 신체적인 존재에 더 많이 의존하여 주의가 사고에서 벗어나도록 돕는다. 심호흡이 현재의 순간으로 되돌아오게 하는 방법인 것처럼 보디 스캔도 당신을 현재에 고정시킨다.

활동계획

당신은 일어나기 전 침대에 누워 있는 동안에도 보디 스캔을 할 수 있다. 등을 평평하게 펴고 누워서 심호흡을 하라. 호흡을 천천히 하고, 가슴 대신 복부에서 숨을 쉬라.

발가락부터 시작하여 천천히 당신의 발, 발목, 종아리, 무릎, 허벅지 등을 거쳐 당신의 얼굴과 머리까지 당신 몸의 각각의 부분에 주의를 집중하라. 만약 당신이 원한다면, 당신의 심장 또는 간과 같은 몸 내부의 기관들을 포함시켜도 된다.

당신이 당신 몸의 각 부분에 주의를 집중할 때, 당신이 느끼는 어떠한 고통, 긴장, 또는 답답함에 주목하라. 당신은 특정 부분에서 집중된 '에너지'가 느껴지는가? 몇 분 동안 집중하고 당신이 무엇을 느끼는지에 대해 주목하라.

만약 당신이 당신 몸의 일부분에서 긴장, 불편함, 또는 고통을 느낀다면, 당신 자신에게 물으라. "이 느낌의 원인은 무엇인가? 내가 이것을 다루거나 해소하기 위해 필요한 것은 무엇인가?"

당신은 이 질문에 대해 분명한 답을 얻을 수도 있고 얻지 못할 수도 있다. 하지만 당신이 질문함으로써 마음에 와닿는 것이 무엇이든 그것에 주의를 집중하라. 수많은 긴장과 고통은 부정적인 생각들과 감정들로부터 나온다.

이런 질문들을 한 후에 고통이 있는 몸의 부분이 편안해지기 위해 심호흡을 하라. 근육들이 편안해지고 고통이 없어지는 것을 시각적으로 그려 보라.

만약 그것이 신체 부위에 효과가 있다면 천천히 스트레칭을 하면서 호흡을 하라(예를 들어, 당신은 당신의 머리가 아닌 얼굴의 근육들을 스트레칭할 수 있다). 당신의 발가락, 그리고 발에 있는 근육들을 스트레칭하라. 당신의 발과 발목을 좌우로 돌리며 스트레칭하라. 발을 쭉 펴서 종아리 스트레칭을 하라. 각 스트레칭에 숨을 들이쉬어 더 휴식을 취하라.

보디 스캔이 끝난 후에는 몇 번의 심호흡을 더 하고, 바닥 또는 침대에 누워 휴식을 취하라. 만약 당신이 일어나야 하거나 하루를 시작해야 한다면, 잠에 들지 않도록 조심하라.

참고자료

만약 당신이 보디 스캔 연습을 확장시키기를 원한다면, 25분 보디 스캔 명상 가이드를 참고하라.

스트레칭 운동에 대해 더 많은 정보를 얻고 싶다면, 이 6가지 풀 보디 스트레칭을 참고하라. 만약 당신이 원한다면, 보디 스캔 없이 마음챙김 연습과 별도로 스트레칭 운동을 해도 된다.

#4. 아침 호흡법을 연습하라

당신은 자신의 호흡법에 얼마나 많이 집중하는가? 호흡은 매우 자연스러운 신체 활동이기 때문에 어떤 문제가 생기지 않는 이상 우리 대부분은 그것에 집중하지 않는다. 하지만 호흡은 우리의 육체적, 그리고 정신적 건강에 필수적이고 그것은 몸과 마음을 연결하는 데 도움을 준다.

불교 수도승인 틱낫한은 이렇게 말한다. "호흡은 삶을 의식적으로 연결해 주는 다리로서 당신의 몸과 당신의 생각을 통합시켜 준다."

호흡이 육체적으로 중요한 이유는 2가지로 설명된다. 호흡은 우리의 몸과 조직기관에 생존을 위해 필요한 산소를 공급해 준다. 그리고 호흡은 우리 몸의 불필요한 생산물들을 제거해 준다.

호흡은 또한 마음챙김 연습에서도 기본이다. 당신이 각각의 숨을 고르는 동안 들이쉬고 내뱉는 호흡은 당신의 집중력을 유지하게 하고 당신의 몸과 마음을 차분하게 하는 데 도움을 준다.

하루에 단지 10분 동안만이라도 마음챙김 호흡법을 집중하여 연습하는 것은 스트레스를 완화시켜 주고 편안함을 증진시켜 준다. 느리고, 깊고, 규칙적인 호흡법은 부교감신경계의 반사 자극을 일으켜 심박수를 저하시키고 근육을 이완시킨다. 또한 뇌의 산소 처리는 뇌 기능을 정상화하고 긴장과 스트레스 정도를 감소시키는 경향이 있다.

매일 깊고 완전한 호흡을 몇 분 동안 연습함으로써 당신은 호흡의 정신적, 그리고 육체적인 이득을 향상시킬 수 있다. 요가에서 쓰이는 완전한 호흡법은 호흡기관 전체를 포함하고 모든 근육을 사용한다.

이 완전한 호흡법은 산스크리트어로 프라나야마(pranayama)라고 불리는 요가의 호흡 운동의 일부분으로 '숨을 조절하는 것'이라는 의미를 가지고 있다. 이것은 육체적·영적, 그리고 정신적 건강을 증진시키는 몸의 활기찬 에너지[프라나(prana)로 잘 알려진]의 균형을 잡아 주는 데 도움을 준다고 알려져 있다.

활동계획

아침 호흡법을 연습하는 간단한 과정이 있다.

1. 당신 침대의 한쪽 또는 의자에 앉아 등을 곧게 펴고 발을 바닥에 평평하게 놓으라.
2. 당신의 폐가 숨으로 꽉 찰 때까지 숨을 들이마시라. 코로 숨을 쉬고 당신의 복부를 채운다는 느낌으로 복부를 앞으로 부드럽게 내밀라. 이것은 복식 호흡이라고 불린다.
3. 숨을 다 들이마셨다면 2초 동안 그 자세로 멈추라.
4. 천천히, 부드럽게, 그리고 완전히 숨을 내쉬고 당신

의 복부가 천천히 원래의 자리로 되돌아가도록 만들라. 숨을 다 내쉰 후에는 잠깐 그 자세로 멈추라.

5. 당신이 처음 시작한다면, 한번에 너무 많은 숨을 들이쉬지 말라. 4초 동안 숨을 들이마시고, 2초 동안 멈추며, 다시 4초 동안 숨을 내쉬라.

6. 4초 동안 숨을 들이마시고, 2초 동안 멈추고, 다시 4초 동안 숨을 내쉬는 이 과정에 주의를 집중하라. 만약 당신의 마음이 방해를 받았다면, 부드럽게 원래의 호흡 과정으로 되돌리라.

7. 앞의 호흡 주기를 열 번 또는 10분 동안 반복하라.

참고자료

만약 당신이 마음챙김 호흡법과 그것이 긴장과 스트레스를 감소시키는 데 어떻게 사용되는지에 대해 더 배우고 싶다면 심호흡 연습에 관한 비디오(https://www.youtube.com/watch?v=mH7EmmgSZQE)를 참고하라.

당신은 또한 리처드 로즌(Richard Rosen)의 책 『The Yoga of Breath: A Step by Step Guide to Pranayama』를 읽어 볼 수 있다.

#5. 당신의 사고에 주목하라

당신의 생각은 당신을 넘어서 믿을 수 없는 힘을 가지고 있는 것처럼 보일 수도 있고, 어떻게 보면 실제로 그렇다. 당신의 생각들은 긴장, 불행감, 그리고 분노를 유발할 수 있다. 이런 것들은 당신의 마음을 갈망과 부정의 악순환 속에 얽매이게 한다.

이 악순환은 우리가 생각들에 대해서 무관심하고, 우리가 그것들을 뇌에서 없어지게 하거나 통제하지 않고 뇌에서 걷잡을 수 없이 자라게 만들었기 때문에 발생한다. 반추는 거의 중독에 가까운 안좋은 습관이 되고 이것은 우리 삶의 질을 약화시킬 수 있다.

만약 아침에 부정적인 생각이 걷잡을 수 없이 자라게 된다면, 당신은 창의성과 생산성을 위한 최고의 시간을 잃는 것이다. 많은 사람은 그들의 발이 바닥에 닿는 순간, 반추와 부정적인 사고의 악순환이 시작되기 때문에 불안하고 두려움에 차서 깨어난다.

당신이 한번 이 안 좋은 습관에 대해 알아차린다면, 당신은 관찰이라는 매우 간단한 새로운 습관을 적용함으로써 그것을 변화시킬 수 있다. 당신이 생각과 자신을 분리하고 그것이 단순히 분리되어 있는 것을 알아차릴 때, 감정을 지배하고 있는 생각의 힘은 어느 정도 제거된다.

베스트셀러 작가이자 정신적인 스승인 에크하르트 톨레(Eckhart Tolle)는 그의 책 『지금 이 순간을 살아라(The Power of Now)』에서 이렇게 말한다.

당신이 관찰하는 것을 판단하거나 분석하지 말라. 생각을 지켜 보고, 감정을 느끼고, 그 반응에 대해 관찰하라. 그것들에 대해 개인적인 문제를 만들지 말라. 그러면 당신은 당신이 관찰한 어떤 것들보다 좀 더 강력한 무언가를 느끼게 될 것이다.

당신이 당신의 생각들에 대해 조용한 감시자가 될 때, 당신은 생각과 당신을 지배하고 있는 감정적인 힘을 분리할 수 있다. 그것들은 더 이상 당신을 정의하거나 통제하지 않는다. 당신이 자신의 생각에 대해 확인하려 하기보다 당신의 생각들에 대해 관찰하는 연습을 더 오래하면 할수록 당신은 더 많은 만족감과 마음의 평화를 경험할 것이다.

활동계획

10분 동안 방해받지 않을 만한 조용한 장소에 앉으라. 만약 당신의 가족이 집에 있다면, 몇 분 동안 당신을 방해하지 말아 달라고 미리 이야기하라.

눈을 감고 다섯 번의 느리고 깊은 횡격막 호흡을 하라 (이전의 호흡법에서 설명한). 호흡은 당신이 현재 이 순간에 머물도록 도와주고 당신의 생각들에 대한 '조용한 감시자'가 되기 위해 충분히 차분할 수 있도록 도와준다.

당신이 자신의 생각들의 관찰자로서 당신의 뇌 안에

있는 의자에 앉아 있다고 상상하라. 이 시각화는 당신이 관찰하고 있는 생각들로부터 당신 자신을 분리하는 데 도움을 준다.

당신의 마음에 들어오는 생각들을 기다리고 단순히 그 생각에 주목하라. 당신은 스스로에게 "나의 뇌에 들어오는 생각을 하고 있다."라고 말할 수 있다.

만약 그 생각이 긴장 또는 슬픔과 같은 감정을 유발한다면, 그것을 판단하지 말고 그 감정에 주목하라. 당신은 스스로에게 "그 생각은 슬픔을 유발한다."라고 말할 수 있다. 그것을 더 깊이 알기 위해 당신 스스로를 판단하거나 그 감정에 오래 머물러 있지 말라. 다음 생각을 관찰하기 위해 넘어가라.

앉아서 관찰할 때에도 생각의 패턴과 빈도, 그리고 생각들이 어떻게 자발적으로 발생하는지에 주목하라. 그것들을 바람에 날리는 잎사귀들 또는 구름과 같이 당신의 마음에 떠다니는 힘이 없는 물체로 여기라.

당신이 이 10분의 시간을 다 보냈다면, 자신에게 이 생각들은 자신이 아니며 그것들은 나를 지배하는 힘이 없다고 상기시키라. 그것들을 '바람에 날리는 잎사귀'로 관찰함으로써 그것들이 만들어 내는 감정적인 자극들을 감소시킬 것이고, 당신은 더 평화로운 마음과 만족감을 얻

070

을 것이다.

깔끔한 호흡을 몇 번 더 하고 눈을 뜨고 당신의 하루를
위한 활동들을 하라.

참고자료

마음챙김 개척자인 존 카밧진(Jon Kabat-Zinn)은 당신의 생각들
을 왜, 그리고, 어떻게 관찰해야 하는지, 그리고 그것들의 영향력
을 빼앗아야 하는 이유와 방법에 대해 설명한 저자이므로 그의 비
디오 〈Mindfulness Dissolves Thoughts-Attention is What's Left
Over, with Jon Kabat-Zinn | Big Think〉를 참고하라.

#6. 마음챙김으로 침대를 정리하라

당신은 당신의 침대를 매일 아침 정리하는가? 이것은 바쁜 아침
에 시간을 버리는 것처럼 보이지만, 이 간단한 습관을 받아들여야
하는 많은 이유가 있다.

침대를 정리하는 것은 마음챙김에서 '핵심' 습관이다. 배리는 그

녀의 책 『Sticky Habits』에서 이렇게 말한다. "핵심 습관은 당신이 직면하는 상황이 무엇이든지 간에 삶의 많은 측면에서 훨씬 더 쉽게 성공할 수 있도록 만드는 특정한 습관이다. 이런 습관들은 처음부터 하나의 습관을 기르는 것보다 노력을 훨씬 덜 들이면서 긍정적인 행동으로 변화할 수 있도록 해 준다."

성공한 많은 사람은 침대를 정리하는 습관을 간단하지만 중요한 습관으로 여긴다. 텍사스 대학교의 학위 수여식 연설에서 미국 해군 제독 윌리엄 H. 맥크레이븐(William H. McCraven)은 졸업반 학생들에게 다음과 같이 연설을 했다.

> 만약 당신이 세상을 바꾸기를 원한다면, 당신의 침대를 정리하는 것으로 시작하라. 만약 당신이 아침마다 침대를 정리한다면, 당신은 하루의 첫 번째 일을 해낸 것이다. 그것은 당신에게 작은 부분에서 자부심을 줄 것이고, 당신이 또 다른 업무를 하는 데 있어 당신에게 힘을 줄 것이다. 그리고 하루가 끝났을 때, 그 하나의 일을 완수함으로써 다른 수많은 일도 할 수 있게 될 것이다.

아침에 침대를 정리하는 것은 더 많은 생산성, 행복감, 그리고 심지어 더 나은 예산편성 능력과 상관관계가 있다. 당신이 일어나는 순간 이 하나의 업무를 완료할 때, 당신의 하루 전체의 일을 위해 마음을 챙길 분위기가 형성된다.

깔끔하고 정돈된 침대를 만드는 것은 심지어 다른 것들이 어질러

져 있어도 당신의 방을 덜 어수선하고 혼란스럽게 느끼도록 해 준다. 매끄러운 이불과 깨끗한 시트를 씌운 침대, 푹신푹신한 베개는 하룻밤의 수면을 완성하고 새로운 날을 맞이할 수 있도록 상쾌함을 준다.

침대를 정리하는 것을 마치 당신이 강제로 해야만 하는 하기 싫은 일처럼 억지로 하기보다는 즐겁고 만족감 있는 마음챙김 의식으로 여기라. 침대 정리가 일상적인 일이라 할지라도 당신의 노력으로 만든 결과를 보는 것은 당신이 성취감을 느끼게 하고, 아침에 처음으로 자부심을 느끼게 한다.

활동계획

침대에서 일어나기 전에 당신의 편안한 침대에 감사함을 느끼는 잠깐의 순간을 보내라. 전 세계의 많은 사람은 잘 자기 위한 편안하고 깨끗한 침대를 가지고 있지 않다. 그러므로 이 호화스러움의 축복을 인지하라.

이불 속에서 당신이 느끼는 따뜻함, 이불과 요의 부드러움, 그리고 베개의 편안함에 대해 생각하라. 잠자는 동안 당신의 몸과 마음을 회복하기 위해 당신의 침대가 당신에게 얼마나 도움이 되는지를 생각하라.

당신이 일어날 때, 우선 베개를 옮겨서 한쪽에 가지런히 놓으라. 그리고 나서 담요, 요, 그리고 이불을 잘 정리하라.

요의 주름을 잘 펴고 아래에 있는 매트리스의 모서리를 잘 맞추어 정돈하라. 잘 맞춰진 침구가 얼마나 깨끗하고 부드럽게 보이는지에 주목하라.

그리고 나서 이불을 당겨 올리고, 앞서 한 것과 같이 주름을 잘 펴서 정리하라. 매트리스와 잘 맞추어 이불의 옆면과 아랫면의 끝부분을 단정하게 맞추라. 만약 당신이 좋아한다면, 호텔 객실의 침대처럼 이불의 위쪽을 잘 접어 빳빳하게 만들라. 당신의 노력이 침대를 얼마나 깔끔하게 만들었는지에 대해 잠시 동안 주목하라.

담요 또는 이불을 당겨서 침대의 각 부분에 딱 맞추어 걸으라. 모든 주름을 펴고, 다시 당신의 노력이 침대를 어떻게 바꾸었는지에 주목하고, 그 결과에 대해 감사하라.

당신이 원한다면, 침대에 누워 있는 동안 당신의 요와 이불을 머리를 향하는 쪽 위로 완전히 끌어올리고 베개를 적절히 놓을 수 있다.

당신의 베개와 여분의 베개(만약 당신이 사용한다면)를 보기 좋게 불룩하게 하고 당신이 좋아하는 위치에 그것들을 올려놓으라. 마지막으로, 어떠한 주름도 없게 잘 펴고 보이는 요의 모서리 부분들을 잘 접어 넣으라.

당신이 깔끔하게 만든 침대를 보면서 흐뭇하게 즐기는

시간을 가지라. 당신의 하룻밤을 지지해 준 침대를 향해 "고마워."라고 마음속으로 말하고, 침대를 정돈하는 당신의 노력을 침대에 대한 감사의 표시로 여기라.

참고자료 ─────────────────────

바로 씻어 낸 듯한 산뜻하고 깨끗한 시트로 제대로 침대를 정리하는 방법에 대해 배우고 싶다면, 〈How to Make Your Bed〉라는 비디오 데모를 참고하라.

#7. 화장실 의식을 가지라

우리 모두는 하루를 준비하기 위해 따르는 화장실과 관련된 일상을 가지고 있다. 이 일상은 많은 생각 또는 집중력 없이 수행하는 일종의 습관들이다.

당신은 침대에서 일어나고, 대소변을 보고, 손을 씻고, 이를 닦고, 메시지를 확인하고, 옷을 벗고, 몸을 씻고, 머리를 감고 말리고, 옷을 입고, 화장을 하고, 머리를 만지고, 그리고 방을 나선다. 이 모든 행동은 당신이 어떠한 생각도 하지 않고 하는 행동들이다.

이러한 습관적인 일과를 무심코 거치는 것은 과정을 능률화시키고 더 빨리 문 밖으로 나오게 할 수도 있다. 하지만 당신의 몸이 의식적인 방향 없이 움직이면서 자동적으로 움직일 때 당신의 마음은 자유롭게 스트레스와 부정적인 생각에 집중하게 된다.

불행하게도, 이렇게 생각 없이 이루어지는 화장실에서의 일상은 당신이 자연스럽게 부정적이고 좋지 않은 생각들을 하게 만들고 당신의 하루를 오염시킨다. 실제로 스트레스 호르몬인 코르티솔의 수치는 이른 아침 시간 동안 상승하며 오전 7시쯤 가장 높다. 당신은 이미 이 호르몬의 급증으로 인해 아침에 불안해지기 쉽고, 당신의 자유분방한 생각은 문제를 가중시킬 뿐이다.

당신 스스로가 화장실에서 일어나는 일상에 생각 없이 행동하기 보다는 아침에 당신이 준비하는 단계들을 단순히 외출하기 위한 것의 의미가 아닌 집중하는 의식으로 여기라.

당신이 하는 현재 행동들에 더 많이 집중한다면, 당신은 당신의 불안정한 생각들이 하루의 분위기를 정하게 두기보다 집중력과 감사함으로 현재 이 순간에 머무르게 된다.

활동계획

당신이 어렸을 때 당신의 부모님은 적절한 자기관리와 위생에 대해 가르쳐 주었고, 이미 당신의 아침 화장실 습관을 길러 주었을 것이다. 이런 각각의 습관들 뒤에는 좋은 이유들이 존재한다.

당신의 습관적인 일상을 시작하기 전에, 아침 습관들 뒤에 숨겨진 이유를 찾고 각각의 행동에 대한 감사함과 중요함을 인식하라.

여기서 화장실 이야기를 하는 것이 더럽다는 느낌이 들 수도 있지만, 심지어 변기를 사용하는 것도 마음챙김 활동이 될 수 있다. 우리의 몸은 좋은 이유로 몸속의 이물질을 배출한다. 대부분의 사람은 이런 몸의 기능에 많은 주의를 기울이지 않지만(무언가가 잘못되지 않는 이상), 그것은 우리의 몸을 건강하게 유지해 주는 놀랄 만한 기능이다.

배설 기관은 몸속 염분과 요소(오줌 속에 들어 있는 질소 화합물)가 위험한 수준으로 올라서 독소가 되는 것으로부터 벗어나 일정 수준을 유지하는 데 도움을 준다. 몸속 이물질의 배출은 질병을 예방하고, 우리의 몸을 깨끗하게 하며, 우리의 몸이 사용하지 않은 여분의 물실을 제거해 준다.

우리는 당신에게 너무 긴 '화장실 명상'을 제안하지는 않는다. 하지만 간단하게 당신의 몸이 이물질들을 배출함으로써 당신이 건강을 유지하는 데 도움을 주고 있다는 것에 대해 감사하는 순간을 느껴 보는 것을 추천한다.

당신이 손을 씻을 때, 비누로 거품을 내고 따뜻한 물이 거품을 씻어 내는 것에 대해 인지하고, 당신의 손을 청결하게 하는 것이 당신의 건강을 유지하게 해 줄 것이라는 것에 대해 감사하라.

당신이 이를 닦거나 치실을 사용할 때, 당신의 건강과 외모에 당신의 이가 얼마나 중요하고 유용한지에 대해 스스로 상기하라. 감사함과 자부심으로 조심스럽게 이를 닦으라.

당신이 샤워를 하고 몸을 닦고 머리를 감을 때, 따뜻한 물이 당신의 몸을 감싸는 것, 비누와 샴푸의 냄새, 그리고 당신이 한 번 샤워를 끝냈을 때 얻는 상쾌한 느낌 모두를 즐기라.

당신의 화장실 일상에서 각각의 행동을 할 때 그것이 왜 필요하고, 어떻게 긍정적이며, 당신의 하루에 얼마나 유용한지에 집중하라. 만약 당신이 집중하지 못하고 무언가에 방해받기 시작한다면, 지금 당장 하고 있는 행동에 천천히 다시 집중하라.

만약 당신이 아침에 준비할 때 긴장감이나 두려움이 몰려오는 것을 알아차린다면, 당신의 심호흡에 집중하고 당신이 하고 있는 행동에 다시 집중하라. 그런 감정에 집착하거나 그런 감정에 휩싸이는 자신을 비난하지 말라. 그것을 인지하고, 심호흡을 하고, 그리고 넘어가라.

참고자료

마음챙김 아침 일상에 대한 존 카밧진과 오프라 윈프리(Oprah Winfrey)의 대화가 담긴 비디오 〈Steep Your Soul: Jon Kabat-Zinn's Morning Ritual〉을 참고하라.

#8. 샤워하는 동안에 명상을 연습하라

대부분의 사람에게 샤워는 이미 아침 일상의 한 부분으로 자리 잡았다. 하지만 당신이 명상을 이 의식에 추가할 때, 당신은 하루 동안 깊게 생각하기를 연습하는 것과 긍정적인 생각들을 형성하는 것에 집중할 수 있다.

물론 샤워하는 동안의 명상이란 것이 감상적인 소리로 들릴 수 있지만 다음과 같은 측면에서 생각해 보길 바란다. 당신은 샤워하는 동안 얼마나 종종 최고의 생각들을 하는지 알고 있는가? 자, 똑같은 원리가 여기에도 적용될 수 있다. 따뜻한 물의 차분한 효과는 당신의 마음이 영감적인 생각들을 자동적으로 떠올릴 수 있게 만들어 준다(심지어 샤워를 하는 것, 드라이브를 하는 것, 그리고 잡다한 업무와 같이 생각을 하지 않는 활동들을 하는 동안 우리는 종종 최고의 생각들을 얻는다는 『Time』지의 「The Hidden Secrets of the Creative Mind」라는 연구 결과도 있다).

활동계획

샤워를 하는 동안의 명상은 당신의 현존하는 '이미 준비된' 일상들과 쉽게 연결될 수 있다. 이 말은 당신이 샤워하는 시간에 아주 약간의 시간만 더 투자를 해도 샤워를 하면서 엄청난 이득을 얻을 수 있다는 것을 의미한다. 여기 명상을 연습하기 위한 5단계의 계획이 있다.

1. 당신의 몸 전체를 따뜻한 물로 적시면서 명상을 시작하라.
2. 모든 스트레스, 걱정, 그리고 불안을 당신 피부에 붙어 있는 눈에 보이는 것들로 형상화하라.

3. 물과 비누로 몸을 문지르는 것으로 당신의 몸에 붙어 있는 스트레스들을 지워 낸다고 형상화하라.

4. 두려움, 후회, 불안, 분노, 스트레스 등 신체의 모든 형이상학적 '더러움'을 자유자재로 씻어 내고, 그것이 배수구를 통해 소용돌이치며 사라지는 것을 상상하라.

5. 당신은 깨끗하고, 상쾌하고, 당신의 하루를 어떠한 방해 없이 자유롭게 시작할 준비가 되었다는 것을 인지하라.

참고자료

웹사이트 MindBodyGreen.com의 「Here's a 5-Minute Meditation You Can Do in the Shower」에서는 5분 만에 끝나는 샤워를 하는 동안에 명상을 하면서 훌륭하게 변화할 수 있다고 설명하고 있다.

#9. 물을 마시라

배리의 가장 일관된 아침 습관들 중 하나는 일어나서 욕실 싱크대로 가자마자 물 한 잔을 마시는 것이다. 그녀는 이 행동을 수년 동안 해 왔고, 그것은 그녀의 아침 일상에서 필수이다. 슬로바키아 속담에 "순수한 물은 세상의 시작이며 최초의 의학이다."라는 말이 있다.

아침에 일어나자마자 물 한 잔을 마시는 것은 건강에 좋은 점이 수없이 많다. 당신의 몸은 7~8시간 동안 수분이 없어졌기 때문에, 특히 카페인이 든 커피나 차 한 잔을 마실 때는 물을 마셔 주는 것이 필요하다.

또한 「16oz Water in the Morning to Boost Metabolism」이라는 연구 결과에 따르면 아침에 일어난 후에 차가운 물을 큰 컵으로 마시는 것은 90분 동안 약 24%까지 신진대사율을 높여 준다. 이것은 또한 하루 동안의 정신적·육체적 수행 능력을 증가시켜 준다. 탈수 상태에서는 피로와 기진맥진을 느낄 수 있으며, 두통이나 기분 변동을 경험할 수도 있다.

공복에 물을 마시면 결장이 정화되어 당신의 몸이 영양분을 더 쉽게 흡수할 수 있게 된다. 물은 또한 몸속의 이물질을 배출하고 몸속의 지방을 태우는 데 필수적이기 때문에 몸무게를 감량하는 데에도 중요한 역할을 한다.

아침을 먹기 전에 물 한 잔을 마신다면, 당신은 배부름을 오래 느껴 과식을 하지 않고 생각 없는 주전부리를 피하게 될 것이다.

물을 마시는 행위는 물리적으로는 불순물을 씻어 내지만, 또한 당신이 당신의 마음속에 쌓아 둔 부정적인 것, 실패, 고통을 씻어 내면서 새로운 날을 향한 깨끗하고 신선한 시작을 하는 것을 상징하기도 한다.

특히 당신이 물을 마시는 것에 대한 상징적이고 육체적인 이점을 확신하고 그것에 집중한다면, 당신은 매일 아침 물 한 잔을 마시면서 마음챙김 의식을 할 수 있다.

불교 수도승이자 작가인 틱낫한은 이렇게 말한다. "우리가 물 한 잔을 마실 때, 그리고 만약 우리가 물 한 잔을 마시는 것을 인식한다면, 만약 우리가 물을 마시고 있다는 사실에 집중한다면, 이미 마음챙김은 존재한다. 그리고 물을 마시는 것이 더 깊고 진실하게 느껴지게 된다."

활동계획

우리는 당신에게 물 한 잔을 어떻게 마셔야 하는지에 대해 설명할 필요는 없다. 당신은 그것을 수년 동안 해왔고 그것은 꽤 명백하다. 잔을 채우고, 물을 마시라.

이제 물 한 잔을 마시는 것을 마음챙김 연습으로 여기는 것은 어리석은 것처럼 보일 수도 있지만, 아무리 평범한 습관이라도 우리의 행동을 늦추면 우리가 지나칠지도 모르는 삶의 미묘한 것들에 관심을 둘 수 있다.

물을 마시는 것은 삶, 건강, 그리고 정서 건강에 필수적이고, 우리는 그것을 향유할 만한 가치가 있는 습관이라고 믿는다. 당신의 관점과 행동에서의 작고 간단한 변화는 이 단순한 행동을 좋아하는 의식으로 바꿀 수 있다.

몇몇의 사람은 당신이 잠들기 전에 물 한 잔을 미리 채우고 휴지로 덮은 후에 아침에 일어나자마자 마실 수 있게 탁자 한쪽에 올려놓는 것을 추천한다.

배리는 욕실 싱크대에 서서 거울을 보며 신선하고 시원한 물로 잔을 채우는 것을 더 좋아한다.

반면에 스티브는 콘티고 물병에 레몬과 함께 얼음물 32온스를 붓는다. 왜 레몬을 넣을까? 레몬은 수화작용 (hydration)을 증진시키고, 비타민 C가 많으며, 몸무게를 낮추는 데 도움을 주기 때문이다(『7 Ways Your Body Benefits from Lemon Water』). 왜 32온스(약 28.35g)의 물인가? 그것은 그가 매일 마시는 물의 양을 유지하도록 도와주기 때문이다. 이렇게 두 병을 하루 종일 마시면 사람들이 일반적으로 필요로 하는 기본적인 양의 물을 섭취할 수 있다.

물로 잔을 채울 때, 당신이 신선하고 마실 수 있는 물을 쉽게 얻을 수 있다는 것에 감사함을 느끼라. 개발 도상국에서는 사람들이 깨끗하고 마실 만한 물을 얻기 위해 먼 거리를 걸어야만 하거나 오염된 물을 마셔야만 한다. 그러나 당신은 신선하고 안전한 물을 별다른 노력 없이 쉽고 즉각적으로 얻을 수 있다.

물을 마시기 전에 물로 채워진 잔을 바라보고 그것이 얼마나 깨끗하고 먹기 좋게 되어 있는지에 대해 생각하라. 물의 차가움과 촉촉함을 느끼라. 물로 수분을 섭취한다는 기대를 하면서 당신의 입과 몸이 느끼는 기분에 집중하라.

　당신이 처음 한 모금을 마실 때, (만약 당신 앞에 거울이 있다면) 거울 앞에 서서 자신을 바라보라. 당신 스스로가 물을 마시는 것을 지켜보라. 시원한 물을 입속에 잠시 동안 머금고 당신의 이, 잇몸, 그리고 혀 모두에서 시원한 물을 느끼라. 그러고 나서 물을 삼키고, 물이 당신 몸의 모든 신체 기관과 시스템 모두를 상쾌하게 하고 수분이 몸에 들어오는 것을 머릿속으로 그려 보라.

　물을 한꺼번에 많이 마시기도 해 보고 조금씩 마시기도 해 보라. 그리고 당신이 얼마나 더 상쾌해지고 수분이 얼마나 몸에 들어오는지에 대해 느끼라. 일단 당신이 마지막 물 한 모금을 마시고 나면, 당신 몸속의 물이 당신을 건강하게 만들어 주고 정신을 예리하게 만들어 준다고 생각해 보라.

참고자료

　만약 당신이 물과 물을 마시는 것에 대해 더 감사하고자 하는 마음이 있다면, 물에 대한 당신의 생각을 변화시키는 데 도움을 주는 『Paste』의 「The Miracle of Water Mindfulness」라는 기사를 읽으라.

#10. 거울을 보고 웃으라

당신이 물을 마신 상태이고 여전히 거울 앞에 서 있다면, 이 시간이 스스로 웃는 것을 연습할 수 있는 가장 좋은 시간이다.

이 행동이 바보같이 보이는가? 당신이 그것을 처음 연습한다면 이 방법이 웃기다고 느껴질 수 있다(특히 누군가가 당신을 본다면). 하지만 아침에 일어나서 거울을 보고 스스로 웃는 것은 당신의 건강에 많은 긍정적인 이득을 준다. 실제로 영국의 연구자들은 "웃는 것은 16,000파운드의 재산적 가치를 얻는 것과 같은 자극을 줄 수 있다."라고 결론지었다.

웃는 것은 심장을 느리게 하고, 몸을 편안하게 하며, 스트레스 호르몬에 대응하고 스트레스 호르몬을 제거해 주는 엔도르핀을 방출한다. 이것은 또한 사람들이 업무를 수행할 때 필요로 하는 생산성을 증가시켜 준다는 결과도 보여 주었다.

몇몇의 연구 결과에 따르면, 웃는 것은 당신이 심지어 슬픈 감정을 가지고 있을 때도 당신의 뇌를 속여 행복한 감정을 느낄 수 있게 해 준다(『Psychology Today』의 「Smile: A Powerful Tool」). 거짓 미소를 짓는 것이나 웃음을 지어 내는 것도 진짜 미소나 웃음처럼 효과가 있다.

당신의 뇌는 진짜 웃음과 가짜 웃음을 구분할 수 없는데, 진짜로 웃든 가짜로 웃든 항상 얼굴 근육의 배열이 같기 때문이다.

특히 만약 당신이 거울을 보며 스스로 웃으면서 긍정적인 단어들을 포함한 말들을 크게 한다면, 거울 앞에 서서 스스로 웃는 것은 또한 당신의 자신감을 높여 줄 수 있다.

당신의 아침 일상에 웃는 습관을 추가하는 것은 고작 몇 분밖에 걸리지 않지만 당신이 노력한 효과는 하루 종일 영향을 미칠 것이다.

활동계획

당연히 당신은 이 마음챙김 연습을 처음 시작할 때 바보 같다고 느낄 것이다. 하지만 웃는 것을 즐기고 스스로 이 새로운 습관에 재미를 느껴 보라.

이 연습을 몇 주 이상 한다면, 당신은 이렇게 웃는 시간을 즐기면서 이것이 당신의 하루를 얼마나 더 자신감 있고 밝게 시작하도록 만들어 주는지에 대해 알게 될 것이다.

여기 거울을 보고 웃는 것을 연습하는 방법이 있다.

- 화장실 거울 앞에 서서 당신 자신을 바라보라.
- 당신의 얼굴이 거울에 어떻게 나타나는지에 주목하라. 평범해 보이는가? 슬퍼 보이는가? 긴장해 보이는가? 화나 보이는가? 어떠한 선입견 없이 당신 자신을 그대로 바라보라.
- 천천히 작은 미소가 당신의 입에 걸리게 하라. 당신의 이가 보일 때까지 조금씩 크게 미소를 지으라. 심

지어 당신이 행복하지 않거나 스트레스를 받는 상태이고, 당신이 이 미소가 가짜라는 것을 느끼더라도 걱정하지 말라. 그저 스스로 웃는 것을 유지하고 당신의 눈으로 바라보라.

- 만약 당신의 볼이나 얼굴이 아프기 시작한다면, 잠시 휴식을 취하고 나서 다시 웃으라. 당신은 당신의 웃는 습관을 더 진짜 같고 효과 있게 만들기 위해 스스로 간지럼을 태워도 되고 더 크게 웃어도 된다.

기분이 좋아지도록 돕기 위해 하루 종일 거울을 볼 때마다 미소를 짓는 것을 떠올리라.

참고자료

웃음의 과학에 대해 더 읽어 보고, 웃는 것이 왜 그렇게 중요한지에 대해서 Buffer 블로그에 실린 기사 「The Science of Smiling: A Guide to The World's Most Powerful Gesture」도 읽어 보라.

#11. 아침 명상을 연습하라

명상은 마음챙김 연습에서 가장 주목해야 할 부분이다. 명상은 당신의 마음의 힘을 기르고 연습하는 데 있어 가장 기본적인 형태이기 때문에 하루에 몇 분 동안 명상하는 시간을 갖는 것은 당신의 다른 일상의 마음챙김 습관들을 기르는 데 도움을 줄 것이다.

명상의 목적은 당신의 마음 패턴과 습관들을 관찰하고 당신의 머릿속 생각들의 끊임없는 속삭임을 길들이는 방법을 배우는 것이다. 명상 연습을 한다면, 당신은 당신의 생각들이 당신과 당신의 감정들을 지배하지 못하도록 그 생각들을 더 지배하고 조절하는 힘을 얻게 될 것이다.

배리는 그녀의 책 『Peace of Mindfulness』에서 이렇게 언급했다. "명상을 연습하는 것은 지속적으로 당신의 마음을 고요, 침묵, 그리고 명료함의 아름다운 상태로 만들면서 변화하게 하는 방법이다." 명상의 긍정적인 효과는 하루 종일 지속될 것이며, 아침 명상의 연습은 하루를 시작하는 완벽한 방법으로 만들 것이다.

명상을 연습하는 것과 관련된 많은 신체적·정신적 건강의 이점이 있다.

- 혈압을 낮춰 준다.
- 면역 기능을 증진시킨다.
- 고통과 염증을 감소시킨다.

- 염려와 우울을 줄여 준다.
- 집중력을 발달시킨다.

더 나아가 많은 종교적인 전통에서는 명상을 고통을 끝내고, 사랑과 동정심을 강화하고, 자의식을 얻고, 궁극적으로 깨우침의 상태에 도달하는 방법으로 여긴다.

이제 당신의 목표는 단순히 습관을 발달시키고 당신의 명상 기술들을 단련하는 것이다.

하루에 고작 몇 분의 명상일지라도 정신적이고 육체적인 이점들을 제공할 것이다. 시간을 더 들여서 연습한다면, 당신은 현재를 더 의식하고 기본에 충실하며 만족할 줄 아는 사람이 된다는 것을 느낄 것이다.

활동계획

만약 당신이 원한다면, 10분의 타이머를 설정하라. 의자에 앉거나 쿠션과 함께 바닥에 양반다리를 하고 앉으라. 등을 곧게 펴고 손을 무릎에 가지런히 놓고 그 자세를 유지하라.

눈을 감거나 눈을 뜬 상태로 아래를 집중적으로 응시하라. 그러고 나서 심호흡을 하고 호흡을 고르게 하라.

당신의 호흡을 의식하라. 공기가 당신의 콧구멍을 통

해 들어가고 나오는 것과 당신의 가슴과 복부에 들어가고 빠져나오는 것에 집중하라. 의식적으로 호흡을 강요하지 말고 숨이 자연스럽게 들어오고 나가게 하라.

당신이 숨을 쉬는 횟수를 세라. 마음속으로 당신이 숨을 쉬는 횟수를 생각하라. 10부터 거꾸로 숫자를 세거나, 또는 당신이 숨을 들이쉴 때는 '안으로'라는 단어를, 그리고 숨을 내쉴 때는 '밖으로'라는 단어를 생각하라.

당신의 생각들이 흐트러질 때(연습하는 초기에는 많은 방해를 받을 것이다)는 호흡하는 방법의 느낌으로 천천히 되돌아가라. 스스로 판단하거나 거슬리는 생각들에 관심을 갖지 말라. 오직 당신의 마음이 호흡하는 것에 주의를 집중하도록 만들라.

당신이 호흡을 하는 동안, 소리, 신체적 불편함, 감정과 같은 다른 감각들과 지각들을 느낄 것이다. 그것들이 떠오르는 대로 단순하게 알아차리고 다시 천천히 당신의 호흡법으로 돌아가라.

만약 당신이 생각 속에서 스스로를 잃은 것처럼 보인다면, 어떠한 판단이나 감정이 없는 제3자가 되어 당신의 생각들을 바라보라. 그런 생각들에 '또 그런 거슬리는 생각이 있다.'라고 이름을 붙이라. 그러고 나서 호흡하는 데 다시 집중하라.

점점 더 모든 소리, 감각, 감정, 그리고 생각이 생겨나고 사라질 때까지 이 단계를 계속하라.

명상의 시간이 끝날 때 더 깊은 심호흡을 하고, 호흡을 고르고, 눈을 뜨고, 천천히 당신의 하루를 시작하라.

참고자료

만약 당신이 집중하는 데 어려움을 겪는다면(또는 단순히 이 연습에 대해 더 배우고 싶다면), 당신이 편안한 상태의 마음을 만들기 위해 사용할 수 있는 구체적인 방법들을 제공하는 Calm 또는 Headspace라는 앱 두 가지 모두를 이용해 보라.

#12. 일기를 쓰라

(또는 '모닝 페이지'를 쓰라)

줄리아 카메론(Julia Cameron)은 그녀의 책 『The Artist's Way』에서 독자들에게 '모닝 페이지(Morning Pages)'에서 하루를 시작하도록 소개한다. 카메론은 그녀의 블로그에서 이렇게 설명한다.

모닝 페이지는 아침에 3페이지 정도의 글을 쓰면서 당신의 의식의 흐름을 글로 써 보는 것이다. 모닝 페이지에 잘못된 방법은 없다. 이것은 복잡한 예술이 아니다. 이것은 심지어 '글쓰기'가 아니다. 이것은 당신의 마음속에 떠다니는 어떤 것이고 모든 것이며 당신의 눈으로만 존재하는 것이다. 모닝 페이지는 당신의 하루를 직접적으로 일깨우고, 분명하게 하고, 편안하게 하고, 회유하고, 우선시하고, 동일시하게 해 준다.

10분 동안 모닝 페이지를 작성하는 것은 훌륭한 마음챙김 습관이다. 왜냐하면 종이에 당신의 생각들을 옮겨 적으면서 완전하게 집중할 수 있기 때문이다. 이것은 당신의 아침을 부정적이지 않고 어떤 걱정 없이 시작할 수 있도록 해 주며, 정신적인 혼란으로부터 당신의 마음을 해방시켜 주는 방법이다.

더 나아가 모닝 페이지에서 글을 쓰는 행동은 현재에 집중할 수 있게 해 준다. 손으로 직접 글을 쓰는 것은 타이핑을 하는 것보다 당신을 좀 더 여유 있게 해 주고 당신이 쓰는 무언가에 대해 생각하게 하며, 뇌의 더 많은 부분을 사용하게 해 준다.

만약 당신이 모닝 페이지를 쓰는 것이 너무 체계적이지 못하다고 느낀다면, 당신은 당신이 고른 구체적인 주제에 대해 일기를 쓰거나 잡지에 이미 쓰인 주제들에 대해 써도 된다. 모닝 페이지와 마찬가지로, 일기를 쓰는 것은 능동적으로 생각하게 하고 당신의 흐트러진 마음을 바로잡아 준다.

일기를 쓰는 것은 당신의 내면세계, 당신의 목표, 그리고 심지어 당신이 꾸는 꿈에 대해서도 집중할 수 있도록 도와준다. (만약 당신이 일기를 쓰는 것에 흥미를 느낀다면, 스티브가 그의 블로그에 이 습관에 대한 자세한 설명들을 올려놓은 「How to Start Journaling (and Make It a Daily Habit)」을 보라.)

활동계획

종이에 잘 써지는 질 좋은 필기용 펜과 스프링 노트나 일기장 몇 권을 추가로 구입하라.

당신이 어떤 장소에서 글을 쓸 것인지부터 결정하라. 당신은 일어나자마자 침대에 앉아서 쓸 수도 있다. 또는 당신이 글을 쓰기 시작하기 위해 충분히 말끔한 상태가 되려면 샤워를 하거나 커피 한 잔을 마실 필요가 있을 수 있다. 오직 당신이 글을 쓸 장소에 노트와 펜이 눈에 보이고 쉽게 사용할 수 있게 놓여 있어야 한다는 것을 명심하라.

눈을 감은 상태로 심호흡을 하고 나서 가볍게 글을 쓰기 시작하라. 모닝 페이지를 위해서 간단하게 당신의 머릿속에 흐르는 어떤 생각이라도 적으라. 어떤 감각을 필요로 하거나 특정한 목적이 있어야 하는 것이 아니다. 하지만 만약 그렇다면 그것도 괜찮다.

만약 당신이 더 직접적으로 일기를 쓰는 것에 집중하기로 결정했다면, 당신이 바라는 일기의 종류를 결정하라. 당신은 다음과 같은 글을 쓰기를 원할 것이다.

- 꿈과 관련된 일기
- 감사함을 표현하는 일기
- 인간관계에 대한 일기
- 기도와 관련된 일기

또는 당신은 심지어 당신의 일기에 그림을 그리거나 뭔가를 끄적거릴 수 있다.

당신은 스스로 생각해 내거나 온라인에서 찾은 일기 주제를 사용할 수 있다. 배리는 '내가 오늘 알아야 할 필요가 있는 것은 무엇인가?'와 같은 주제를 사용한다. 그러고 나서 자신의 일기를 적는 데 떠오르는 생각들이나 아이디어를 떠올려 본다.

당신은 모닝 페이지나 일기를 쓰면서 당신이 원하는 대로 창조적일 수도 있고 단순해질 수도 있다. 이렇게 생각난 것들이나 의식이 흐르는 대로 손에 펜을 쥐고 10분의 마음챙김 시간을 가진 후 마음 속에 있는 내용들을 적어 내려가는 것이다.

10분의 시간이 지나면, 당신이 쓰고 있는 문장을 끝내거나 당신을 사로잡고 있는 생각을 끝내고 일기장을 덮으라. 당신이 나중에 읽을 수 있도록 썼던 내용들을 저장하라. 일기장을 읽기 전에 시간적 여유를 가지면 당신이 쓴 글의 의미를 좀 더 음미할 수 있다.

참고자료

모닝 페이지에 대해 더 배우고 싶다면 줄리아 카메론의 책 『The Artist's Way』와 잘 알려진 그녀의 또 다른 책 『The Miracle of Morning Pages: Everything You Always Wanted to Know about the Most Important Artist's Way Tool』을 읽어 보라.

일 년 동안 일기를 쓰기 위한 아이디어, 주제, 그리고 활동의 가치에 대해 쓴 로시 팍스(Rossi Fox)의 책 『365 Journal Writing』을 참고하라. 미라 리 파텔(Meera Lee Patel)의 『Start Where You Are: A Journal for Self-Exploration』은 글쓰기, 그림 그리기, 차트 만들기 등을 통해 깊고 좋은 생각을 할 수 있도록 영감을 주는 인용문과 함께 수많은 주제와 활동이 포함되어 있으며 아름다운 삽화도 볼 수 있는 잡지이다.

당신은 또한 Journaling Sage라는 온라인 사이트와 같이 무료 일기 주제들을 얻을 수 있는 많은 온라인 사이트를 찾아볼 수 있다.

#13. 영감을 주는 내용을 읽으라

━━━

    당신은 일어나자마자 컴퓨터나 휴대폰을 보면서 이메일이나 뉴스를 확인하는가?

    아마도 당신은 일어나자마자 아침 뉴스를 보기 위해 텔레비전을 켤 것이고, 이런 행동 대부분은 부정적으로 당신의 마음을 뒤흔든다.

    당신은 당신의 하루를 정보의 과부하로 시작하기보다, 당신에게 행복감을 주고 영감을 주는 긍정적인 책이나 기사를 선택하여 읽을 수 있다.

    수년 동안 스티브와 배리는 자기증진과 동기부여를 주는 수많은 책을 읽었다. 그들의 가장 깊은 몇몇 통찰력은 이런 놀라운 책들로부터 나온 결과들이다.

    우리는 확실하게 사람으로서 계속 배움과 성장을 멈추면 안 된다고 믿는다. 사실상 마음을 챙기는 사람이 되려면 당신의 믿음과 성장에 도전하고 당신의 기량을 늘리기 위해 다른 사람들의 아이디어와 관점을 읽는 것이 필요하다.

    당신은 희망을 주는 책을 읽으면서 배울 수 있으며, 당신의 가치, 목표, 그리고 열정을 보충해 주는 책을 읽기 위해서는 사전 행동 결정이 필요하다.

    수상 경력이 있는 작가 앤 라모트(Anne Lamott)는 그녀의 베스트셀러 『Bird by Bird』에서 이렇게 말했다. "기적은 이렇게 작고 평평하며 한정된 종이에서 일어날 수 있으며, 책 속에서 세상이 펼쳐지고 세상이 당신에게 노래하며 당신을 편안하게 할 수도 혹은 흥분하게 만들 수도 있다. 책은 우리가 누구인지에 대한 이해를 높여 주고 우리가 어떻게 행동해야 되는지에 대해 도움을 준다. 책은 우리에게 공동체와 우정의 의미를 알려 주고, 어떻게 사는지와 죽는지를 알려 준다."

당신은 일일 인용구로 이루어진 책을 통해 정신적인 독서를 하거나, 당신에게 용기를 주고 동기를 주는 개인의 성장 일기 같은 책을 선택할 수 있다. 당신은 영감을 받거나 눈을 뗄 수 없는 누군가의 자서전을 선택하거나, 당신의 호기심을 불러일으키는 소설을 선택할 수 있다.

당신은 아침에 영감을 찾기 위해 책을 읽지 않아도 된다. 희망을 주는 기사나 인용구를 올리는 많은 블로그와 웹사이트가 있다. 스티브의 웹사이트 Develop Good Habits와 배리의 웹사이트 Live Bold and Bloom에는 다양한 종류의 자기개발 주제를 가진 기사 수백 개가 있다.

무엇을 읽기로 결정하든지 간에 최소 10분 동안 충분히 주의를 집중하고 당신이 좀 더 읽고 싶은 마음이 들 정도로 충분히 강력하게 집중해야 한다. 당신은 또한 당신이 읽고 있는 것에 대해 숙고하고, 이런 생각들이 당신의 의식 속에 스며들고 당신의 정서를 고양시킬 수 있게 한다.

활동계획

어떤 종류의 독서를 할 것인가를 결정하는 것은 당신에게 긍정적인 느낌과 영감을 준다. 당신의 개인적인 목표와 일치하고 영감을 찾을 수 있는 책을 다양한 방법으로 찾으라.

당신에게 의미 있는 구절에 밑줄을 긋거나 강조해서 표시를 해 놓을 수 있도록 페이퍼백 버전의 책을 구입하는 것을 생각해 보라. 또한 당신은 플랫폼에 있는 책을 읽을 수 있고, 인터넷 독서 장치에서 중요한 페이지를 강조할 수도 있으며, Clippings.io라는 도구를 사용해서 Evernote 같은 앱에 당신이 중요하게 생각한 것을 업로드할 수도 있다.

다음으로, 당신이 독서를 하고 싶은 장소에 대해 생각해 보라.

- 일어나자마자 당신의 침대 위에서?
- 당신이 커피를 마시는 동안 부엌 탁자에서?
- 당신 집의 조용한 장소에 있는 특별한 의자에서?

어디서 독서를 하든 간에 책과 펜 또는 형광펜을 챙기는 것을 명심하라.

당신이 책을 펼치기 전에, 눈을 감고 깊은 숨을 쉬고 숨을 고르면서 당신의 마음을 정리하고 자신을 편안하게 하라. 당신이 읽는 내용을 매개로 삼아서 마음의 공간으로 들어가라.

당신이 책을 읽을 때 그것이 당신에게 어떤 의미가 있는지에 의도적으로 집중하도록 노력하라. 천천히, 그리고 심사숙고하면서 읽으라. 느낌이 오는 긍정적인 생각들을 흡수하고 깊게 생각하는 순간을 가지라.

당신이 원한다면, 책의 여백이나 당신이 읽는 저널에 메모를 하라. 당신이 원하는 어떤 변화, 당신이 영감을 받은 행동, 또는 당신의 독서를 통해 발견한 통찰을 적어 내려가라.

독서를 끝낼 때마다, 아침 활동을 지속하기 전에 조금 더 깊은 숨을 쉬라.

참고자료

배리가 가장 좋아하는 영감을 주는 책

- 에크하르트 톨레(Eckhart Tolle)의 『The Power of Now and A New Earth』
- 댄 밀먼(Dan Millman)의 『Way of the Peaceful Warrior』
- 캐롤 드웩(Carol Dweck)의 『Mindset: The New Psychology of

Success』

- 바이런 케이티(Byron Katie)의 『Loving What is』
- 게이 헨드릭스 박사(Gay Hendricks, PhD)의 『A Year of Living Consciously: 365 Daily Inspirations for creating a Life of Passion and Purpose』
- 소냐 류보머스키 박사(Sonja Lyubomirsky, PhD)의 『The How of Happiness』

스티브가 가장 좋아하는 영감을 주는 책

- 켄 그림우드(Ken Grimwood)의 『Replay』
- 잭 캔필드(Jack Canfield)의 『The Success Principles』
- 칼 뉴포트(Cal Newport)의 『Deep Work』
- 리오 바바우타(Leo Babauta)의 『The Power of Less』
- 브라이언 트레이시(Brian Tracy)의 『Focal Point』
- 프랜신 제이(Francine Jay)의 『The Joy of Less』
- 제프 올슨(Jeff Olson)의 『The Slight Edge』
- 게리 켈러(Gary Keller)와 제이 파파산(Jay Papasan)의 『The One Thing』

마지막으로, 다양한 범주로부터 선택할 수 있는 110개의 자기 개발 도서 목록(https://liveboldandbloom.com/06/self-improvement/best-self-improvement-books)이 있다.

#14. 일상의 마음가짐을 정하라

━━━━━━

다음 두 문장 사이의 차이점을 생각하라.

• 나는 오늘 3시까지 과제를 끝낼 계획을 갖고 있다.
• 나는 오늘 3시까지 과제를 끝내고야 말 것이다.

어떤 문장이 더 강한 느낌이 드는가? 어떤 문장이 더 행동할 수 있게 하는가?

확실히 무언가를 의도해서 해내려는 마음가짐은 무언가를 계획하는 것보다 더 효능이 있어 보인다. **이렇게 의도를 갖고 해내려는 마음가짐은 결정, 의지, 그리고 결심을 암시한다.** 의도에는 계획이 절대 따라올 수 없는 담대함이 있다.

당신의 일상에서 어떤 것을 하고자 하는 의도가 충분히 있는 마음 상태에 있을 때에는 어떤 어려움이 닥쳐도 그 문제를 해결할 수 있다. 당신은 당신의 문제를 확실하게 해결하기 위해서 다른 활동들보다 이런 행위나 마음가짐을 우선시하게 된다.

의도하는 마음을 갖는 것은 당신으로 하여금 당신의 목표를 이루기 위한 영감이나 동기 같은 목적의식을 가지게 한다.

무언가를 하고자 하는 의지는 당신에게 가장 가치 있고 중요한 꿈과 목표를 위한 원동력이다. 잘 알려진 인도의 고전 철학서 『우파니샤드(Upanishads)』에는 이런 글이 있다. "당신은 당신이 가장 깊게 열망하는 것에 존재한다. 당신이 무언가를 열망할 때, 당신은 의지를 갖게 된다. 당신의 의지는 또한 당신의 행위 그 자체이다. 당신의 행위는 또한 당신의 운명이다."

매일 의도를 갖고 의지를 다지면, 당신은 당신의 가장 깊은 열망에 집중하게 되고 당신이 오늘 하는 것은 결국 성과를 맺게 될 것이다. 당신의 목적은 그 자체로 완전한 목표가 될 수 있고 또한 더 장기적이고 큰 목표를 향한 행위가 될 수 있다.

작가이자 존경받는 교사인 디팩 초프라(Deepak Chopra)는 이렇게 말한다. "오직 당신이 의도한 것을 당신의 의식 속에서 깊게 열매를 맺을 수 있도록 할 때 성장하고 번영할 수 있다."

활동계획

매일 의지를 갖고 일을 하게 되면 당신의 의식 깊은 곳에서부터 아침의 첫 번째 일을 하게 된다.

하루에 당신이 의도를 갖고 나아가려는 첫 번째 단계는 당신의 생활 중 어떤 부분에 의지를 갖고 집중을 할 것인가에 대해 결정하는 것이다.

당신은 다음과 같은 주제들에 마음의 의지를 가져 볼 수 있다.

• 하루 동안 당신의 정신적 혹은 정서적인 상태

- 당신의 관계의 질
- 당신의 신 또는 신의 뜻과의 연결
- 당신의 행동 선택
- 운동하는 것 또는 더 자주 웃는 것 같은 구체적이며 작은 목표
- 일상의 행동을 포함하는 크고 긴 기간 동안의 목표

한번 당신이 의도하고자 하는 목적의 종류를 결정하면, 당신의 목적을 긍정적이고 계획적인(관리할 수 있는) 단어를 사용하여 적어 보라.

예를 들어, 당신은 이렇게 쓸 수 있다.

- 나는 중간에 성급하게 끼어들지 않으면서 나의 배우자의 말을 좀 더 주의 깊게 듣고자 한다.
- 나는 오늘 내가 결정하는 모든 것에 있어 내면의 평화를 우선으로 할 것이다.
- 나는 나의 소설을 3쪽 쓸 것이다.

만약 당신이 의도한 것이 구체적인 단계(예: 구체적인 시간을 설정하거나 도구를 얻는 것 등)를 포함한다면 당신이 오늘 당신의 목적을 따라서 이루기 위해 필요한 단계들을

적어 내려가라.

당신이 의도하고자 하는 것을 적은 후에, 거울을 통해 자신을 보며 분명하게 자신감 있는 말투로 크게 말하라. 그 이후에 눈을 감고 그것을 당신 자신에게 다시 한번 조용히 속삭이라. 이렇게 의도한 단어들이 당신의 의식 속으로 빨려 들어갈 때까지 몇 번 깊게 숨을 쉬라.

참고자료

당신이 의도하고자 하는 마음가짐을 가지려고 할 때 더 많은 아이디어와 영감을 얻고 싶다면, 웨인 다이어(Wayne Dyer)의 베스트셀러 『The Power if Intention: Learning to Co-create Your World Your Way』를 참고하라. 또한 린 맥태거트(Lynne McTaggart)의 『The Intention Experiment: Using Your Thoughts to Change Your Life and the World』를 참고하라.

#15. 하루에 3개의 목표를 설정하라

하루에 3개의 목표를 완수하기 위해서 하나는 아침, 하나는 점심, 나머지 하나는 늦은 오후 또는 저녁에 완수하도록 목표를 삼을 수 있다.

당신은 당신이 하루에 이루고 싶은 3개의 중요한 활동을 정할 수 있고 그것들을 완수할 방법을 결정할 수 있다.

왜 3개의 목표인가?

그 이유는 3이라는 숫자가 다루기 쉬운 숫자이기 때문이다.

20개 이상의 많은 목록을 만들기보다는 간단하게 목록을 만들라. 하루 동안 할 수 있다고 확신하는 가장 자신 있는 3개의 목표로 좁히라. 당신은 이 3개의 목표를 이루는 동안 더 많은 일을 할 수 있다.

오직 3개의 목표를 삼으면 다음에 해야 할 일로 인해 압박을 받지 않고 해낼 수 있다는 희망을 가지면서 완전하게 집중하는 시간과 심리적 힘을 얻을 수 있다. 각각의 목표에 당신의 시간을 투자하는 것은 당신이 그것을 완수하는 과정을 즐길 수 있게 해 준다.

또한 하루에 당신의 목표를 설정하기 위해 조금의 시간을 투자하여 목표를 적는 것은 당신이 당신의 하루를 어떻게 계획하고 당신이 무엇을 이루고 싶어 하는지에 대해 더 창조적이고, 준비할 수 있고, 심사숙고하도록 만들어 준다.

『Rapt: Attention and the Focused Life』의 저자 위니프레드 갤러

허(Winifred Gallagher)는 이렇게 말한다. "진실로, 이것에 집중하는 당신의 능력과 집중은 당신의 경험을 통제하는 데 있어서 중요한 포인트이고 결국 당신은 잘 존재하게 된다."

아침에 제일 먼저 이 3개의 목표를 설정하면 당신이 의도하고자 마음먹었던 것과는 다르게 도움이 되지 않는 다른 활동으로부터 방해를 받거나 밀려나지 않도록 만들어 줄 것이다.

활동계획

목표를 기억하기 위해 노트, 일기, 휴대폰 또는 컴퓨터의 앱에 적어 놓는 것을 고려하라.

당신의 3개의 일상 목표를 실행하고 싶은 장소나 시간을 정하라. 당신은 일어나자마자 침대를 벗어나기 전에, 당신의 하루 목표를 생각하기 전에 샤워를 하고, 커피 한 잔을 마시고, 당신의 뇌를 깨우는 활동이 필요할 수 있다.

당신이 이 목표를 이루기 위해 활동하는 10분 동안은 어떠한 방해도 없어야 한다는 것을 명심하라. 문을 닫고, 휴대폰을 끄고, 조용한 장소에 있으라.

당신이 의도하고자 하는 목표를 깊게 생각하기 전에 눈을 감고 깊은 숨을 쉬며 숨을 고르는 것이 필요하다.

그 이후에 일주일 동안 이루고 싶은 모든 것을 적기 시작하라. 당신이 생각할 수 있는 실행 가능한 목표를 뇌에 저장하라. 당신은 20개에서 30개 혹은 그 이상의 활동 목록을 만들 것이다. 당신은 당신의 하루 목표를 고르기 위해 이 전체 목록을 활용할 수 있다.

당신이 오늘 무조건 이루어야만 하는 느낌이 드는 목록을 검토하라. 아마도 그것은 마감 기한이 있거나 너무 오랫동안 방치해 둔 것일 것이다. 당신은 물론 3개보다 많은 해야 할 목표가 있을 것이다. 하지만 그중에서 현재를 위해 가장 적합한 3개의 목표를 고르라. 만약 그것들이 우선순위에 있어서 전부 동일하다면 그중 3가지를 무작위로 고르라.

3개의 각 목표는 짧은 시간 안에 이루어 내야만 한다는 것을 명심하라. 목표가 너무 크면, 당신은 압도당할 것이고 너무 오랜 시간이 걸리기 때문에 부담을 느끼게 될 것이다.

큰 목표를 작은 활동으로 분류하고 그것을 또 하루의 목표로 나누라. 또한 각각의 목표에 대해 그 일을 하고 싶은 시간대를 적으라.

만약 당신이 일상의 목표를 설정하는 것이 생소하다면 다음과 같이 매우 작고 쉬운 목표로 시작하라.

1. 내 청구서 중 하나를 지불하라.

2. 고양이 집을 청소하라.

3. 엄마에게 생일축하 편지를 쓰라.

얼마나 작고 쉬운지와 상관없이 우선 활동을 정하고 그 목표를 이루는 것은 당신의 자신감을 증진시켜 줄 것이다.

당신이 의도하고자 하는 일들을 완수했다면, 활동들을 적은 노트에서 그 목록을 지우라. 당신이 목표를 정하기 전 아침에 당신이 이루어 왔던 것들을 검토하고 자신을 칭찬하는 시간을 가지라.

참고자료

당신의 목표 설정 효율을 증진시키고 싶다면 스티브의 책 『S. M. A. R. T. Goals Made Simple-10 Steps to Master Your Personal and Career Goals』를 참고하라.

#16. 일상의 목표를 시각화하라

현재 세계 순위 2위인 세르비아의 전문 테니스 선수 노박 조코비치(Novak Djokovic)는 자신이 경기 준비를 위해 정기적으로 시각화를 사용하면서 자기 의심을 극복하고 실수에서 더 빨리 회복하여 훌륭한 선수가 될 수 있었다고 말한다.

올림픽 역사상 좋은 기록을 보유하고 있는 올림픽 수영선수 마이클 펠프스(Michael Phelps)는 아주 어린 나이부터 시각화를 사용해왔다. 올림픽 경기나 어떤 경기를 하기 전에 그는 자기 행동의 세부 사항을 매분 시각화하고 경기에 더욱 최선을 다하기 위해 마음챙김 연습을 믿고 실행한다.

시각화는 단지 운동 수행 능력만 강화시키는 것이 아니다. 그것은 일상의 스트레스와 일할 때 긴장감을 줄여 주고 준비할 수 있도록 강화시켜 주며, 당신의 육체적·심리적 효율을 증진시켜 준다.

운동 제어, 집중력, 통찰력, 계획, 기억에 영향을 주는 시각화는 당신이 이루고 싶은 어떤 것이든 성공할 수 있게 당신의 뇌에 도움을 준다.

시각화하는 단순한 행위는 마음챙김, 초점 두기, 그리고 창조력을 요구하며 심리적 혼란과 부정적인 것들로부터 마음을 편안하게 해 준다.

시각화를 사용함으로써 마치 당신이 시각화하는 것을 실제로 수행하는 것처럼 당신의 뇌에 강한 신경 회로가 만들어진다. 왜냐하면 뇌는 근육이 어떻게 움직일지를 알려 주며, 이런 신경 회로들은 더 정확하고 강한 움직임, 당신의 실질적 노력을 강화시켜 주기 때문이다.

당신의 하루를 10분의 시각화 연습으로 시작하라. 그러면 당신은 당신의 목표를 충분히 갖출 수 있고 좋은 결과를 만들 수 있다. 시각화는 당신의 창조적인 잠재의식을 활성화시키고 당신이 당신의 목표를 성취하기 위해 더 창조적인 아이디어를 얻을 수 있게 만들어 준다.

활동계획

여기 아침에 시각화를 연습하기 위한 7개의 단계가 있다.

1. **당신의 목표 또는 결과를 설정하라.** 당신이 원하는 것을 시각화하기 전에 당신의 목표 또는 원하는 결과를 설정하라. 이것은 구체적이고 상세하며 성취할 수 있어야 한다. 당신의 3개의 일상 목표 또는 의도하고 마음먹은 것을 시각화하는 것은 시작하기에 좋은 방법이다.
2. **성취를 위해 활동들을 설정하라.** 당신의 목표를 이룰 수 있도록 하는 구체적인 활동을 적으라. 당신은 당신의 시각화 연습을 시작하기 전에 이런 단계들의

개요를 서술함으로써 스스로 당신이 시각화하기를 원하는 것이 무엇인지 정확히 알 수 있다.

3. **시각화를 하는 시간을 정하라.** 당신이 시각화를 연습하기를 원하는 아침 시간대를 결정하라. 만약 당신이 당신의 아침 습관의 한 부분으로 3개의 목표 또는 의도한 것들을 포함시킨다면 당신이 목표 또는 의도를 설정하자마자 그것을 완수하는 당신 자신을 시각화하라.

4. **당신 스스로 준비하라.** 아무 방해가 없는 조용한 장소에 있어야 하는 것을 명심하라. 편안하게 앉고 당신의 마음을 안정시키기 위해 심호흡을 몇 번 하면서 더 명상적인 상태로 만들라. 그리고 나서 심리적으로 마음에 빈칸을 만들라. 그 빈칸으로부터 당신의 시각화를 시작하라. 만약 다른 생각들이 떠오른다면 마치 명상을 하는 것과 같이 차분하게 다시 시각화하는 데에 집중하라.

5. **결과와 함께 시작하라.** 시각화를 할 때 목표에 먼저 도달하는 당신 자신을 묘사하라. 영화가 있고 그 영화의 주인공이 당신인 것처럼 시각화하라. 당신이 무엇을 하는지, 어떻게 생겼는지, 당신 주위에 누가 있는지, 당신이 어디에 있는지, 그리고 당신이 무엇을

느끼는지에 대해 정확하게 묘사하라. 가능한 한 구체적이고 상세하게 만들라.

6. **활동들을 시각화하라.** 당신이 당신의 목표에 도달하는 것을 시각화한 후에 그것을 만들기 위해 당신에게 필요한 각각의 상세한 활동을 심리적으로 연습해 보라. 만약 당신의 목표가 새로운 일을 찾는 것과 같은 것이라면 그것을 이루기 위해 해야 할 행동들을 포함해 많은 심리적인 단계와 활동이 필요하다. 하루 동안 이러한 필요한 활동들을 성공적으로 완수하는 것을 시각화하라. 마치 당신이 시각화한 것을 실제로 경험하듯이 관련된 심리적 묘사들을 하는 데 몰입해 보라.

7. **결과로 되돌아가라.** 시각화 회기를 끝내기 위해 다시 한번 당신이 원하는 목표에 도달하는 당신 자신을 바라보라. 마음의 눈으로 당신이 이 목표를 완료했을 때 어떤 기분이 들었는지에 주목하라. 당신의 하루를 시작하기 위해 몇 번의 심호흡을 하고 눈을 뜨라.

참고자료

만약 당신이 시각화의 힘에 대해 더 알고 싶다면 샤크티 가웨인
(Shakti Gawain)의 『Creative Visualization: Use the Power of Your
Imagination to Create What You Want in Your Life』를 참고하라.
우리는 또한 제럴드 엡스타인 박사(Gerald Epstein, MD)의 『Healing
Visualizations: Creating Health Through Imagery』, 그리고 DC 곤
잘레스(DC Gonzalez)의 『The Art of Mental Training-A Guide to
Performance Excellence』를 추천한다.

#17. 차 또는 커피 의식을 만들라

대부분의 우리에게 아침 커피나 차는 마음챙김 활동보다는 목적
을 위한 수단이다. 우리는 움직이거나 일어나기 위해 카페인을 필
요로 한다.

당신은 졸리고 몽롱한 상태로 비틀거리며 커피메이커 또는 찻주
전자에 가서 첫 번째 컵을 내려놓기보다, 이러한 일상 습관에서 마
음을 챙길 수 있는 아침 의식을 형성할 수 있다.

샌프란시스코에 있는 Samovar Tea Lounge의 소유자 제스 제이
콥스(Jesse Jacobs)는 이렇게 말한다. "의식은 우리를 여유롭게 만들
고 현재 이 순간과 연결시켜 준다. 나는 크거나 화려한 문화적 또는

종교적 의식에 대해 이야기하는 것이 아니다. 대신에 나는 우리를 우리 자신, 우리의 공간, 그리고 현재 이 순간과 연결시켜 주는 간단한 행동들에 대해 언급하는 것이다."

차 의식은 수 세기 동안 아시아 문화권에서 행해졌고, 비슷하게 차 마시는 습관은 영국에서 모로코까지 세계 각국에서 찾아볼 수 있다. 이런 의식은 음미하는 것과 차 한 잔을 준비하고 마시기 위한 모든 측면을 완전히 경험하는 것을 포함한다.

이 의식은 차에 국한되지 않는다. 당신은 아침에 커피 의식을 만들 수 있다. 마찬가지로 그것은 준비하는 데 비슷한 단계를 거친다. 사실상 에티오피아 사람들은 아시아 사람들이 차를 준비하는 것과 같은 방식으로 커피를 준비하는 의식을 갖는다.

하지만 당신은 당신만의 아침 의식을 즐기기 위해 어떠한 고대 전통 의식도 따를 필요가 없다. 당신에게 필요한 전부는 여유를 갖고, 집중하며, 느끼는 것이다.

활동계획

신선한 말린 찻잎 또는 신선한 구운 커피콩을 사는 것으로 시작하라. 만약 당신에게 차 여과기 또는 커피콩을 가는 기계가 없다면 당신은 당신이 가지고 있는 것을 사용할 수 있지만 신선한 재료로 시작하는 것은 더 즐겁게 마시는 의식(경험과 함께)을 만들어 준다.

차를 마시는 사람들에게……

당신을 행복하게 만들어 주는 가장 좋아하는 찻잔이나 머그잔을 고르는 것으로 시작하라. 그것을 손에 꼭 쥐고 당신이 그것을 느끼는 방법을 좋아한다고 생각하라.

말린 찻잎 또는 티백이 들어 있는 통의 뚜껑을 열면서 향기를 맡아 보라. 향기가 마치 당신에게 말하는 것처럼 느끼라. 어떤 차가 당신의 감정이나 마음의 상태와 일치하는가? 당신의 차를 고르고 그것을 찻잔, 컵, 또는 여과기에 넣으라.

다음으로, 전자레인지에서 뚜껑을 연 냄비에 물을 넣고 그것이 끓고 따뜻해지는 것을 지켜보라. 김이 올라오고 기포가 생기는 것을 지켜보라. 당신이 지켜보고 기다리는 동안 호흡에 집중하는 것을 연습하라.

물이 끓을 때, 찻잎이나 티백에 물을 천천히 부으라. 잎이 물에 떠오르고 물에 차 색깔이 스며드는 것을 지켜보라.

당신이 차를 마시고 싶은 장소를 정하라. 방해나 간섭 없이 차에 집중할 수 있는 조용하고 평화로운 장소를 찾으라.

당신이 한 모금을 마시기 전에 당신의 입술에 컵을 대어 따뜻한 열기를 느끼고 복합적인 향기에 주목하라. 마치 당신이 차를 처음 맛보는 것처럼 한 모금을 마시라.

차의 달콤함 또는 쌉쌀함을 느끼라. 섬세함 또는 억셈을 느끼라. 잠깐 동안 차를 당신의 입에 대고 그 이후에 차분하게 저으라.

손에 컵을 쥐어 컵의 따뜻함을 느끼고, 첫 번째 한 모금의 느낌을 즐기라. 이렇게 계속 한 모금씩 천천히, 그리고 생각하고 감사하면서 여유로움을 느끼라.

컵을 씻고 말리고 제자리에 돌려놓는 것으로 이 의식을 끝내라.

커피를 마시는 사람들에게……

당신은 커피콩을 갈고(또는 커피 만드는 기계에 굵게 간 커피 원두를 넣고) 커피를 끓이는 것에 집중하며 같은 단계를 따를 수 있다.

당신은 당신 컵의 필터 위에 직접 끓인 물을 천천히 따르면서 만드는 커피를 생각해 볼 수 있다. 배리는 이런 용도로 만든 S자 모양의 전기 주전자를 사용한다.

참고자료

만약 차 의식이 당신을 흥미롭게 한다면, 미국의 차 관련 저자 브루스 리처드슨(Bruce Richardson)의 소개서와 함께 카쿠조 오카쿠라(Kakuzo Okakura)의 책 『The Book Of Tea』를 읽으라.

오카쿠라의 책에서는 한 문장으로 차에 대해 매력적으로 요약해 준다. "현대 인류의 천국은 사실상 부와 명예를 위한 거대한 투쟁으로 완전히 지쳤다. 그러므로 우리에게 한 모금의 차를 허락하라."

또한 Samovar Tea Lounge 블로그로 잘 알려진 차를 마시는 것에 대한 블로그 목록(https://eco-cha.com/blogs/news/10-tea-blogs-to-help-you-learn-about-tea)을 참고하라.

커피를 사랑하는 사람들은 제임스 호프먼(James Hoffmann)의 책 『The World Atlas of Coffee: From Beans to Brewing—Coffees Explored, Explained, and Enjoyed』를 참고하라.

#18. 마음을 챙기면서 아침을 먹으라

당신이 어렸을 때 어머니가 아침을 먹이기 위해 집안에서 반복해서 했던 말을 기억하라. "아침은 하루 중 가장 중요한 식사란다!"

비록 최근의 연구들은 당신 어머니의 충고를 지지해 주지는 않지만, 아침을 먹는 것은 체력을 증진시켜 주고 하룻밤 사이에 빠르게 혈중 포도당을 정상으로 저장시켜 준다.

당신이 아침을 먹는다면, 심지어 토스트 한 조각 또는 요거트 한 컵 같은 간단한 무언가를 먹더라도 아침을 마음챙김 활동으로 만들 수 있음을 인지하라.

먹는 것을 단지 무의식적으로 음식을 집어넣어 위장을 채우는 것으로 생각하기보다 아침 식사를 당신의 하루를 행복하고 건강하게 시작하기 위한 작은 의식으로 만들라.

먹는 것에 마음을 쓴다는 것은 당신이 무엇을 먹는지와 얼마나 먹는지를 둘 다 포함한다. 아침 식사를 잘 챙긴다는 것은 당신이 무엇을 먹는지에 대해 천천히 인식하면서 당신이 선택한 음식을 재평가하는 훌륭한 방법이다. 아침 식사로 건강한 음식을 먹기 위해 당신은 하루 동안 적합한 음식 선택을 위한 단계를 설정할 수 있다.

활동계획

당신이 10분 계획을 고수한다면, 당신이 준비할 수 있는 음식을 선택할 필요가 있고 그 시간 동안 앉아서 먹을 필요가 있다. 이것은 도넛이나 팝 타르트 같은 것을 먹는 것을 의미하지 않는다. 왜냐하면 그것을 만드는 것은 빠르고 쉽기 때문이다.

만약에 당신이 저녁 전에 아침 식사를 위해 필요한 모든 것을 가지고 있다고 확신한다면, 당신은 오로지 10분 안에 건강한 아침 식사를 준비할 수 있고 먹을 수 있다.

빠르고, 마음에 도움이 되고, 건강한 아침식사를 위한 아이디어는 다음과 같다.

- 에그 스크럼블, 곡물 토스트 한 조각, 그리고 몇 가지의 과일
- 바나나와 호두를 섞은 빠르게 요리할 수 있는 귀리한 사발
- 바나나와 땅콩버터 스무디
- 살사 양념과 잘게 자른 치즈를 버무린 달걀흰자 오믈렛
- 뮤즐리와 베리를 올린 그리스 요거트

음식을 준비할 때는 조심하고 집중하라. 당신이 요리하는 것뿐만 아니라 그 요리의 생김새와 냄새가 어떤지에 주목하라. 당신이 음식을 준비할 때 느끼는 배고픔에 주목하라.

아침 식사의 주인공이 당신인 것처럼 식탁에 세팅하라. 만약 가족이 당신과 함께 식사하고 싶어 한다면 그들의 자리도 마련하라.

당신이 먹을 때 집중해야 할 것은 다음과 같다.

- 음식의 냄새와 그릇에서 음식의 생김새가 어떤지
- 당신이 한 입씩 먹어 볼 때 다양한 음식의 맛
- 당신이 먹기 전, 먹는 동안, 먹은 후에 얼마나 배부른 지(물리는지)
- 음식을 먹는 동안과 먹은 후의 당신의 감정
- 음식의 원산지와 누가 생산했는지

당신이 음식을 다 먹었다면, 당신을 위해 이런 건강한 음식을 먹었다는 것에 대해 감사함을 생각하는 시간을 가져 보라. 접시를 씻고, 말리고, 제자리에 돌려놓으라.

참고자료

만약 당신이 마음을 챙기면서 먹는 것에 대해 더 많은 정보를 얻고 싶다면, 잰 초즌 베이스 박사(Jan Chozen Bays, MD)의 『Mindful Eating: A Guide to Rediscovering a Healthy and Joyful Relationship with Food』와 틱낫한의 『Savor: Mindful Eating, Mindful Life』를 참고하라.

당신은 또한 「Mindful Eating As Food for Thought」라는 『New York Times』 기사에 흥미를 느낄 것이다.

#19. 당신의 가족과 현재를 보내라

이 책의 초반에 언급한 시나리오에서 우리 주인공은 부엌으로 달려가 그의 지친 가족과 만나게 된다.

그는 문을 열고 손에 빵을 든 채로 서두르면서 그의 배우자와 아이들에게 "잘 다녀와."라는 말을 하며 나간다.

세계의 얼마나 많은 가족이 그들이 가장 사랑하는 사람들과 어떠한 교감도 없이 하루를 시작할까? 우리가 사랑하는 사람들과 소중한 시간을 보내지 않는다면, 우리가 어떤 식으로든 매우 열심히 일하는 것이 무슨 의미가 있을까?

가족의 마음챙김 습관은 가족에서 최소한 한 명의 어른이 가르치고 본을 보여 주어야 한다. 당신은 특히 관계에서 마음챙김의 중요성에 관하여 당신의 배우자와 아이들에게 롤모델이 될 수 있다.

이것을 시작하기에 좋은 최적의 장소는 당신이 당신의 일을 시작하거나 학교 수업이 시작되기 전에 오직 약간의 시간을 투자해 현재에 존재하는 힘을 그들에게 보여 줄 수 있는 곳이면 된다.

활동계획

누군가와 현재를 보낸다는 것은 당신이 완벽히 다른 사람에게 주의를 갖고 집중한다는 것을 의미한다. 당신은 휴대폰을 보지 않고, 텔레비전으로부터 방해받지 않으며, 또는 당신이 해야 할 다음 일에 대해 생각하지 않는다.

아침은 주로 정신없이 바쁘다. 그래서 당신은 가족과 진지하게 교류하기보다 정신없이 준비하고 빨리 집에서 나가기 쉽다. 이것이 바로 당신이 한 사람 또는 가족 전체에게 완전히 헌신하는 오직 10분의 시간을 만드는 것을 고려해야 하는 이유이다.

당신의 가족과 현재를 보내는 최고의 방법은 아침에 다 같이 모여서 밥을 먹는 것이다. 당신은 당신의 아이들이나 배우자에게 그들의 하루가 어땠는지 또는 다른 어떤 주제에 대해 물어보면서 판단하지 않고 들어 줄 수 있다.

가족 모두가 이야기할 수 있는 영감을 주는 책 또는 주제를 공유하거나 당신의 가족이 식탁에서 간단히 나눌 수 있는 이야기를 집중해서 들으라. 식탁에서는 '휴대폰 또는 컴퓨터를 하지 않는' 규칙을 확실하게 만들라.

만약 당신이 가족과 아침을 함께할 시간이 없다면, 가족 중 한 사람 또는 가족 모두와 개인적인 시간을 가지도록 하라. 당신은 산책을 할 수 있고, 과제를 함께 하는 짧은 시간을 보낼 수 있으며, 단순히 그들의 눈을 쳐다보고 긴 포옹과 키스를 할 수 있고, '사랑한다'고 말할 수 있다.

편한 의자에 당신의 배우자 또는 아이들과 함께 앉아서 짧은 시간 동안 서로를 안아 주라.

매일 아침 당신의 가족 모두에게 사랑과 고마움을 표현하고, 당신이 얼마나 그들을 소중하게 생각하는지 알려 주라.

참고자료

당신의 아이들에게 마음챙김 연습을 더 많이 가르쳐 주고 싶다면, 크리스토퍼 윌러드(Christopher Willard)의 책 『Growing Up Mindful: Essential Practices to Help Children, Teens, and Families Find Balance, Calm, and Resilience』를 참고하라.

또한 「8 Ways to Be Powerfully Present with Your Family」라는 The Good Dad Project의 기사를 참고하라.

#20. 가족 명상을 연습하라

지난 몇 년간 미국에서 청소년들과 어린아이들에게 제공되는 학교 기반의 마음챙김 프로그램에 폭발적인 관심이 쏠려 왔다.

이 프로그램의 많은 조사 연구는 명상이나 마음챙김 연습이 아이의 학업 수행, 자존감, 그리고 공감 능력에 깊은 영향을 준다는 것을 보여 준다.

마음챙김과 관련된 학교의 프로그램에 기초한 오클랜드의 한 연구(「Research Round-Up: Mindfulness in Schools」)에 따르면, 학생의 행동은 주의집중력, 자기조절 능력, 수업 참여도, 그리고 다른 사람들을 위한 배려의 4개 영역 모두에서 상당히 증진되었고, 이런 습득은 7주 후까지 유지되었다.

아침에 당신의 아이들과 함께 10분의 명상을 연습하는 것은 학교에서 아이들의 성공을 도와줄 뿐만 아니라 당신 가족과의 친밀감과 존재에 대한 또 다른 기회를 제공한다.

부정적인 생각과 행동을 없애고, 집중력을 증진시키고, 아이들의 자신감을 올려 주고, 다른 사람들이나 자신에 대해 존경과 연민을 갖고 대하는 기술을 알려 주는 것은 그들의 남은 인생을 위해 많은 것을 제공할 도구가 될 것이다. 당신의 아이들과 함께 명상을 하는 것은 또한 당신 스스로의 연습도 강화시켜 줄 것이다.

활동계획

당신이 당신의 아이들과 함께 명상하는 방법은 아이들의 연령에 따라 달라진다. 어린아이들은 조용히 있고 집중하는 데 힘든 시간을 가질 것이기 때문에 당신은 아이들의 능력에 맞춰서 연습을 조절할 필요가 있다.

조금 더 성숙한 아이들과 10대는 명상이 무엇인지 더 잘 이해할 수 있지만 그 아이디어에 대해 저항하거나 무시할 가능성이 높다.

어린아이들을 위해……

그들에게 명상이 무엇인지(조용히 앉아서 호흡에 집중하는 것)에 대해 매우 간단한 용어로 설명하고, 그것이 왜 중요한지(마음을 좀 더 강하게 해 주기 때문)에 대해 설명하라.

특히 학교에 입학하기 전인 아이들에게는 약 2~3분 정도의 매우 짧은 시간으로 시작하라.

숨을 내뱉기 위해 배에서 어떻게 호흡해야 하는지를 당신의 아이들에게 보여 주라. 그 이후에 아이들이 숨을 뱉을 때 천천히 10초부터 1초까지 숫자를 세어 주라. 당신의 아이가 조용하고 얌전하게 유지할 수 있을 동안에 몇 번가량 카운트다운을 사용하라.

당신의 아이에게 명상을 알려 주는 또 다른 방법은 초를 응시하는 것이다. 당신의 아이와 함께 책상에 앉고, 책상의 중심에 초를 세우라. 2~3분가량 타이머를 설정하여 이야기하거나 주변을 둘러보지 않고 당신의 아이가 오직 촛불만 응시하도록 하라.

명상하는 시간을 재미있게 만들어서 당신의 아이가 그것을 힘든 일보다는 게임으로 느낄 수 있게 해 주라. 아이가 명상하는 시간을 늘릴 수 있게 상을 주는 방법을 찾으라. 명상 달력을 만들고, 당신의 아이가 당신과 함께 명상할 수 있도록 매일 아침 아이에게 금색의 별을 주라.

더 성숙한 아이들과 10대들에게……

명상의 이점에 대해 이야기하고 왜 당신이 가족과 함께 아침 연습을 하고 싶은지에 대해 설명하라. 만약 당신의 아이가 거부한다면 짧은 기간 동안만 그것을 해 보자고 하면서 시도하라. 그들에게 명상을 주기적으로 하는 유명인사들의 목록(https://www.ranker.com/list/celebrities-who-meditate/celebrity-lists)을 보여 주라.

복식 호흡과 10초 카운트다운을 사용해서 당신의 아이들에게 기초적인 명상 호흡을 설명하라.

명상을 위해 당신 가족이 앉을 수 있는 편안하고 조용한 장소를 찾으라. 당신 가족의 깊고 깔끔한 호흡을 위하여 명상하는 시간을 가지라. 만약 당신이 괜찮다면 벨을 이용해 명상을 시작하는 시간을 알릴 수 있다.

당신은 당신의 아이들이 집중을 유지할 수 있고 깊게 몰입할 수 있도록 오디오로 알려 주는 명상이나 휴대폰의 명상 앱을 사용하는 것을 고려해도 된다. (또한 Calm 또는 Headspace 앱은 당신에게 구체적인 동기를 제공해 주고 당신의 가족이 따를 수 있도록 도와주기 때문에 좋은 시작점이 된다.)

가족과 손을 잡고 명상하는 시간을 끝내고 당신이 하루의 활동을 시작하기 전에 함께하는 순간을 가지라.

참고자료

세 자녀의 친밀한 명상법에 관한 The Chopra Center의 기사 「3 Kid-Friendly Meditations Your Children Will Love」를 참고하라.

만약 당신이 당신의 아이에게 더 많은 명상과 마음챙김을 가르쳐 주는 것에 흥미가 있다면, 크리스토퍼 윌러드의 책 『Growing Up Mindful: Essential Practices to Help Children, Teens, and Families Find Balance, Calm, and Resilience』를 참고하라.

마지막으로, 스티브는 당신이 무료 비교 웹사이트를 볼 수 있도록 Headspace 앱에 검토용 비디오를 기록해 놓았다.

#21. 자연과 교류하라

바쁜 아침에 당신이 오직 밖에서 지내는 시간은 당신의 집에서 차까지 이동하는 짧은 거리뿐이다. 하지만 당신의 아침 일상의 밖에서 지내는 짧은 시간은 당신의 정신적, 그리고 신체적 건강에 상당한 영향을 끼친다.

많은 연구는 자연에서 보내는 시간이 당신의 면역체계를 증진시키고, 우울증과 긴장감을 완화시키며, 집중력과 창의력을 향상시키고, 스트레스를 줄여 주며, 당신의 기억력을 증진시켜 줄 수 있음을 보여 준다.

심지어 당신이 도시에 산다면, 당신은 신선한 공기를 통해 이득을 얻고 활기차게 머리 위에 날아가는 새들과 바람 소리까지 자연의 요소를 관찰하면서 집중하는 시간을 가진다.

활동계획

당신이 쉴 수 있고 행복을 느낄 수 있는 조용한 장소를 당신의 마당 또는 집 근처에 마련하라. 이웃 또는 지나가는 차들로부터 방해를 받지 않는 장소를 만들라.

당신은 당신이 더 편안함을 느끼는 곳에 서거나 앉을 수 있다. 그 후에 깊고 깨끗한 숨을 쉬라.

당신의 모든 감각을 이용하여 당신의 주변 환경에 온전히 주의 집중을 해 보라. 낙엽이 흩날리는 바람 소리, 새가 지저귀는 소리, 이웃의 벨소리 같은 당신 주변의 소리를 집중해서 들으라.

구름이 하늘을 가로지르는 모습, 낙엽이 땅에 굴러가는 모습, 다람쥐들이 서로를 쫓아다니는 모습 등에 주목하라.

깊은 숨을 쉬고 쉽게 사라지지 않는 비 냄새 또는 당신의 정원에 있는 꽃 향기 등에 집중하라.

나무껍질을 만지거나 축축한 수풀에 손을 넣어 보라.

눈을 감고 당신이 자연의 감사함과 자연과의 교류에 온전히 존재하는 것을 느끼라.

참고자료

만약 당신이 자연에서의 마음챙김 연습을 강화시키기를 원한다면 『Yoga Journal』의 「Why Meditating in Nature is Easier」라는 기사를 읽으라.

자연에 나가 있을 수 없을 때는 당신이 일하거나 공부하는 동안 사용할 수 있는 자연의 소리가 들어 있는 3시간짜리 선 명상 음악(Zen Meditation Music)을 들으라.

#22. 10분 동안의 운동으로
몸풀기를 완료하라

우리는 운동의 이점에 대해 설명할 필요가 없다. 운동의 이점은 수도 없이 많고, 주목하지 않을 수 없는 좋은 점이 있다. 그렇기는 하지만 대부분의 사람에게는 일정한 건강 규칙이 없다. 심지어 그들이 운동이 제공하는 이점들에 대해 다 알고 그것을 원하더라도, 그들은 운동을 힘든 일로 간주하고 그것을 피하기 위해 수없이 많은 변명을 찾는다.

우리가 운동을 피하는 이유 중 하나는 운동을 그 자체로 즐거운 활동이라고 생각하기보다는 목표이자 이루어야 하는 것으로 보기 때문이다. 운동은 당신이 그것을 어떤 방법으로 접근하느냐에 대한 생각을 바꿈으로써 쉽게 마음챙김 활동이 될 수 있다.

만약 당신이 운동을 당신 몸과의 교류로 여기고 당신 자신의 신체적 능력에 더 관심을 가진다면 운동을 싫어하는 마음을 줄일 수 있다.

많은 사람에게 몇 분 동안 단순히 운동을 시작하는 것은 일을 시작하는 데 있어서 충분하다. 당신이 심리적으로 싫어하는 행동을 단순히 시작하기만 해도 그것은 그 일의 95%를 행한 것이다.

만약 당신이 아침에 완벽한 운동을 할 시간이 없다면 당신의 에너지가 넘치도록 몸을 풀고 움직이는 데 오직 10분 정도만 쓰라.

이 10분의 마음챙김 운동 습관은 하루에 30분에서 1시간 동안의 규칙적 운동 규칙을 만드는 데 충분하다.

활동계획

심호흡을 하고 깔끔하게 숨을 쉬라. 그 이후에 당신의 몸이 어떻게 느끼는지에 주목하라. 당신은 어떠한 고통이나 불편함을 느꼈는가? 감정에 반응하지 말고 있는 그대로 단순히 확인하라.

각각의 운동을 할 때, 에너지가 당신의 몸 이곳저곳에 전달된다고 생각하라.

당신이 운동할 때의 움직임에 주목한다면, 당신의 집중력을 잡아 줄 물건을 찾으라. 당신은 창 밖에 있는 무언가나 방에 있는 물체에 집중할 수 있다.

당신이 각각의 운동을 할 때 호흡을 지속하는 것을 명심하라. 당신은 당신이 기억하는 것을 돕기 위해 호흡법을 당신의 지주로 삼기를 원할 것이다.

운동법

당신의 근육을 풀기 위한 장소에서 2분가량 걷는 것으로 시작하라.

다음으로, 2분가량의 거수 도약 운동으로 속도를 올리

라. 만약 필요하다면 당신은 이것을 단순하게 다리를 양쪽으로 늘리면서 당신의 팔을 위아래로 움직이는 것(low impact jacks)으로 변경할 수 있다.

그 이후에 1분 동안 몇 세트가량의 스쿼트를 하라. 당신의 허리보다 약간 넓게 발을 벌리라. 당신 바로 앞에 팔을 놓고 중립적인 자세로 척추를 고정하라.

호흡을 하면서 허리 쪽을 내밀고 엉덩이를 뒤로 밀라. 당신의 무릎이 접히기 시작할 정도로 엉덩이를 뒤로 빼라. 무릎과 발이 일직선이 되도록 집중하고, 엉덩이가 무릎보다 더 내려가게 하라. 만약 필요하다면 변경해도 된다.

다음으로 2분 동안 매달리기 또는 무릎 들고 뛰기를 하라.

1분 동안 한 장소에서 또는 움직이면서 런지를 하라. 짧은 자세로 시작하라. 당신의 앞무릎이 가능한 한 적게 앞으로 나가게 하고, 절대 발톱을 넘어서지 않도록 하라. 런지를 하는 동안 엉덩이를 내밀고 허리를 곧게 펴라.

복식 호흡을 하며 운동을 시작했던 장소에서 10분간의 규칙적 운동을 끝내라.

#23. 태양 경배 요가를 규칙적으로 하라

요가는 당신이 몸의 유연성과 스트레칭 균형을 형성할 수 있도록 도와주는 훌륭한 마음챙김 연습이고, 자세에 집중함으로써 마음에 대한 깨달음을 얻을 수 있다.

「Yoga Has Potent Health Benefits」라는 연구는 요가가 다양한 정신적·신체적 건강 이득을 제공하고, 스트레스를 줄여 주며, 감정을 풍부하게 해 주고, 염증을 완화시키며, 에너지를 증가시켜 줌을 보여 준다.

단지 명상과 같이 요가는 다른 활동, 철학, 그리고 원하는 결과에 대한 많은 스타일을 가지고 있다. 대부분의 연습은 몸을 정화시키고 신체적 힘과 체력을 제공하기 위해 만들어진 신체적 자세들(요가의 좌법)로 이루어져 있다.

요가는 호흡 제어 또는 마음의 평화를 유지하고 높은 수준의 깨달음을 얻기 위한 호흡 조절로 잘 알려진 에너지 조절을 통해 에너지로 하는 운동이다.

활동계획

아침의 짧은 요가 연습을 위해 할 수 있는 것들이 아주 많이 있지만, 우리는 연습을 시작하기 위해 태양 경배(sun salutation, 또는 산스크리트어로 surya namaskar)를 하는 것을 좋아한다.

대부분의 요가 수업은 몸풀기로서 태양 경배의 수많은 반복으로 시작하고, 당신이 수업을 시작할 때 집중하는 것에 도움을 준다.

태양 경배는 당신의 팔, 어깨, 그리고 다리를 강화시켜 주면서 당신의 몸 전체에 강한 유연성을 제공해 준다.

태양 경배를 수행하는 많은 방법이 있지만, 우리는 당신이 시작하기에 매우 간단한 9단계를 알려 줄 것이다.

1. 요가 매트 또는 양탄자를 사용해서 당신의 발을 세우고 당신의 팔을 양옆으로 벌린 상태인 **산(mountain) 자세를 시작하라.** 정면을 응시하고 양발에 무게가 동등하게 분배되도록 하는 것을 명심하라. 호흡을 할 때 들숨과 날숨의 비율도 동등하게 맞추라.

2. 심장 바로 앞에서 기도하는 자세로 손을 모은 후에 '나는 부정적 생각을 떨쳐 버릴 것이다.'와 같이 요가를 하는 목적을 설정하라. 숨을 마시면서 양팔로 원을 그리듯이 위로 들어 올리라. 두 손을 합장하고 하늘로 쭉 뻗으라.

3. 숨을 내쉬며 상체와 허리는 **앞으로 숙이고** 등은 꼿꼿이 피는 것을 유지하라. 당신의 양발 옆으로 손바닥을 붙이라. 손가락은 앞으로 향하고 손바닥 전체가 바닥에 완전히 닿을 수 있도록 손가락을 완전히 펴야 한다. 만약 당신이 바닥에 손바닥을 붙일 수 없다면 책이나 블록을 쌓아 당신의 손을 놓을 수 있도록 만들라.

4. 숨을 들이쉬고 당신의 척추가 완전히 **앞의 절반으로** 접히도록 만들어서 숨을 내쉬며 몸을 낮추어 푸시업 자세를 만들라. 팔을 사용해 당신을 지탱하면서 머리와 어깨를 들라. 팔꿈치를 몸통에 살짝 붙인 채로 몸 전체를 바닥 가까이로 내려보내라.

5. 팔을 밀고 힘을 줘서 손을 바닥에 밀착해 **위를 보는 강아지 자세**로 바꾸고, 등을 천천히 굽히며 가슴을 열고 천장을 보라.

6. 숨을 내쉬고 발가락을 구부려서 당신의 다리가 일직

선이 되고 손바닥이 바닥에 닿게 몸을 V자 모양으로 만들라. 이 자세는 **아래를 보는 강아지 자세**라고 불린다. 손바닥을 바닥에 놓고 힘을 주어 복근에 힘이 들어가도록 유지하라.

7. 아래를 보는 강아지 자세에서 마시고 내쉬는 심호흡을 다섯 번 하고 앞으로 걸어 나와 양발을 손 사이에 가져오라. 숨을 마시면서 고개를 들어 정면을 보라.

8. 숨을 들이쉬고 2단계의 위를 보는 자세를 다시 완전히 반복하라.

9. 숨을 내쉴 때 당신의 기도하는 손을 옆에 두고 1단계의 산 자세로 돌아가라. 당신은 지금까지 태양 경배의 전체적인 순서를 보았다.

참고자료

태양 경배를 배우는 최고의 방법은 그것을 수행하는 것을 지켜보는 것이다. 당신은 태양 경배를 보여 주는 수십 개의 비디오 영상을 찾을 수 있다. 하지만 우리는 당신의 유연성과 힘에 기초한 선택을 당신에게 보여 주기 위해 〈Traditional Sun Salutation〉(https://www.youtube.com/watch?v=73sjOu0g58M)을 알려 주었다.

만약 당신이 요가 연습을 시작하는 데 관심이 있다면, 〈Yoga

For Beginners〉(by Body Wisdom) 또는 로드니 이(Rodney Yee)의 〈Am/Pm Yoga for Beginners〉라는 DVD를 보라. 이 2개의 DVD 는 모두 Amazon.com에서 찾아볼 수 있다.

#24. 긍정적인 말을 인용하라

우리가 반복적으로 생각하는 것이 비난이든 격려이든 상관없이 우리 자신에게 크게 외치는 말을 단언하기(affirmation)라고 부른다.

마음챙김 습관에서 단언하기는 현재 시제를 사용하여 마치 결과 가 이미 일어난 듯이 당신이 무엇이, 어떻게 되고 싶은지에 대해 설 명하여 당신 자신에게 반복적으로 새기는 **긍정적인 구절**이다.

구절을 반복할 때는 마치 그것이 이미 진실인 것처럼 생각하라. 아침에 첫 번째 일로 긍정적인 단언하기 습관을 만드는 것은 당신 의 하루 전체의 결과에 영향을 줄 수 있다.

이 방법을 사용한다면, 단언하기는 우리가 보는 세상의 관점을 변화시킬 수 있고 심지어 우리의 행동에 영향을 줄 수 있다. 신경과 학은 이제 우리의 생각이 우리의 뇌 구조와 기능을 변화시킬 수 있 음을 보여 준다.

긍정적으로 단언하기를 성실하고 반복적으로 연습할 때, 뇌의 화 학적 연결로를 강화시켜 줄 수 있고, 2개의 신경 사이의 연결을 강화시켜 줄 수 있다. 그러므로 같은 메시지를 다시 수행하는 것이 더 쉬워진다.

뇌 스캔 이미지 연구에서 긍정적인 자기단언하기를 사용하는 것은 보상에 대한 기대와 획득을 수반하는 우리 뇌의 부분들을 활성화시켜 주고 긍정적 변화가 일어날 가능성을 강화시켜 준다는 것을 보여 준다.

활동계획

단언하기를 형성할 때, 당신이 무엇을 원하는지에 대해 집중하고 원하지 않는 것에는 집중하지 말라. "나는 더 이상 외롭고 싶지 않다."라고 말하기보다는 "나는 많이 사랑받고 충분한 인간관계를 가지고 있다."라고 말하는 것이 낫다. 현재 시제를 사용하는 것을 기억하라.

당신이 하루 또는 주 단위로 긍정적인 단언하기를 할 때에는 당신의 생활에서 가장 바꾸고 싶거나 보완해야 하는 면들을 고려하라. 당신의 인간관계? 당신의 이미지? 당신의 전문적인 성공? 당신이 관련된 주제를 고르고 각각의 기간 동안 이와 관련해서 반복해야 할 몇 개의 단언하기를 만들어 내는 것을 생각해 보라.

거울 앞에 서서 당신 자신에게 깔끔하고 강하고 자신감 있는 목소리로 크게 외치고, 당신에게 용기를 주고 영감을 주는 긍정적인 단언하기의 문장을 말하라.

2~3분 동안 당신이 만든 문장을 반복하면서 시작하라. 만약 당신이 언어적 문장을 강화하기를 원한다면, 그것을 일기에 적어 보라.

여기 몇 개의 예가 있다.

- "나는 내 생활을 잘 조절하고 있다."
- "나는 사랑과 즐거움을 느낄 수 있다."
- "나는 이 세상에 변화를 줄 수 있다."
- "나는 아름다운 몸과 영혼을 만들 수 있는 독특함을 갖고 있다."
- "나는 오늘 나의 목표를 이룰 것이다."
- "나는 에너지로 꽉 차 있다. 나는 활동적이고 생기가 있다."
- "나는 성공하기 위해 필요한 조건들을 갖고 있다."
- "풍부함과 축복이 나의 몸에 자유롭게 흐르고 있다."
- "내가 결정하는 모든 것은 나에게 맞는 일이다."
- "나는 나 자신에게 기뻐하고 만족한다."
- "나는 고요함 속에 숨 쉬고 긴장감을 없앤다."
- "나는 화를 없애고 분명하게 앞을 볼 수 있다. 나는 내가 느끼는 감정을 다룰 수 있다."

- "오늘은 긍정적이고, 차분하며, 생산적인 날이다."
- "나는 나 자신이 자랑스러우며, 깊고 완전하게 나 자신을 사랑한다."
- "나는 매일 더 자신감 있고 행복하다."
- "나는 내가 원하는 것이 무엇인지를 알고 그것을 행하는 데 있어서 두렵지 않다."

  단언하기를 할 때는 당신의 친한 친구나 아이들에게 그것을 같은 방법으로 말하라. 그것이 신성하고 사랑스러운 것이라고 느끼도록 당신의 반응을 표현하라. 믿음이나 감정 없이 단순히 단어를 암기하는 식으로 말하지 말라.

  하나의 조건은 당신의 구문에서 '나'라는 단어를 사용하는 대신에 당신의 이름을 사용하여 당신을 3인칭으로 부르는 것이다. 예를 들어, 당신은 "제니, 너는 매일 일에 대해 더 자신감을 가질 거야."라고 말하는 것이다.

  미시건 대학교(University of Michigan)의 심리학자인 에단 크로스(Ethan Kross)는 '나'를 당신의 이름으로 바꾸는 미묘한 언어적 변화는 실제로 강한 자기규칙적 효과를 가질 수 있다고 그의 연구 「Self-Talk as a Regulatory Mechanism: How You Do It Matters」에서 밝혔다.

이 변화는 당신이 사색에서 벗어나고 '더 높은 자신'의
목소리를 내도록 도와줄 수 있다.

참고자료

만약 당신이 단언하기에 대해 약간의 아이디어가 필요하다면 배
리가 자매 사이트에 올려놓은 단언하기의 목록을 살펴보라.

또한 당신은 아마존 또는 그녀의 웹사이트에서 찾을 수 있는 세
계적인 베스트셀러『You Can Heal Your Life』의 저자 루이스 헤이
(Louise Hay)의『64 Power Thought Card』를 읽어 볼 수 있다.

#25. 한 장소의 잡동사니들을 정리하라

우리는 물건, 일상적인 일이나 환경들에서 영향을 받는다. 우리는
변덕스러운 마음으로 매일 새로운 물건들을 사들이고 해마다 계속
더 많은 물건을 집에 쌓아 둔다. 그런 다음 우리의 생활은 즐길 시간
이나 축적된 물건들을 정리할 시간이 없을 정도로 매우 바빠진다.

사실 우리가 갖고 있는 물건들이 우리가 '물건들'에 대해 기대한
만큼 우리를 충족시켜 주지 못할 때 압박, 스트레스, 공허함을 느끼

게 된다.

다음은 우리가 『10-Minute Declutter』라는 책에서 언급한 내용이다.

> 우리의 주변이 어수선하다는 것은 종종 우리 자신의 내적인 정신을 반영하는 것이다. 만약 우리가 혼란스러움, 주제를 벗어남, 우울함, 스트레스를 받거나 불안정함을 느낀다면, 그것은 우리의 일상생활을 다룰 방법이 필요하다는 것을 뜻한다. 당신의 어수선함을 조직화하는 것은 정서적 벽을 치료하고 내부의 혼란을 없애는 길이다. 당신이 물건들을 조절하는 방법을 만들어 낼 때, 당신은 자신에 대해 더 나은 감정을 느낄 것이고 더 긍정적인 에너지를 가질 것이다.

매일 10분 동안 한 공간을 단순화하고 조직화하는 습관을 들이면 점점 더 강해질 수 있고 생활을 바꿀 수 있다.

만약 이 습관을 유지한다면, 당신은 집 전체를 간결하게 하고 당신의 또 다른 마음챙김 습관을 강화하는 차분하고 평화로운 환경을 만들어 낼 수 있다.

단순히 당신의 물건들에 대해 가치를 결정하고 몇몇 물건을 버리면서 잡동사니를 정리하는 행동은 완벽한 마음챙김 활동이다. 당신은 당신의 물건들이 꼭 필요한 것인지에 대해 생각해 보아야 한다.

활동계획

당신을 괴롭히는 집 안의 잡동사니를 정리할 장소를 고르라. 서랍장, 데스크톱, 또는 옷장의 선반과 같이 10분 안에 정리할 수 있는 곳을 고르는 것을 명심하라. 또한 당신이 그 장소의 물건들을 분류할 수 있도록 사용 가능한 3개의 박스를 준비하는 것을 명심하라. 그 박스들에 '보관할 것' '기부할 것', 그리고 '버릴 것'으로 이름을 붙이라. 그러고 나서 다음의 순서를 따르라.

1. 그 장소에 모든 것을 치우고 물건을 옆에 두라.
2. 그 장소(서랍장, 데스크톱 같은)를 먼지 없이 청소하고 치우라. 그러면 당신은 깨끗한 상태로 시작할 수 있다.
3. 당신이 없앨 물건들의 종류를 분류하라. 당신이 다른 사람에게 줄 수 있다고 생각하는 모든 것을 꺼내고 버릴 것은 주저 없이 버려서 알맞은 박스에 분류하라.
4. 당신이 절대적으로 필요하거나 쉽게 버리지 못하는 물건들을 꺼내라. 만약 당신이 무언가를 버리기에 안타까움이 들거나 언젠가는 사용할 수 있을 것 같은(심지어 당신이 그것을 몇 년 동안 사용하지 않았더라도) 이유로 물건을 붙잡고 있다면, 그것을 버리거나 기

144

부하는 박스에 넣는 것을 다시 생각해 보라.

5. 당신이 어떤 물건에 대해 불확실하다고 느낀다면, 그것을 '보관할 것' 박스에 넣으라.

6. 당신이 유지하고 싶은 물건들을 재배치하고 그룹으로 나누어 정리하라. 각각의 종류를 깔끔하게 정리하는 방법을 찾고 당신의 집에 있는 박스, 쓰레기통, 그리고 컨테이너를 사용해 쉽게 접근 가능한 거리에 두라. 당신이 내용물을 볼 수 없는 컨테이너에는 무조건 제목을 달아 주는 것을 명심하라.

7. 버리기로 한 물건들을 넣은 박스를 쓰레기통에 비우고 기부하기로 한 물품들을 넣은 박스는 당신이 기부할 준비가 되기 전까지 시야에서 보이지 않게 하라. 보관하기를 원하지만 그 공간에 되돌려 놓지 않은 물건들은 '보관할 것' 박스에 넣어 두고 그 안에 무엇이 들어 있는지 이름을 붙여 놓아 옷장이나 수납장에 넣어 두라.

되돌아가서 심호흡을 하고, 깨끗하고 잡동사니가 없으며 정리가 된 당신의 장소를 감탄하면서 바라보라. 그 장소의 잡동사니를 정리하는 당신의 노력이 당신에게 어떤 감정을 느끼게 하는지에 집중하라.

참고자료

　당신은 우리의 책 『10 Minute Declutter: The Stress-Free Habit for Simplifying Your Home』에 적힌 '10 Minute' 전략을 사용하여 당신의 집 전체를 깔끔하게 정리할 수 있다.

PART 4

늦은 아침의
마음챙김 습관

#26. 마음챙김 운전을 연습하라

『USA Today』의 조사 「American's Commutes Aren't Getting longer」에 따르면 미국인들이 각자의 방법으로 통근을 하는 데 걸리는 평균 시간은 25.5분이며, 한 해에 204시간을 사용한다.

만약 당신의 아침 일상이 일하러 가기 위해 운전하는 것, 심부름을 하는 것, 또는 아이들을 학교에 데려다주는 것이라면, 당신은 아침의 교통 혼잡 시간에 얼마나 '마음을 놓치게' 되고 차 안에서 운전을 할 때 얼마나 스트레스를 받는지에 대해 잘 알 것이다.

2014년 『Time』지의 기사 「10 Things Your Commute Does to Your Body」에서는 당신이 차 안에 있는 시간이 당신의 심리적·신체적 건강에 부정적인 영향을 준다는 것을 강조한다. 이것은 다음의 내용과 관련이 있다.

- 높은 혈당
- 높은 콜레스테롤
- 우울증 발병의 위험성 증가
- 불안 증가
- 혈압 상승
- 등 통증
- 생활 만족도와 행복 감소

이러한 부정적인 결과로 사람들은 다른 환경에서는 고려해서 말하지 않는 것들을 차에서는 말하거나 행동하는 경향이 있다.

『Health Central』의 기사 「Driver Stress: Causes & Cures」에서 제리 케너드(Jerry Kennard)는 이렇게 말한다. "차에 앉아 있는 것은 스트레스를 증가시킨다. 신체적인 발산 수단이 없다. 우리는 싸우거나 뛸 수 없다. 그래서 긴장감은 방출되지 못하고 쌓인다."

만약 운전하는 것이 당신을 화나게 하고, 스트레스를 받게 하고, 짜증 나게 만든다고 알고 있다면, 당신은 마음챙김을 연습함으로써 이 문제에 대한 관점을 바꿀 수 있다.

활동계획

당신이 차에 탈 때 심호흡을 하라. 당신이 운전하기 전에 당신의 몸과 당신이 느끼는 어떤 감정에 주의를 집중하라. 운전대에 있는 당신의 손, 의자에 앉을 때 당신의 몸, 그리고 페달에 있는 당신의 발의 무게가 어떤지를 느끼라.

차에 있는 동안 라디오를 켜거나 어떤 방해가 되는 것을 만들지 말라. 휴대폰은 무음 모드로 해 놓으라.

운전을 시작할 때, 당신의 주위 환경에 집중하기 위해 많은 노력을 쏟으라. 집, 나무, 그리고 다른 차에 있는 사람들을 살펴보라. 판단하거나 반응하지 말고 차의 소리,

바람 소리, 그리고 경적을 울리는 소리에 귀를 기울이라.

아마도 조금 더 천천히 운전하거나 제한속도보다 느린 속도로 운전하는 것은 긴장감을 조금 줄이는 데 좋은 방법이 될 수 있다.

만약 당신이 교통 체증 속에 있거나 누군가가 끼어들기를 한다면 그때 떠오르는 감정(화남, 좌절감, 짜증남, 경쟁심 등)에 주목하고 단순히 그것을 인지하라.

깊고 차분한 호흡을 연습하기 위해 교통 체증으로 인해 멈추어 있거나 필수적으로 멈추어 있어야 하는 시간을 사용하라. 당신 주변에 무엇—하늘, 빌딩, 나무, 다른 사람들 등—이 있는지에 주목하라. 당신이 인지하는 다른 사람들에게 다정한 감정을 보내고, 당신 자신에게 "네가 존재하면, 너는 행복할 거야."라고 말하라.

당신이 목적지에 도착한다면, 시동을 끈 후에 잠시 앉아서 정말로 숨 쉬는 것에 몸을 맡기고 세 번의 깊은 호흡을 하라.

참고자료

마음챙김 운전과 관련된 Everyday Mindfulness의 기사 「How I Began My Practice in My Car」를 읽으라. 만약 당신이 버스나 지하

철로 통근한다면 마음챙김을 연습하는 것에 관한 healthypsych의 「The Mindful Commuter: Find Inner Peace on Your Way to Work or School」이라는 글을 즐길 것이다.

#27. 생각의 전환을 위해 호흡을 연습하라

만약 당신이 해야 할 일 또는 어떤 다른 과제나 모임에 대해 쭉 생각하면서 목적지까지 통근을 했다면, 당신은 하루를 편안하게 시작하기 위해 당신 앞에 있는 일로 전환하는 것이 필요하다.

얼마나 많은 시간 동안 당신은 늦지 않기 위해 사무실 또는 일하는 곳을 향해 차로 달려서 도착하자마자 일(메일 확인, 동료 직원과의 회의, 프로젝트 완성 등)을 바로 시작해야 했는가.

물론 바로 일을 시작하는 것이 생산적이고 성실하게 보일 수 있지만 당신의 일부분은 그렇지 않고, 당신의 마음속에는 많은 잡생각과 감정이 들어 있다. 호흡법은 당신의 잡생각들을 정리하거나 없애도록 도와준다.

『Mindful Work: How Meditation is Changing Business from the Inside Out』의 저자 데이비드 젤스(David Gelles)는 "우리는 우리의 집중력을 다시 통제할 수 있다."라고 말한다. 우리는 우리의 마음

이 혼란스러울 때, 호흡법을 사용하지 않고 결국 항상 혼란스러워한다. 간단한 주의 집중 훈련은 나중에도 오랫동안 큰 도움이 될 수 있다.

당신이 다른 일로 전환하기 전에 당신 자신으로 하여금 더 차분하고 집중할 수 있는 환경을 만들 수 있게 마음챙김 시간을 가지라.

활동계획

당신이 목적지에 도착하면, 아무에게도 방해받지 않을 만한 조용한 장소를 찾으라. 그곳은 당신의 책상이 될 수도 있고, 또는 화장실로 가서 문을 잠글 필요가 있을 수도 있다.

깊고 깔끔한 호흡을 하라. 그 이후에 눈을 감고 다음과 같이 아침 호흡법을 하라.

- 당신의 허파가 빈 공간으로 채워질 때까지 천천히 숨을 들이마시라. 코를 통해 호흡하고 마치 당신이 복부를 채우는 것과 같이 당신의 복부를 앞으로 천천히 내밀라.
- 숨을 다 들이마시면 2초 동안 그 상태를 유지하라.
- 당신의 복부가 원래의 위치로 돌아가도록 천천히, 부드럽게, 그리고 완전하게 숨을 내뱉으라. 마찬가

지로 호흡을 내뱉은 상태를 2초가량 유지하라.

- 당신이 처음 시작할 때, 한번에 너무 많은 숨을 들이마시지 말라. 처음 4초 동안 숨을 들이마시고, 2초 동안 유지하고, 다시 4초 동안 숨을 내뱉으라.
- 4초 동안 숨을 들이마시고, 2초 동안 그 상태를 유지하고, 다시 4초 동안 숨을 내뱉는 과정에 주의를 집중하라. 만약 당신의 마음이 산만하다면, 호흡을 하는 동안 천천히 당신을 산만하게 하는 것을 떠올리라.
- 만약 당신에게 시간이 많지 않다면, 열 번 정도 또는 몇 분가량의 시간 동안 앞의 호흡법을 반복하라.
- 당신이 일을 시작하기 직전에 한 번 더 깊고 깔끔한 호흡을 하라.

참고자료

호흡 활동을 알려 주는 것을 포함한 『Harvard Business Review』의 기사 「How to Practice Mindfulness Throughout Your Work Day」를 읽어 보라.

또한 만약 당신이 명상하는 법을 선호한다면, 유튜브에 있는 10분 호흡 명상법을 찾아보라.

#28. 당신의 책상을 정리하라

우리는 이전에 잡동사니를 정리하는 것에 대한 마음챙김의 이점에 대해 이야기했다. 당신의 책상이나 일하는 장소를 정리하는 것은 당신이 일하는 날 내내 마음챙김을 위한 길을 만드는 매우 중요한 방법이다.

시각적으로 잡동사니는 방해가 되며 마음을 혼란스럽게 만든다. 그것은 당신을 느릿느릿하게 만들며 생산성을 감소시킨다. 그것은 당신의 창조성과 분명함을 방해한다. 그것은 또한 당신 주변 사람들로 하여금 당신이 체계화되어 있지 않으며 분별없는 사람으로 보이게 한다.

당신의 책상을 정리하고 체계화하는 것은 당신이 어떤 물건을 어디에 넣고, 어떤 것을 갖고 있고 버릴지에 대해 결정하게 함으로써 마음챙김에 몇 분가량 집중하게 만든다.

한번 책상이 정리되면, 당신은 어떤 일을 시작할 때 더 집중할 수 있고, 심리적이며 정서적인 힘을 얻게 해 주는 장소를 갖게 된다.

활동계획

만약 당신이 일이나 회의를 시작하기 전에 시간이 별로 없다면, 간단하게 책상 위의 모든 것을 서랍장, 박스, 또는 가방에 집어넣고 당신이 일을 시작하기 위해 필요한 것들만 책상 위에 남겨 놓으라.

하지만 10분 정도의 시간이 있다면 당신은 물건들을 분류하고 정리하는 데 어느 정도의 시간을 갖고 있는 것이다. 당신의 책상 위에 있는 물건들을 분류하고 정리하고 체계화하기 위해서 마음챙김 습관 #25에 나와 있는 단계를 따르라.

당신에게는 종이 복사를 손쉽게 할 수 있도록 몇몇 서류를 정리하고 새로운 서류들을 만들거나 서류를 사진 찍어서 휴대폰에 저장해야 하는 일이 필요할 것이다. 이것은 당신이 책상에 어질러 놓은 장신구들, 책들, 그리고 커피 잔들을 정리할 수 있는 시간이 될 것이다.

한번 당신의 책상이 정리되면, 심호흡을 하고 당신의 일을 시작하라.

참고자료

『The Simple Guide to a Clutter-Free Desk』라고 불리는 조슈아 베커(Joshua Becker)의 기사를 『Becoming Minimalist』에서 읽으라.

#29. 일의 목적에 집중하라

당신은 왜 일을 하는가? 물론 당신은 청구서를 지불하기 위한 돈을 벌기 위해 일을 할 것이다. 하지만 당신은 왜 특정한 분야의 직업을 갖고 있는가?

레바논계 미국인 예술가이자 시인이며 작가인 칼릴 지브란(Kahlil Gibran)은 그의 책 『The Prophet』에서 "일은 사랑이 보일 수 있도록 하는 것이다."라고 말한다. 그는 일에 대해 이렇게 이야기한다.

> 이것은 마치 당신이 그 옷을 입고 싶다는 마음으로, 당신의 심장에서 나온 실로 옷을 만드는 것과 같다. 이것은 마치 당신이 그 집에 살고 싶다는 마음으로 애정을 갖고 집을 짓는 것과 같다. 이것은 마치 당신이 그 열매를 맛있게 먹고 싶다는 마음으로 씨앗을 뿌리고 즐거운 마음으로 수확물을 걷어들이는 것과 같다.

다시 말해, 그것이 얼마나 도전적인지, 시시한 것인지, 또는 어려운 것인지와 상관없이 당신은 사랑과 목적으로 당신의 일에 접근해야 한다는 것이다. 당신 일의 목적에 심리적으로 다가가는 것은 당신이 수행하는 모든 업무에 확실히 더 몰두하게 만든다.

심지어 당신이 당신의 일을 싫어해도 당신이 노력하는 것의 목적을 찾을 수 있고, 당신의 직업과 생활에 대한 부정적인 감정을 감소시킬 수 있다.

활동계획

첫 번째 업무를 시작하기 전에 당신의 마음을 비우기 위해 심호흡을 몇 번 하고 차분한 호흡을 하라.

당신이 일을 하는 이유에 대해 몇 분 동안 생각해 보라. 가장 기초적인 단계로, 당신은 당신 자신과 당신의 가족을 부양하기 위하여 일을 한다. 당신은 당신의 삶을 풍부하게 만드는 많은 비본질적인 것뿐만 아니라 당신의 집에 사는 것, 당신의 차를 운전하는 것, 그리고 옷, 음식, 다른 필요한 것들을 가지기 위해 일을 한다.

만약 이런 것들이 당신이 일을 하는 단 하나의 이유라면, 그것도 목적으로는 충분하다. 하지만 일은 또한 성취감, 생산성, 그리고 자존심에 대한 감각을 제공한다.

만약 당신이 진심으로 일을 즐긴다면, 그것은 성취감, 열정, 의미, 창의적인 표현, 그리고 많은 다른 긍정적인 감정을 제공한다.

당신이 일의 목적으로 여기는 것을 적으라. 눈을 감고 그 목적에 잠시 동안 집중하라. 목적을 동기, 그리고 당신이 앞으로 계획하는 모든 것의 이유로 여기라.

당신의 생활에서 일이 없다면 어떨 것 같은지 잠시 생

각해 보라. 그것이 이런 목적에 얼마나 영향을 줄까?

마음챙김 활동을 하는 동안 비꼬는 습관이나 당신의 일에 대한 부정적 생각이 당신 일의 목적에 영향을 끼치지 않도록 내보내라.

꽤 타당한 방법으로 당신이 일을 할 때 느끼는 불만족을 해결할 다른 시간이 있을 것이다. 지금은 당신의 목적에 단순하게 집중하고 당신으로 하여금 감사함을 느끼고 영감을 받을 수 있도록 하라.

참고자료

지속적인 노력으로 당신의 일에 대한 목적을 찾는 것에 대해 도움이 되는 『Harvard Business Review』의 기사 「You're Never Done Finding Purpose at Work」를 참고하라.

만약 당신이 목적의 영향에 대한 과학적 증거에 관심이 있다면 '목적성 있는 생활 및 삶의 질과 장수에 대한 최근의 과학적 증거 간의 연결성'에 대해 연구한 빅터 J. 스트레처 박사(Victor J. Stretcher, PhD)의 책 『Life on Purpose: How Living for What Matters Most Changes Everything』을 참고하라.

#30. 마음챙김 메일 확인을 연습하라

―――

우리가 일상적으로 하는 중독적인 행동 중 하나는 휴대폰이나 컴퓨터에 있는 메일을 확인하는 것이다. 우리 대부분은 하루 중 열두 번 정도 메일함을 확인하는데, 이는 정말 많은 스트레스와 짜증을 유발하는 행동이다.

사실상 「Is Your Inbox Making You Ill? Reading Work Emails Causes Your Blood Pressure and Heart Rate to Soar」라는 연구 조사에서는 일하는 동안 메일을 확인하고 보내는 것이 당신의 혈압과 심박동수를 증가시킬 수 있고, 스트레스 호르몬인 코르티솔의 상승을 유발할 수 있다고 밝힌다. 그리고 아직도 우리는 그것을 충동적으로 한다.

Mindhacks의 블로그 기사 「Why Email is Addictive(and What to Do about It)」에서 작가 톰 스태퍼드(Tom Stafford)는 이렇게 말한다. "나는 하루에 최소 백 번 정도 메일 확인 버튼을 누른다. 가끔 내가 받은 새로운 메일이 하나도 없다면, 단지 확인하기 위해서 그 버튼을 바로 다시 누른다. 나는 내가 메일을 확인하는 동안 흥미 있는 것을 찾을 수 없으며 오로지 내가 하려고 하는 일에 집중해야 한다는 것을 알면서도 메일을 확인하기 위해 내가 하고 있던 일을 중단한다."

충동적으로 당신의 메일함을 확인하는 것은 미국의 심리학자이자 행동심리학자인 B. F. 스키너(B. F. Skinner)의 비율변동계획 이론을 지지해 주는 습관이다. 때때로 메일을 확인하는 습관은 보상을 받기도 하고 그러지 못하기도 한다.

당신은 어떤 시간대에 메일을 확인하면서 보상을 얻는지 절대 알 수 없기 때문에 비록 그것이 무의미하고 비생산적일지라도 항상 메일을 확인하게 된다.

이 좋지 않은 습관을 없애고 당신의 메일함에 더 좋은 방법으로 접근하는 것은 당신을 더 생산적이고 집중할 수 있게 만들 뿐만 아니라 당신을 더 의식적이게 해 주고 메일을 보면서 얻게 되는 강화에 영향을 덜 받도록 해 줄 것이다.

활동계획

당신이 하루에 메일함을 얼마나 많이 확인하는지에 대해 당신 자신이 솔직해지는 것으로 시작하라. 당신이 이전에 그것에 집중하지 않았다면 지금부터 그에 주목하라.

메일을 확인하는 것은 대부분 무의미하고, 당신의 생산성, 마음의 평화, 또는 현재 이 순간에 대한 집중을 중가시키는 데 아무런 도움이 되지 않는다.

그렇다면 당신이 하루에 메일을 얼마나 많이 확인할지를 의식적으로 결정하라. 만약 당신이 하루에 한 번만 메일을 확인한다면 세상과 동떨어질까? 아마도 당신의 일의 특성상 더 자주 메일을 확인하는 것이 필요할 수도 있다. 하지만 그것에 대해 당신 자신에게 정직해지도록 하라. 가장 좋은 평균 시간은 스티브가 따르는 연습 시간인 늦은 아침, 오후, 그리고 저녁, 이렇게 하루에 세 번 정도 확인하는 것이다.

메일이 올 때 울리거나 팝업이 뜨는 모든 알림을 꺼서 당신이 메일을 확인하고 싶어 하는 유혹을 줄일 수 있다. 당신의 휴대폰에 뜨는 모든 알림을 제거하라. 당신이 컴퓨터로 일하는 동안 알림을 클릭하지 않도록 메일 관련 탭을 닫아 두라.

메일을 검토하거나 답장하는 메일 확인 시간을 10분으로 설정하라. 2분 또는 그 이하의 시간을 필요로 하는 어떠한 메일이든 간에 그 시간 동안 검토하고 답장을 할 수 있다. 그 이상의 시간이 걸리는 메일들은 나중에 확인할 수 있도록 '활동 폴더'에 보관할 수 있다.

우리는 직접 만나서 하는 의사소통보다 메일로 하는 의사소통이 마음챙김을 덜 하게 한다는 것을 명심해야 한다. 당신이 메일을 받을 때, 메일로는 다른 사람의 의도를 파악하기 쉽지 않기 때문에 단어 뒤에 있는 사람의 모습을 시각화하도록 노력하라.

당신이 메일을 보낼 때, 당신의 언어와 말투에 주의를 집중하고 당신이 다른 사람과 의사소통하고 있다는 것을 기억하라. '전송' 버튼을 누르기 전에 세 번의 심호흡을 하고 당신 스스로 '메일의 내용이 그것이 맞는 건가? 메일이 꼭 필요한가? 메일을 친절하게 썼는가?'를 다시 확인하라.

당신이 받는 불필요한 메일들을 정리하기 위한 메일 확인 시간을 가지라. 당신은 또한 unroll.me와 SaneBox를 이용해 불필요한 목록을 빠르게 정리하고 더 나은 체계를 위해서 메일들을 그룹별로 정리하여 체계화할 수 있다.

만약 당신이 메일 관련 습관을 없애기 힘들다고 여겨지면, 당신이 집중하는 일이나 다른 마음챙김 활동을 하고 나서 보상을 준다는 의미로 메일을 확인하는 시간을 가져 보라. 예를 들어, 당신은 오직 과제를 완료했거나 특정한 양의 업무를 끝마쳤을 때 메일을 확인해 볼 수 있다.

참고자료

당신의 모든 디지털 기기를 체계화하여 정리하고 그것에 의존하는 것을 줄이고 싶다면, 스티브와 배리의 책 『10-Minute Digital Declutter』를 읽으라.

#31. 당신의 업무들을 종류별로 묶으라

당신의 마음이 서로 관련된 것을 하나의 연관성 있는 집단으로 조직하는 것을 선호한다는 것을 알고 있는가?

한번 앉아서 글 쓰는 일들을 묶어서 하고 집안일들을 묶어서 해내면 당신은 더 생산적이고 더 집중적이 될 수 있다.

업무들을 그룹화하는 것은 당신의 일을 더 쉽게 만들어 주고, 집중할 수 있도록 '상태 몰입감(심리학)'에 빠져들 수 있게 해 주며, 더 오래 일을 하도록 힘을 준다.

예를 들어, 제안서를 작성하다가 동료 직원의 질문에 대답하기 위해 메일을 확인하다 보면, 당신의 뇌는 혼란스러워진다. 업무들을 하나로 묶는 것은 메일을 끊임없이 확인하는 것과 같이 스스로 자초하는 분산 자극에서 좀 더 벗어나게 해 준다.

당신은 항상 해야 할 업무와는 관련 없는 곳을 찾아서 정리정돈하면서 시간을 낭비하고 나서야 다시 업무로 돌아온다. 하루를 끝내면서 당신은 당신의 업무 계획이 효율적이지 않았기 때문에 집중하는 시간을 많이 낭비할 수 있다.

대신에 유사한 요소들을 필요로 하는 업무들을 그룹화하는 것은 효율적으로 업무를 마칠 수 있게 해 주고, 스트레스와 미루는 버릇을 줄이는 데 도움이 될 것이다.

작가이자 블로그 운영자, 그리고 연설가인 마이클 하이어트(Michael Hyatt)에 따르면, 비슷한 업무를 일괄 처리하면 의도적인 시간을 내고 업무의 집중에 방해가 되거나 간섭하는 것으로부터 벗어나 수 있다(『How to Use Batching to Become More Productive』).

활동계획

당신이 일하는 곳(또는 집)에서 일에 뛰어들기 전에 일괄 처리 계획을 세우기 위해 펜과 종이를 가지고 10분 동안 앉아 있으라.

여기 실행하기 위한 간단한 6단계의 과정이 있다.

1. 하루 또는 일주일 동안 완료해야 하는 모든 과제와 업무 목록을 적으라.
2. '전화해야 하는 곳' '응답해야 할 메일' '적어야 하는 내용' '계획하기' '읽기' '조사하기' 같은 일괄 처리 범주를 만들라.
3. 전체 목록으로 가서 각각의 범주에 맞는 업무들을 배치하기 시작하라. 약간 동떨어진 업무가 있기도 하고 어떤 일의 그룹은 매우 클 것이다.
4. 주로 하루 중 아침에 가장 생산적인 시간 동안 비중 있는 큰 범주들을 다루고, 다음으로 덜 비중 있는 업무들을 해 보라.
5. 당신의 에너지가 약간 떨어지는 시간에 메일을 확인

하거나 행정 관련 업무 같은 쉬운 업무들을 계획하라.

6. 매일 같은 시간에 업무들을 수행하는 것처럼 하나로
   묶은 업무들을 규칙적인 계획으로 발전시키도록 노
   력하라. 이것은 당신이 다음에 무엇을 기대하는지에
   대해 알기 때문에 당신의 뇌가 더 쉽게 하나의 묶음
   에서 다음 묶음으로 넘어가도록 만들어 준다.

당신의 업무를 일괄적으로 처리하는 10분의 습관은 당
신의 모든 마음챙김 노력을 지지해 주는 활동이다. 이것은
당신이 방해와 간섭을 덜 받으면서 당신의 과제에 의도적
으로 더 집중할 수 있게 해 준다. 그리고 당신을 더 생산적
이게 해 주고 당신에게 시간적 여유를 더 많이 준다.

참고자료

업무들을 배치하는 법과 당신의 생산성을 증가시키는 것을 배우
기 위한 가장 좋은 자료들 중 하나로는 데이비드 앨런(David Allen)
의 책 『Getting Things Done』이 있다.

#32. 포모도로 기법을 연습하라

포모도로(Pomodoro) 기법은 1980년대 후반에 프란체스코 시릴로(Francesco Cirillo)가 발전시킨 시간 관리 시스템이다. 이 이름은 시릴로가 그의 개인 타이머로 토마토같이 생긴 요리 타이머를 사용하면서 이탈리아어로 토마토라고 붙여졌다.

이것은 25분씩 일하는 시간을 정하고 중간에 짧게 쉬는 시간을 포함해서 시간을 [포모도로라고 불리는] 25분 간격으로 쪼갠 것이다.

이 기술이 주는 의미는 생산성을 증가시키는 것이다. 당신은 정신적 민첩성(그리고 효율성)을 짧은 시간 동안 발휘해서 하나의 업무에 집중력을 향상시킬 수 있다. 그런 다음 당신은 짧게 쉬는 시간 동안 에너지를 재충전할 수 있다.

비록 이렇게 몰두해서 집중하는 것이 어려워 보일 수도 있지만 노력을 다해 집중하는 것은 분명한 마음챙김 기법이다. 이것은 당신이 우리가 앞서 언급했던 상태 몰입감에 충분히 빠져들 수 있도록 해 주고 당신의 일에 몰입할 수 있도록 만들어 준다.

집중하는 데 어려움을 겪는 사람들에게 포모도로 기법은 분명 빠르게 일을 하거나 다른 방해 없이 자신의 일에 완전하게 집중하도록 도와준다.

활동계획

포모도로 기법은 기본적으로 5단계로 이루어진다.

1. 완료해야 할 업무를 결정하라.
2. 25분으로 타이머를 맞추라.
3. 타이머가 울리기 전까지 오로지 업무에 집중하라.
   완료된 업무를 포모도로 기법으로 적어서 기록하라.
4. 짧은 휴식 시간을 가지라(5분 정도).
5. 4단계의 포모도로 동안 일을 하고 긴 휴식 시간을
   가지라(15~20분 정도).

이 방법은 마음을 챙기면서 일에 집중하고 일을 더 잘
할 수 있게 해 준다. 포모도로를 하는 기간 동안 당신은
계획하고, 단계를 따라 밟고, 기록하고, 과정을 만들고,
그리고 시각화한다.

만약 당신이 업무 목록의 우선순위를 정하면, 당신은
날마다 25분의 짧은 시간 동안 이 활동들을 진행할 수
있다.

참고자료

포모도로 기법을 사용하기 위한 더 많은 정보를 알고 싶다면 시릴로의 웹사이트(https://francescocirillo.com/pages/pomodoro-technique)를 참고하라.

#33. 집중을 방해하는 것들을 줄이라

집중을 방해하는 것은 마음챙김의 적이다. 당신이 많은 일을 한꺼번에 하거나 심리적으로 다른 방향의 일들에 이끌릴 때 현재에 집중하는 것은 불가능하다.

불행하게도 우리는 아침부터 잠자리에 들기까지 끊임없이 집중을 방해하는 것들과 마주한다. 당신이 동굴 안에 살지 않는 이상 당신은 영향을 받을 수밖에 없다. 우리는 그것들이 우리의 집중력과 생산성을 방해한다는 것을 알고 있지만 자신도 모르게 서서히 집중력이 떨어지면서 떨쳐 내기 어려워진다.

집중을 방해하는 것은 당신의 전자기기, 미디어, 다른 사람들, 그리고 심지어 당신의 손에서 업무를 놔 버리게 하는 막연한 생각들로부터 나온다. 이렇게 우리의 집중을 방해하는 것은 우리의 주의력과 자원들을 통제하면서 우리의 마음속에 자리 잡는다.

Excite and JotSpot의 설립자 조 크라우스(Joe Kraus)는 이렇게 말

한다. "우리는 우리 주변의 사건들과 사람들로부터 동떨어지게 하는 집중을 방해하는 주의 산만의 문화를 만들어 내고 지지하면서 긴 시간 동안 생각하는 것을 할 수 없게 만든다. 사람들은 이제 그들의 뇌가 비활성화될 때 불안감을 느낀다."

아이러니한 것은 우리가 우리를 자극하는 주의 산만으로부터 벗어나야 할 때, 즉 우리가 지나치게 자극을 받을 때 불안을 느낀다는 것이다.

우리는 일하는 시간 동안 몇 분 더 집중할 수 있는 우리의 능력을 방해하는 즉각적인 만족감에 너무 빠져든다.

해결 방법은 얼마나 마음챙김이 당신의 목표에 도움이 되는지, 그리고 방해 자극들을 다루는 데 도움이 되는지 의식하는 것이다. 당신은 '뭔가 잃고 있다는 것'을 두려워하기보다는 당신에게 마음챙김 주의력이 요구되거나 가치가 있을 때에 약간의 불안을 느끼면서 힘들어해야 한다.

활동계획

약간의 긴 시간 동안 생각하는 데 집중하거나 한 사람 또는 하나의 업무에 최소 몇 분 이상 집중해야 한다면 당신에게는 집중을 방해하는 것을 줄이는 습관을 기르는 것이 필요하다.

여기 집중을 방해하는 것을 없애기 위한 습관을 기르

는 7개의 단계가 있다.

1. **휴대폰을 끄라.** 당신의 휴대폰은 당신의 생활에서
   집중을 방해하는 요소들 중 가장 큰 부분을 차지할
   것이다. 사람들은 휴대폰을 평균 150회 사용한다(매
   번 6분 정도를 사용한다). 만약 당신이 휴대폰을 켜 놔
   야만 하는 상황이라면 무음 모드로 해 놓고 모든 알
   림을 끄라.

2. **컴퓨터에 있는 알림들을 닫으라.** 당신이 진행하고
   있는 일과 관련된 것들을 제외하고 모든 알림을 끄
   라. 메일, SNS 등과 관련된 모든 알림을 끄라.

3. **다른 디지털 관련 잡동사니들을 치우라.** 컴퓨터 아
   이콘, 열려 있는 프로그램, 그리고 눈에 보이는 다른
   파일들은 당신의 정신적 주의력을 뺏어 간다. 당신
   을 방해하는 디지털과 관련된 잡다한 것들을 찾고
   가차 없이 지우라.

4. **눈앞에 보이는 잡동사니들을 치우라.** 당신의 책상
   을 정리할 중요한 시간이다. 당신이 일하는 공간에
   서 눈에 보이는 어떠한 것이라도(심지어 잠재의식적으
   로) 당신을 방해할 수 있기 때문에 당신의 눈앞에서
   치워야만 한다.

5. **다른 사람들에게 방해받고 싶지 않다는 것을 알리라.** 문을 닫고 '방해하지 마시오.' 같은 사인을 문에 달으라. 당신의 문이 다시 열릴 때까지 당신 주변의 사람들이 당신이 혼자 있을 필요가 있다는 것을 알게 하라.

6. **당신만의 동굴 같은 공간을 찾으라.** 만약 당신이 주변에 아이들이 있는 집이나 크게 열린 공간인 사무실에서 일을 한다면, 조용하고 집중을 방해하는 것이 없는 다른 공간을 찾으라. 배리가 대학교에 있고 정말로 집중이 필요했을 때, 그녀는 '공부하는 장롱'이라고 불리는 조그만 공간이자 책상 하나밖에 없는 곳에 가곤 했다.

7. **당신의 신체 컨디션에 필요한 것들을 챙기라.** 물, 차, 또는 커피를 마시고 당신이 원할 만한 간식을 미리 책상 위에 준비하라. 당신이 좋아하는 온도로 방의 온도를 맞추고, 일을 시작하기 전에 화장실에 미리 가는 것을 명심하라.

참고자료

만약 당신이 디지털과 관련해서 집중을 방해하는 것을 없애는 법을 더 알고 싶다면, 데이비드 러스크(David Rusk)와 브래들리 크레이머(Bradley Kramer)의 『Sorry, I Have To Take This』를 읽으라. 또한 집중을 방해하는 것들이 멈추지 않는 시대에서 날카롭게 집중하는 법을 밝혀낸 심리학자이자 저널리스트인 대니얼 골먼(Daniel Goleman)의 『Focus: The Hidden Driver of Excellence』를 참고하라.

#34. 결과 지향적 생각을 연습하라

종종 우리는 우리의 일에 대해 '단지 그것을 끝내자.'라는 생각으로 몰입한다. 우리는 생각 없이 업무에 몰입한다. 이와 같이 우리는 해야 할 목록에서 업무들을 확인하고 행동을 한다.

이것은 특히 지루하거나 원하지 않는 노력을 해야 한다. 우리는 우리가 그 일을 왜 해야 하는지 또는 결과가 어떻게 될 것인지에 대해 생각하지 않고 의무적으로 일을 시작하고 완료한다.

이런 몽롱한 무의식 상태로 일을 시작하기보다는 '결과 지향적 생각'이라고 불리는 것을 연습함으로써 당신이 성취하고 싶은 것에 대해 생각하라.

당신이 당면한 문제보다 바람직한 결과에 당신의 주의력을 둘 때, 당신은 다른 사람들이 보지 못하는 기회들을 볼 것이고 다른 사람들을 방해하는 장애물들을 피해 갈 것이다.

활동계획

어떤 업무를 시작하기 전에 우선 당신 자신에게 몇 분 동안 다음의 질문들을 해보라.

- 내가 왜 이 목표, 업무, 또는 과제를 하는가?
- 이 노력의 명백한 결과는 무엇인가?
- 내가 이루길 원하는 결과는 무엇인가? (당신이 피하기를 원하는 것보다는 당신이 원하는 것과 관련된 긍정적인 단어를 사용하여 가능한 한 가장 구체적인 용어로 당신의 대답을 분명히 표현하라.)
- 내가 열망하는 결과에 도달하기 위해 명심해야 할 행동들은 무엇인가? (이 행동들을 나열하면, 이것은 당신의 목표나 업무에 접근하기 위한 평소의 수동적이고 평범한 방법과는 다를 것이다.)
- 내가 이런 결과에 도달한다면, 그것이 나에게 어떤 도움이 될 것인가? (이런 높은 수준의 질문들은 당신의 동기를 확실하게 해 줄 것이고, 결과를 향한 당신의 일에 집중할 수 있게 해 준다.)

당신은 우리가 앞서 제안했던 단언하기의 시각화를 연습함으로써 당신의 결과 지향적 생각을 강화할 수 있다.

어떠한 목표, 업무, 또는 과제에 대해 당신이 원하는 구체적인 결과가 무엇인지 생각하라.

당신이 업무를 완료하고 난 후에 이루고자 했던 결과를 기록하면서 당신이 이루어 낸 결과가 일을 시작하기 전에 분명히 표현했던 열망하는 결과와 일치하는지 확인하라.

#35. 당신만의 상태 몰입감(심리학 용어)을 찾으라

Me-high Cheek-sent-me-high라고 발음되는 헝가리 심리학자 미하이 칙센트미하이(Mihaly Csikszentmihalyi)의 베스트셀러 『Flow: The Psychology of Optimal Experience』에서 그는 몰입(flow)을 "사람들이 너무 몰두해서 어떤 것도 문제가 되지 않는 상태"로 정의하고, 그 경험은 너무 즐겁기 때문에 그것을 하는 순수한 목적이 있고 많은 부담이 있더라도 계속 지속하게 하는 것이라고 했다.

몰입의 상태에 있는 동안 그 사람은 특히 창의성을 수반하는 업무나 과제에 완벽히 몰두한다. 그들이 활동을 할 때, 그들은 '힘들이지 않는 조절을 하면서 강함, 기민함, 남의 시선을 신경 쓰지 않음, 그리고 능력의 최고조에 다다름'을 느낀다.

우리가 앞서 언급했듯이, 몰입은 활동에 있어서 궁극적인 형태의 마음챙김이다. 당신은 모든 집중을 방해하는 것을 떨쳐 내는 상태에서 일에 몰두하고 업무 하나만을 가까이에 두게 된다.

이것은 당신이 일을 수행하거나 당신의 개인적 생활 또는 일에서 집중해 노력하면서 당신이 무언가를 이루고 싶어 하는 마음의 상태이다.

칙센트미하이 박사에 따르면 상태 몰입감은 다음과 같은 7개의 중요한 구성요소를 포함한다.

1. 당신은 주의력과 집중력을 갖고 당신이 해야 하는 행동에 완전히 몰두한다.
2. 당신은 매일 일상의 현실을 벗어나 있는 동안 황홀함을 느낀다.
3. 당신이 무언가를 이루기 위해 필요로 하는 것을 알면 그곳에는 거대한 내면의 명확성이 있고, 그곳에서 당신은 그 행동을 얼마나 잘했는지에 대한 즉각적 피드백을 받는다.
4. 당신은 그 활동이 행동 가능하다는 것을 알고 그것을 성공적으로 완료하기 위한 필수적인 기술들을 가지고 있다.
5. 당신은 자기감을 잃어버리고 당신의 모든 걱정과 염려를 흘려보낸다.
6. 당신은 지나간 시간에 대해 생각하지 않고 오로지 현재 이 순

간에 집중한다.

7. 당신에게는 자기 자신의 보상이 되는 몰입을 형성하는 본질적인 동기가 있다.

활동계획

당신은 다음 6개의 활동을 통해서 상태 몰입감을 이룰 수 있다.

1. 도전을 찾으라. 당신이 즐겨 하는 업무나 활동을 고르고 도전할 만한 무언가를 찾으라.

2. 당신의 기술을 발전시키라. 도전을 마주하기 위해서 당신은 당신의 기술들을 발전시키고 능숙해져야 한다. 만약 활동이 너무 쉽다면, 당신은 쉽게 지루해질 것이다.

3. 분명한 목표를 설정하라. 당신은 당신의 활동에서 어떤 것을 완료하기를 원하는지에 대해 매우 분명할 필요가 있고, 그것이 어떤 것인지에 대해 알게 될 것이다.

4. 가까이에 있는 업무에 집중하라. 모든 다른 집중을 방해하는 것을 제거하라. 당신은 당신의 업무 외의 것에 집중력을 빼앗기거나 당신이 유지하고 있는 상

태가 무너지는 것을 원하지 않는다.

5. **충분한 시간을 설정하라.** 당신이 상태 몰입감에 빠져들기 위해서는 10분 정도의 시간이 걸릴 것이고, 당신이 완벽하게 현재에 집중하고 활동에 몰두한다고 느낄 때까지는 더 오랜 시간이 걸릴 것이다.

6. **당신의 감정적인 상태를 주목하라.** 만약 당신이 상태 몰입감에 빠져들기가 힘들다면 당신의 감정을 확인하라. 만약 당신이 불안한 감정을 가지고 있는 상태에 있다면 심호흡 또는 명상과 같은 차분한 활동을 시도하라.

참고자료

몰입을 연습하기 위한 더 많은 기술을 위해 미하이 칙센트미하이의 책 『Flow: The Psychology of Optimal Experience』를 읽으라.

PART 5

오후의
마음챙김 습관

#36. '천천히 일하기'를 연습하라

현재의 순간에 집중하고 당신의 일에서 상태 몰입감을 찾을 때 가장 중요한 부분은 당신이 하는 모든 일을 천천히 하는 것이다.

당신이 하나의 업무에서 다음 업무로 넘어갈 때, 가능한 한 많은 노력을 쏟아서 적은 시간에 많은 일을 하려고 노력한다면, 당신은 그 과정에서 얻는 성취감을 잃게 된다.

작가이자 관계에 대한 전문가인 마거릿 폴 박사(Margaret Paul, PhD)는 『Huffpost』지의 기사 「How to Focus on the Process Instead of the Outcome」에서 이렇게 말한다. "당신의 가치에 대한 감각은 당신이 만드는 노력에 달려 있고, 당신이 최고가 되기 위해 가장 노력할 때 그 과정은 그 자체로 결과와 상관없이 흥미로워지고 보상을 준다."

속도와 생산성에 높은 가치를 두는 사회에서 업무를 천천히 한다는 것은 당신으로 하여금 최고의 노력을 하고 있지 않다고 느끼게 할지도 모른다. 하지만 각각의 업무를 완전하게 완료하기 위해 더 많은 시간을 투자하는 것은 궁극적으로 당신을 더 생산적이고 성공적이게 만들어 준다.

『Time』지의 최근 기사 「Slow Down! How "Slow Work" Makes Us More Productive」에 따르면, '천천히 일하기'의 철학은 모든 것을 가능한 한 빠르게 하는 습관에 대한 도전이고 에너지 넘치는 사람들을 위한 업무 공간 체계의 대안이 되며 사람들이 더 쉽게 자신의 개인적이고 전문적인 우선순위들을 조정할 수 있게 도와준다. 이것은 우리로 하여금 처음에는 생산성과 타협하기 위해 나타났지만 결국에는 긴 시간의 창조성을 강화시켜 주는 방법으로 우리의 일상을 더욱 좋게 만들 것이다.

당신의 목록에 있는 모든 것을 빠르게 해결하려고 하기보다는 그릇을 닦거나 일의 과제를 완성할 때 당신의 모든 노력을 천천히 하도록 의도적으로 노력하라.

활동계획

여기 당신이 일을 천천히 할 수 있고 당신의 개인적 생활을 유지하며 생산성 역시 얻을 수 있는 5가지의 방법이 있다.

1. **각각의 업무에 대해 당신 자신이 더 많은 시간을 투자하게 하라.** 가능한 한 빠르게 과제나 업무를 하려고 하기보다는 당신이 업무를 끝내기 위해 걸릴 것이라고 믿는 시간의 2배를 투자하라. 이것은 업무를 빨리 끝마치려는 것에 대한 많은 압박감을 줄여 주고 스트레스와 불안감을 낮추어 준다.
2. **일정한 시간 동안 오직 하나에 집중하라.** 한번에 여러 가지 일을 동시에 하는 것은 마음챙김의 적이다.

같은 시간에 다른 어떤 것을 시도하지 않고 오로지 당면한 업무에만 집중하라.

3. **안 된다고 말하는 법을 배우라.** 누군가가 당신의 관심을 필요로 한다 할지라도 당신의 일을 방해하면서까지 관심을 줘야 할 의무를 느끼지 말라. 다른 사람들의 필요로 당신에게 요구하는 것보다는 당신이 진행하고 있는 업무나 과제를 우선시하라.

4. **완벽함에 집중하라.** 속도에 집중하기보다는 완벽하게 집중하는 데 마음을 두라. 가능한 최고의 결과를 얻기 위해 모든 노력을 다할 때 당신은 더 큰 만족감을 느낄 것이다.

5. **과정을 즐기라.** 당신의 시간 대부분은 결과를 축하하기보다는 일을 하는 과정에 더 쓰인다. 특히 만약에 그것이 긍정적인 결과라면 결과에 도달하는 과정이 만족스러울 것이다. 하지만 만약 우리가 즐거움을 경험하기 전에 결과만을 기다린다면 우리는 우리 자신의 행복감과 만족감을 잃게 된다. 진짜 즐거움은 마지막 결과를 얻을 때보다는 일하는 도중에 있다.

만약 당신이 일과 당신의 개인적 생활에 있어 천천히 하는 것으로부터 얻는 많은 이점에 대해 더 배우고 싶다면 칼 오너리(Carl Honore)의 책『In Praise of Slowness: Challenging the Cult of Speed』를 읽으라.

#37. 동료들과 현재를 함께하라

바쁨, 스트레스, 그리고 집중을 방해하는 것들은 당신의 일에 대한 만족감뿐만 아니라 당신의 동료 직원들과 친구들 사이의 관계도 약화시킨다.

사람들이 그들의 직업과 관련하여 갖는 흔한 불평 중에 하나는 사장, 고객, 또는 동료 직원들과의 상호작용에 관한 것이다. 개인적 차이와 관련된 일을 수행하기 위한 압박은 충돌과 경쟁을 수반하는 환경을 형성한다.

정중함, 친절함, 그리고 동정심은 종종 건강한 의사소통보다는 '최종 결과'가 우선인 많은 업무 공간과 공존할 수 없다고 보인다.

몇몇 조직 공간은 업무 공간에서 정서적 지능을 형성하는 것의 중요성을 발견하고, 공감 능력, 자아성찰, 사람들과의 관계 기술, 그리고 자기조절을 인지하는 것이 사업의 건강함에 필수임을 알아 가고 있다.

당신은 함께 일하는 사람들과 좀 더 현재에 머물면서 당신 마음의 평화뿐만 아니라 정서적으로 지적인 작업 환경에 더 기여할 수 있다. 현재에 더 집중하기 위해 하루에 단지 몇 분 정도를 투자하는 것은 당신의 일에 대한 만족감에 큰 변화를 줄 수 있다.

활동계획

다른 사람들과 현재 함께 있다는 것은, 간단히 말해서 당신이 일에 집중하지 못하게 하는 것을 허용하지 않으면서 세심한 배려와 공감을 느끼는 감정에 더 많은 주의를 기울인다는 것이다. 여기 당신이 모든 상호작용에서 사용할 수 있는 5단계가 있다.

1. **사람들의 눈을 쳐다보라.** 단순히 이야기하거나 들을 때 누군가를 쳐다보는 것은 그 사람이 당신과 연결되어 있다는 것을 느끼게 해 줄 것이다. 그들은 당신의 완전한 주의를 온전히 끌었다고 느낄 것이다.
2. **공감적 듣기를 연습하라.** 다른 사람이 말하는 것에 온전히 주의를 집중하라. 집중을 방해하는 것에 당신의 시선을 빼앗기지 말라. 심지어 당신이 중요하게 말해야 할 무언가가 있다 하더라도 다른 사람이

말할 때 방해하는 것을 피하라.

3. **마음을 다해서 말하라.** 우리가 우리의 책 『Declutter Your Mind』에서 말했듯이, "단순하게 누군가의 단어나 행동에 반응하고 싶은 유혹을 이겨 내라. 어떤 단어를 사용할지에 대해 신중하게 고를 시간을 가지라. 심지어 듣는 사람이 짜증 나거나 화난 상태에 있더라도 다정하고 공감하며 존경하는 느낌으로 말하고, 차분하고 위협적이지 않은 목소리를 사용하도록 노력하라."

4. **더 배려하라.** 만약 상대방이 화가 나 있거나 짜증이 난 상태라도 그 사람들을 애정 어린 친절함으로 대하라. 좋은 동료 직원 또는 보스가 되기 위해서는 친절함과 배려심이 필수적이다.

5. **성급한 판단을 보류하라.** 당신이 다른 사람과 이야기할 때, 심리적인 비교와 그들에 대한 평가를 하는 것에 주의하라. 상대방에 대한 성급한 결론을 짓기보다는 열린 마음과 호기심으로 그들을 대하라.

참고자료

업무 공간에서의 정서적 지능에 대해 더 배우고 싶다면 트래비스 브래드베리(Travis Bradberry)와 진 그리브스(Jean Greaves)의 책

『Emotional Intelligence 2.0』을 참고하라.

또한 업무에서 당신의 관계에 대해 더 전념하는 11가지 방법에 대한 기사 「11 Ways to Be More Mindful in Your Work Relationship」을 참고하라.

#38. 초심자의 마인드를 구축하라

선(Zen)의 수도승이자 작가이며 선생인 순류 스즈키(Shunryu Suzuki)는 "초심자의 마음에는 수많은 가능성이 있지만 전문가의 마음은 그렇지 않다."라고 말한다.

초심자의 마음은 **初心**(shoshin)으로 잘 알려져 있는 선종의 하나의 신념이다.

초심자의 마음을 구축하는 것은 어떠한 의미가 있을까? 이것은 어떠한 것이든 당신이 이미 알고 있는 지식 또는 믿음에 기초해야 한다는 방법과 관련된 사전에 구축된 관념들로부터 자유롭게 의지를 발전시킨다는 의미가 있다.

당신의 일(그리고 당신의 생활)에서 초심자의 마음가짐을 갖는 것은 당신으로 하여금 노력하면 성공할 수 있다는 인식에 접근할 수 있도록 만들어 준다. 당신의 마음은 모든 가능성으로부터 열려 있다.

당신은 초심자의 마음가짐을 가지고 일시적으로 다양한 선택을 하면서 선택, 지식, 그리고 강하게 사로잡힌 믿음을 유예함으로써 심리적 제한 없이 아이디어를 떠올릴 수 있게 된다.

심지어 당신이 당신의 분야에서 전문가라고 할지라도, 열린 마음을 유지하는 것은 당신이 잘 알지 못하는 것 또는 당신의 전문성과 일치하지 않더라도 잠재적인 해결 방법을 생각해 볼 수 있게 한다.

당신이 선택에 개방적이게 되면 당신은 단지 과거의 경험에 의존하기보다 현재의 상황에 대해 더 주의하고 심사숙고해서 반응하게 된다.

활동계획

당신이 하루 동안 새로운 과제나 업무에 접근할 때, 심호흡을 몇 번 하라. 그 이후에 당신의 모든 이전의 지식과 경험이 지워지도록 당신의 마음을 빈칸으로 시각화하라.

당신 자신에게 "어떻게 내가 이 과제에 다른 방법으로 접근할 수 있을까?"라고 질문하라. 과제를 시작하자마자 기존에 정해져 있는 해결 절차에 의존하기보다는 새로운 방법으로 정리하는 시간을 갖도록 하라.

만약 당신이 가이드로써 과거의 경험을 사용할 필요가 있다면, 이 경험을 어떻게 다른 방법으로 적용할 수 있을지에 대해 생각하라.

현재의 순간을 위해 평소의 감각을 내보내고 가장 순수한 가능성을 얻기 위해서 당신 자신에게 자유를 주는 편안한 공간으로 가라. 때때로 이렇게 기존의 상자 틀에서 벗어난 예상치 못한 생각들이 가장 창의적인 해결책이 되기도 한다.

당신이 초심자의 마음가짐을 갖는 것을 연습할 때 실패에 대한 두려움을 버리도록 노력하라. 그것을 잠시 동안만이라도 유예하고 성공이 오직 하나의 가능성이라고 가정하라.

당신의 본능과 내부의 창조적인 목소리에 집중하라. 다른 모든 사람이 하는 행동에 눈을 두지 말라. 당신 자신만의 독창적인 관점과 아이디어들의 원천을 꺼내라. 이것이 혁신이 일어나는 순간이다.

회의나 집단 상황에서 구성원들로 하여금 그들의 전문성을 문 앞에 버리고 오게 하라. 그들로 하여금 문제나 도전에 접근할 때 신선한 시선과 열린 마음으로 다가가게 하라. 완전히 초보자인 사람들을 회의에 참여하게 하고 때 묻지 않은 천진난만함으로 상황을 볼 수 있게 하라.

당신은 당신의 개인적인 생활이나 전문적인 생활과는 상관없이 도전이나 문제를 위해 신선하고 주의 깊은 생각이 요구되는 상황에서 이 전략들을 적용할 수 있다.

참고자료 ─────────────────────────

〈The Beginner's Mind: Why Naiveté is a Critical Business Asset〉이라고 불리는 팟캐스트를 참고하라.

또한 순류 스즈키의 책『Zen Mind, Beginner's Mind』를 읽으라.

#39. 마음챙김 회의를 하라

당신은 회의에 정규적으로 참여하는 환경에서 일을 하는가?

만약 그렇다면, 당신은 아마도 회의가 당신의 에너지와 생산성을 크게 요구한다는 것을 알 것이다. 심지어 가끔 회의는 당신을 몹시 힘들게 하고, 현재 하고 있는 중요한 일이나 장기적 목표와 관련이 없을 때도 있다.

경제학자 존 케네스 갈브레이스(John Kenneth Galbraith)는 "회의는 당신이 아무것도 원하는 것이 없을 때 필수적이다."라고 말한다. 3M Meeting Network 설문 조사에 따르면 회의에서 사람들이 사용하는 시간의 25~50% 정도는 버려진다.

그렇기는 하지만, 몇몇 회의는 당신의 직위 또는 자원봉사 활동을 위해 필요하다. 당신은 당신 자신이 회의를 이끌어 가야 한다는 책임감을 가지고 있을 수도 있고, 다른 사람들에게 이끌려 회의에 참여해야 할 수도 있다.

회의는 당신의 동료 직원들과 다시 교류할 수 있는 좋은 시간이 될 수 있고, 당신이 도전을 받아들이고 아이디어를 떠올리며 해결 방법을 찾을 때를 위한 초심자의 마음가짐을 연습할 수 있다.

회의를 버리는 시간이라고 생각하기보다 회의 전과 회의하는 동안 마음챙김을 연습함으로써 회의를 당신과 다른 회의 참석자들에게 더 가치 있는 것으로 만들 수 있다.

활동계획

여기 당신이 참석하는 각각의 회의에서 이득을 얻기 위해 사용할 수 있는 5가지의 전략 목록이 있다.

1. 회의에 들어가기 전에 당신의 감정을 조율하라. 당신은 불안감을 느끼거나, 화가 나거나, 압박을 받고 있는가? 당신의 감정을 확인하기 위한 몇 분 정도의 시간을 갖고, 긍정적인 마음가짐으로 회의에 참여하기 위해 감정을 조율하라.
2. 초심자의 마음가짐을 격려하라. 회의 초반에 구성원들에게 모든 아이디어와 질문을 환영한다는 것을 알리라. 특별한 생각들을 격려하라.
3. 상호 간의 존경과 수용을 요청하라. 집단 구성원들에게 이 회의에서는 평가받지 않을 것이며 자신의

의견이나 생각들이 무시받지 않을 것이라는 것을 인지시키라.

4. 긍정적인 피드백을 제공하라. 집단 구성원들이 이야기를 할 때 그들이 말하는 것을 들은 대로 다시 반응해 주고, 긍정적이고 용기를 주는 피드백을 제공하라.

5. 집중을 유지하라. 만약 당신이 회의를 이끌고 있다면 회의를 간결하게 유지하고 요점에 맞게 회의가 흘러가도록 하는 것에 대해 유념하라. 회의의 주제와 당신이 준비해 온 안건에 집중하라.

참고자료

더 생산적이고 생각이 깊은 회의를 만드는 데 흥미가 있는가? 그렇다면 카메론 헤롤드(Cameron Herold)의 책 『Meetings Suck: Turning One of the Most Loathed Elements of Business into One of the Most Valuable』과 폴 액스텔(Paul Axtell)의 책 『Meetings Matter: 8 Powerful Strategies for Remarkable Conversations』를 참고하라.

#40. 일어나서 스트레칭하고
몸을 움직이라

━━━

스티브와 배리는 대부분의 일하는 요일 동안 컴퓨터 앞에 앉아서 시간을 보낸다. 아마 당신도 그럴 것이다. 당신이 집에서 일하든 사무실에서 일하든 간에 매일 책상에서 일하는 것은 당신의 몸에 필요한 것을 부족하게 만들 수 있다.

실제로 「Leisure Time Spent Sitting in Relation to Total Mortality in a Prospective Cohort of US Adults」라는 연구 결과에서 오랫동안 앉아 있는 것(일을 하거나, 텔레비전 앞에 있거나, 또는 차 안에 있는 것)은 비만, 심혈관 질환, 그리고 암과 많은 연관성이 있음이 밝혀졌다.

심지어 당신이 체육관에서 또는 운동하는 데 매주 시간을 보낼지라도 그것이 오랫동안 앉아 있는 것의 부정적인 영향을 줄여 주지는 못한다.

「Breaking Up Prolonged Sitting Reduces Postprandial Glucose And Insulin Responses」라는 연구 결과는 당신이 몸을 단순히 일으키고 스트레칭하고 몇 분 동안 돌아다니는 것으로도 도움을 얻을 수 있다는 것을 보여 준다. 서서 스트레칭을 하는 것이 당신의 몸에 리셋 버튼을 누르는 것과 같다고 생각하라.

당신이 당신의 몸을 모든 마음챙김 방법으로 다룰 때, 심지어 바쁘게 일하는 시간대에서도 당신의 몸을 더 심사숙고해서 다루게 된다.

활동계획

그레첸 레이놀드(Gretchen Reynolds)는 그녀의 책 『The First 20 Minutes: Surprising Science Reveals How We Can Exercise Better, Train Smarter, Live Longer』에서 이렇게 말한다.

새로운 과학은 매우 설득력 있게 20분 혹은 1분에서 2분 정도라도 일어서는 것이 당뇨병이나 심장 질환의 발병 위험성을 줄여 준다는 것을 보여 준다.

일어남으로써 당신은 다리 근육을 사용하고 등 근육을 수축시키는데, 이것은 혈류에 흐르는 지방을 분해시키는 특정한 효소를 증가시킨다. 당신은 특정한 공간에서 조깅을 하거나 점프하는 운동을 하지 않아도 된다. 오직 일어서라. 매우 좋은 추가적인 이점은 20~30분 정도 서 있는 것이 또한 몸의 칼로리를 태워서 하루의 대부분을 사무실에 앉아 있는 것만큼 몸무게를 늘게 하지 않는다는 것이다.

20분이라는 시간은 마법 같은 숫자로 느껴질 것이다. 당신의 휴대폰 타이머, FitBit, 또는 시계 알람이 당신이 하루 동안 주로 앉아 있는 시간대에 20분마다 울리도록 설정하라.

비록 일어서는 것이 이미 당신의 특정 질환의 위험성을 줄이기에 충분하지만, 우리는 당신이 일어나 있는 시간을 당신의 몸에 대해 더 주의 깊게 사용할 것을 추천한다.

당신이 일어나 있을 때 눈을 감고 긴장감, 고통, 또는 스트레스를 느끼는 당신 몸의 특정 부분에 대해 주의를 집중하라. 이 긴장된 부분을 위해 숨을 깊게 들이쉬고 다시 내뱉으면서 천천히 그 부분을 스트레칭하라.

그 이후에 팔을 머리 위로 올리고 천장을 향해 뻗으라. 가능한 한 편안하게 몸을 뒤로 젖히고 목과 등을 스트레칭하라.

팔을 든 상태로 허리를 굽히고 팔, 머리, 그리고 몸통을 바닥을 향해 천천히 떨구며 몸 전체를 스트레칭 하라. 만약 가능하다면 바닥에 닿도록 노력하라. 당신이 굽혀졌다면 한 번 더 심호흡을 하고 내뱉어서 당신이 바닥에 도달할 때까지 몸을 스트레칭 해서 편안하게 만들라.

일어서서 당신의 머리 위에 오른쪽 팔을 고정시키라. 왼쪽으로 당신이 할 수 있는 만큼 허리를 굽혀서 스트레칭 하라. 반대쪽도 마찬가지로 스트레칭 하라.

머리를 오른쪽과 왼쪽으로 천천히 젖히고 머리로 원을 그리라.

당신이 다시 앉기 전에 눈을 감고, 깊고 깔끔한 호흡을
몇 번 더 하라.

참고자료

그래첸 레이놀드의 책『The First 20 Minutes: Surprising Science
Reveals How We Can Exercise Better, Train Smarter, Live Longer』
를 참고하라. 당신은 또한 틱낫한의 책『Mindful Movements: Ten
Exercises for Well-Being』에서 활동에 대한 도움을 얻을 것이다.

#41. 디지털 기기에서 벗어나
휴식을 취하라

당신은 매일 수백 통의 메일을 받을 것이다. 사회적 미디어나 새
로운 소식은 계속 업데이트되어 갱신되고, 당신의 휴대폰은 끊임없
이 전화, 문자, 그리고 알림을 울린다. 심지어 당신이 아침 일찍 일
을 시작할 기회를 얻기도 전에 당신의 머리는 이미 메시지, 요청, 그
리고 방대한 정보들로 인해 혼란스러울 것이다.

비록 디지털 기기들이 우리를 더 생산적으로 만들 수 있지만, 그

것들은 또한 특히 우리가 디지털과 관련된 방해를 받으며 하루를 시작할 때 우리의 에너지와 창의력을 고갈시킨다. 디지털 기기들과의 접촉은 우리로 하여금 낮은 수준의 불안 상태에 빠져들게 한다.

우리가 업무 압박을 받을 때, 우리의 첫 번째 본능은 정보의 편안함을 얻기 위해 디지털 기기를 찾는다. 우리는 충동적으로 메일을 확인하고, 바쁘고 일과 관련된 무언가를 느끼기 위해 사회적 미디어에 시간을 낭비한다.

슬프게도, 디지털 관련 기기들은 종종 우리가 찾는 평화로운 마음을 제공하지 않는다. 대신에 그것들은 현재 우리가 해야 할 일과 능력 둘 다를 빼앗아 간다.

이 지나친 디지털 기기와의 연결성은 또한 만약 우리가 끊임없이 그것과 연결되어 있지 않으면 마치 중요한 무언가를 잃어버린 것과 같은 잘못된 불안감을 조성한다.

코치이자 작가인 케이트 스보보다(Kate Swoboda)는 블로그 Tiny Buddha에 실린 기사인 「How to Avoid Burnout and Take a Digital Break」에서 이렇게 말한다. "디지털에서 벗어나 휴식을 취하는 것은 디지털 기기에 기꺼이 항복하는 것이고, 완전히 그대로 두면서 당신이 돌아올 때 모든 것이 괜찮을 것이라고 믿는 것이다."

실제로 하루에 짧은 시간 동안 디지털 기기에서 의도적으로 벗어나는 것은 당신이 일로 돌아갈 때 더 집중할 수 있도록 느껴지게 한다.

활동계획

당신이 일하는 요일 동안 날마다 약 10분씩 두 번 혹은 세 번 디지털 기기에서 벗어나 휴식을 가지라. 만약 당신이 완벽히 편안함을 느낀다면 한 번 정도 휴식을 취하는 것으로 시작하라.

컴퓨터를 닫고 휴대폰을 끄라. 10분 정도로 타이머를 설정하라. 그리고 이 시간을 차분하지만 무언가에 집중하는 마음챙김 상태가 되도록 만들라.

이 디지털 기기에서 벗어나 휴식을 하는 동안 다음의 활동들 중 하나를 하는 것을 고려하라.

- 10분 동안 명상을 하라.
- 밖에 나가서 걸으라.
- 일어나서 스트레칭 관련 운동을 하라.
- 과제를 대략 계획하거나 당신의 목표를 적으라.
- 동료들과 대화를 나누라.
- 마음을 다하여 차를 달여 마시라.
- 영감을 주는 책을 읽으라.
- 일하는 공간의 지저분한 것들을 치우라.
- 마인드맵을 만들라.

타이머가 끝나면 개운한 머리로 디지털 기기로 돌아갈
수 있고, 더 집중하는 마음 상태를 만들 수 있다.

참고자료

당신이 디지털 기기에서 벗어나는 것에 대해 더 배우고 싶다
면, 데이먼 자하리아데스(Damon Zahariades)의 책 『Digital Detox:
Unplug To Reclaim Your Life』를 참고하라.

#42. 당신의 기분을 조율하라

이 책의 시작 부분에서 우리는 스트레스, 방해, 그리고 압박으로
하루를 시작하는 사람들에 대한 시나리오를 공유했다. 그들은 일을
시작하기로 결심할 때 이미 나쁜 감정과 불안으로 가득 차 있다.

단지 부정적인 상태에서 하루를 시작하는 것이 당신의 직업 만족
도와 상관없이 일을 수행하는 데 얼마나 부정적인 영향을 끼칠 수
있는지에 대해 생각해 보라. 실제로 『The Wall Street Journal』의 기
사 「Put on Happy Face. Seriously.」에서는 나쁜 감정이 당신의 미루
는 습관을 형성시키는 반면, 행복한 감정은 생산성과 성공 모두를

증가시킨다는 것을 보여 준다.

대부분의 사람은 매우 바쁘고 일에 지쳐 있으며 그들의 일상 활동 중에 감정에 집중하지 못한다.

그들은 스트레스, 신체 증상, 또는 좌절은 잘 알아차리지만, 그들의 감정은 의식적으로 충분히 들여다보려 하지 않으며 그들의 감정 상태가 일의 질에 얼마나 많은 영향을 끼치는지에 대해 주목하지 않는다.

심지어 우리가 우리 자신의 변화하는 감정을 안다 하더라도 우리는 종종 더 생산적이고 긍정적으로 감정을 변화시키려 하지 않는다. 그것은 아마도 우리가 그것이 우리의 개인적 심리 상태에 영향을 주리라는 것을 알지 못하기 때문일 것이다.

당신의 감정을 조율하기 위해 단지 몇 분 정도의 시간을 갖고 당신이 느끼는 것을 평가하고 그들을 바꾸도록 노력함으로써 당신은 일하는 것의 질을 증진시킬 수 있다.

활동계획

문을 닫고 컴퓨터와 휴대폰을 끄라. 눈을 감고 몇 번의 깊고 깔끔한 호흡을 하라.

당신의 몸에 대해 심리적으로 알아차리고, 근육 긴장, 가슴의 답답함, 두통, 또는 숨 가쁨의 어떠한 감정에라도 주의를 집중하라. 이런 육체적인 느낌은 부정적인 감정 상태의 좋은 지표가 된다.

당신 자신에게 "지금 당장 나의 감정은 무엇인가?"라고 질문하라. 몇 분 동안 조용히 앉아서 당신의 심리적, 그리고 정서적인 상태에 주의를 집중하라. 당신이 느끼는 감정을 확실하게 분리하도록 노력하라.

한번 당신이 자신의 감정(압박감, 좌절감, 슬픔, 화남 등)을 확인하고 나면 스스로에게 "이러한 감정 뒤에는 무슨 생각들이 있을까?"라고 물어보라. 예를 들어, 당신은 "나는 나의 상사가 회의에서 나를 존중해 주지 않아서 화가 났다."라고 말할 수 있다.

또한 당신 자신에게 "내가 이런 방식으로 느끼기 시작하기 전에 나는 바로 무슨 행동을 했을까? 무슨 생각 또는 결정이 내가 이런 부정적인 감정에 기여하도록 했을까?"라고 물어보라.

만약 당신이 당신의 나쁜 감정에 영향을 주는 생각과 관련된 함정을 찾을 수 있다면 당신은 긍정적인 심리적 상태를 형성할 수 있다.

함정은 다음과 같은 예가 있을 수 있다. "나의 상사는 나를 정말로 모자란 사람이라고 생각하는 것이 분명하며, 그는 나를 싫어한다." 이것을 고치기 위해서 당신은 당신 자신에게 이렇게 물어볼 수 있다. "이런 상황에 대한 나의 생각들이 정말로 진실이고 완전히 진실일까? 이 상황에 대해 생각해 볼 수 있는 더 긍정적이거나 생산적인 방법은 무엇일까? 실제로 상사가 나를 싫어할까?"

당신의 기존의 부정적인 생각들을 더 정확하고 합리적인 생각들로 대체하라. 그러면 당신은 당신의 감정이 더 긍정적인 방향으로 변화한다는 것을 알아차릴 것이다. 예를 들어, 당신은 "상사는 회의에서는 나를 존중하지 않지만, 과거에는 나를 많이 존중하며 대해 줬고 내가 한 일에 칭찬을 아끼지 않았다."라고 말할 수 있다.

더 현실적이고 긍정적인 언어를 사용함으로써, 당신은 '양자택일'에서 오는 생각의 긴장과 좌절로부터 안도감을 느낄 것이다. 연습을 하면서 당신은 자신의 감정을 조절하는 습관을 기를 수 있을 것이고, 당신의 생각을 그에 맞춰 변화시킬 수 있을 것이다.

참고자료

만약 당신이 자신의 감정을 확인하는 데 문제가 생긴다면, 흔한 감정과 감정 표현들의 목록(https://examples.yourdictionary.com/mood-examples.html)을 확인하라. 당신은 데니스 그린버거 박사(Dennis Greenberger, PhD)와 크리스틴 A. 파데스키 박사(Christine A. Padesky, PhD)의 책 『Mind Over Mood』를 읽으면서 당신의 감정을 조절하는 방법에 대해 더 배울 수 있다.

#43. 감사함을 표현하라

━━━

가장 간단한 것이지만 가장 효율적인 마음챙김 습관은 당신의 주변 사람들에게 감사함을 표현하는 것이다.

잘 알려진 심리학자이자 철학자인 윌리엄 제임스(William James)는 "가장 깊은 인간 본성의 원칙은 인정받는 것을 열망하는 것이다."라고 말한다. 모든 사람은 가치 있어 보이기를 원하고 그들의 공적과 업적으로 인정받기를 원한다.

우리는 바쁘고 혼잡한 일상생활에서 우리가 같이 일하거나 상호작용하는 사람들에게 감사를 표현하는 것을 간과하기 쉽다. 우리는 너무 많은 생각, 업무, 그리고 의무로 하루를 보내며 우리를 지원하고 도와주는 많은 방식을 무의식적으로 받아들인다.

우리의 사생활이나 직업 면에서 다른 사람들에게 감사를 표하지 않는 것은 우리의 인간관계의 질을 약화시키고 사람들을 우리로부터 멀어지게 만든다.

당신이 누군가에게 감사함과 공감을 표현할 때, 당신은 그들의 생활을 증진시켜 줄 뿐만 아니라 당신 자신의 생활도 풍부하게 만들어 준다. 당신은 다른 사람들에게 친절한 단어를 사용할 때 얻는 영향을 즉각적으로 확인할 수 있다.

감사함을 표현하는 시간을 갖는 것은 당신이 완전하게 다른 사람과 함께 있다는 것뿐만 아니라 그들의 본질적인 가치와 그들의 인간성을 높여 준다는 것을 보여 준다.

감사함은 받는 사람의 마음에 영원한 순간을 새겨 줄 것이며, 이 것은 그 사람과 당신의 관계를 강화시켜 준다.

당신이 감사함을 표현하는 간단한 행동을 취했을 때, 다른 사람들은 당신에게 자석처럼 끌릴 것이고 당신을 향한 존중도 높아질 것이다.

활동계획

당신이 하루 또는 주말 동안 만났던 감사함을 느끼는 사람들에 대해 몇 분 동안 생각해 보라. 각 사람들의 이름을 적고 그들이 무엇을 말했는지 또는 당신이 알고 싶은 것은 무엇인지 적으라. 각 사람들의 활동들이 당신에게 어떤 긍정적인 영향을 주었는지 적고, 그 순간에 어떻게 반응했는지 짧게 적으라. 이 각각의 사람들은 친구, 가족, 동료 직원, 또는 당신이 하루 동안 만났던 처음 보는 사람들이 될 수 있다.

이런 사람들 각각에게 당신의 감사함을 어떻게 표현하기를 원하는지 생각해 보라. 그 사람들을 직접 만나 말하기를 원하는가? 전화를 할 것인가? 또는 메일 아니면 문자를 보낼 것인가? 그들 개개인에게 당신의 감사함을 전하는 시간을 가지라.

칭찬에 대한 보답을 바라지 말고 사람들의 행동에 대해

구체적이고 진심을 담아 칭찬을 하라. 당신이 그 사람을 직접 만날 때는 그 또는 그녀의 이름을 사용하도록 노력하고, 당신이 이야기를 하는 동안 눈을 마주치도록 하라.

하루 동안 당신에게 무언가 좋은 행동을 하거나 당신에게 서비스를 제공한 사람들에게 진심을 담아 감사함을 표현하라. 그들이 누구인지와 세상에 무엇을 제공하는지에 대해 감사함의 시각으로 다른 사람들을 보는 관점을 기르라.

참고자료

만약 당신이 작업 공간에서 감사함을 표현하는 것에 대해 더 배우고 싶다면, 게리 채프먼(Gary Chapman)과 폴 E. 화이트(Paul E. White)의 책 『The 5 Languages of Appreciation in the workplace: Empowering Organizations by Encouraging People』을 읽으라.

당신은 또한 마이크 로빈스(Mike Robbins)와 리처드 칼슨(Richard Carlson)의 책 『Focus on the Good Stuff: The Power of Appreciation』을 즐길 수 있을 것이다.

마지막으로, 당신은 감사함의 힘에 대한 내용인 마이크 로빈스의 TED Talk 〈The Power of Appreciation〉을 참고할 수 있다.

#44. 전략적인 수용을
연습하라

───

종종 우리의 일상 사건들은 우리의 예상대로 흘러가지 않을 때가 있다. 그래서 우리는 실망하곤 하며, 차질을 겪곤 한다. 또한 우리는 기쁘지 않거나 부정적인 결과로 인해 놀라기도 한다.

일이 우리가 원하는 방향으로 가지 않을 때, 우리가 첫 번째로 하는 일은 되돌아가서 정석대로 일을 되돌리려고 시도하는 것이다. 우리는 그것을 고치려고 시도한다. 만약 변화가 가능하다면 그것은 생산적인 시도이지만, 단순히 다시 시작하는 것은 대부분 변화를 주지 못한다. 당신이 결과를 바꾸거나 상황을 개선시킬 수 있는 일은 없다.

그래서 우리는 비극적인 생각의 늪에 빠지게 되고, 실망감은 더 크게 느껴지게 마련이다. 이런 균형이 맞지 않는 생각들은 우리 마음의 평화를 방해하는 분노, 좌절감, 슬픔, 그리고 불안감을 형성할 수 있다.

전략적인 수용(strategic acceptance)을 연습함으로써, 부정적인 상황과 그것에 대한 당신의 반응 모두에 대하여 당신은 예상치 못한 사건에도 불구하고 평화를 찾을 수 있는 방향으로 나아갈 수 있다.

당신이 당신의 감정을 알기 위해 잠깐의 마음챙김 시간을 가짐으로써 해결 방법을 찾고, 새로운 방향으로 나아가고, 또는 단순히 무언가를 하기 위한 방향을 분명하게 할 수 있다.

활동계획

당신이 하루 동안 예상치 못한 부정적인 사건이나 실망감을 마주할 때, 다른 사람들로부터 잠시 벗어나 혼자만의 시간을 가지도록 노력하라.

차분한 감정을 얻기 위해 호흡법에 집중하라. 앉아서 눈을 감고 당신의 짜증이 조금이라도 해소될 때까지 10초 정도 심호흡을 하라.

다음으로, 마음챙김 습관 #42에서 설명했듯이 당신의 감정을 조율하라. 이 불편함과 관련한 상황에서 당신이 느끼는 감정을 확인하라. 그것은 화남인가? 두려움인가? 실망감인가? 질투인가?

지금 당장 감정을 바꾸도록 노력하기보다는 단순하게 당신이 이 상황에 대해 느끼는 감정을 받아들이라.

당신은 당신 자신에게 이렇게 말할 수 있다. "나는 수잔이 마감일을 놓쳐서 화가 났고, 우리의 계약 관계를 잃게 만들어서 화가 났다."

이 상황에 대한 당신의 감정을 알아차리고 받아들이는 것은 당신의 스트레스를 줄여 주어 당신이 적절하게 다음 단계로 넘어가기 위한 심리적 준비 시간을 가지도록 한다.

당신 자신에게 당신의 상황을 바꿀 수 있거나 개선할

수 있는 행동이 있는지 물어보라. 만약 있다면, 당신이 더 좋은 마음 상태일 때 취할 수 있는 행동 단계의 목록을 만들라.

만약 당신이 상황을 벗어나거나 개선하기 위해 지금 당장 할 수 있는 행동이 하나도 없다면, 당신 자신으로 하여금 그 상황을 알아차리게 하고 몇 분 동안 그것에 대해 앉아서 생각하라. 당신은 당신 자신에게 이런 식으로 말할 수 있다. "우리는 그 상황에 대한 주도권을 잃었다. 내가 바꿀 수 있는 것은 없다. 나는 이제 그것을 받아들여야 한다."

눈을 감고 헬륨 풍선을 그려 보고 그 사건에 집착하는 생각을 집어넣는 것을 상상하라. 그런 다음 풍선이 날아가는 것을 상상하고 시야에서 사라지는 것을 지켜보라. 당신은 "나는 이 상황에서 벗어난다. 나는 다음 일을 위해 나아간다."와 같이 다짐할 수 있다. 다시 한번 심호흡을 하고 당신의 일상으로 돌아오기 전에 호흡을 가다듬으라.

부정적인 상황의 어려움이나 영향에 의존한다면, 당신은 당신의 감정을 조절하고 과거의 사건으로부터 벗어나기 위해 계속해서 이 단계를 반복할 필요가 있다.

#45. 객관적인 조언자가 되라

당신의 일, 당신의 관계, 또는 평범한 일상에서 당신은 종종 복잡하고 혼란스럽고 감정적인 소모가 많은 도전에 직면한다.

당신이 문제의 세부 사항에 사로잡혀 있을 때, 당신은 문제를 해결하거나 가장 좋은 다음 단계로 나아갈 것이라는 확신을 갖기 힘들다. 매번의 선택은 잠재적으로 부정적인 결과 투성이라고 느낄 것이고, 당신의 감정에 너무 압도되어서 명확하게 생각할 수 없게 된다.

외부에서 피드백과 충고를 얻는 것은 많은 도움이 될 수 있지만 해결 방법을 찾기 위해 시작할 수 있는 최고의 장소는 바로 당신 자신이다. 당신 자체가 코치 또는 조언자가 될 필요가 있고, 당신이 가지고 있는 지혜를 이용하며 가장 올바른 정석의 행동을 이끌기 위한 직관력을 가질 필요가 있다.

간단한 마음챙김 기술은 당신이 당신 내부의 지혜를 짜내어 앞으로 나아가도록 도와줄 수 있다. 앞에서 마치 분리된 '당신'이 당신 마음속에 있는 생각을 지켜보는 것처럼 당신의 생각의 조언자가 되는 방법에 대해 이야기한 것을 기억하는가?

이제 우리는 당신이 다시 한번 자신의 분리된 부분을 찾기를 원하며, 이번 시간에는 당신의 의식과 잠재의식으로부터 조언을 얻을 수 있는 '객관적인 조언자'로서 당신이 최고의 결론 또는 해결 방법을 찾도록 도와줄 것이다.

활동계획

이 활동을 위하여 편하게 사용할 수 있는 종이와 펜을 준비하라. 심호흡을 하고, 당신이 편안함을 느낄 때까지 당신의 머리를 비우며 깊고 깔끔한 호흡을 하라.

구체적인 기간 동안 당신이 직면한 도전을 적으면서 시작하라. 예를 들어, 당신은 "나는 내가 새로운 직업 기회를 가질지 혹은 나의 현재 직업에 머무를지에 대해 선택하지 못한다."라고 적을 수 있다.

다음으로, 눈을 감고 의자에 앉아 당신 바로 앞에 다른 의자를 두고 앉아 있는 당신 자신을 시각화하라. 이제 또 다른 당신이자 '객관적인 조언자'인 당신을 보며 의자에 앉아 당신을 도울 준비를 하라.

당신의 객관적인 조언자에게 "이런 상황에서 내가 알아야 할 필요가 있는 것은 무엇인가?"와 같은 도전과 관련된 질문을 하라. '네 또는 아니요'로 대답할 수 있는 질문보다는 이와 같이 개방적인 질문으로 시작하라.

몇 분 정도 조용히 앉아서 당신의 마음속에 떠오르는 대답을 기다리라. 또는 당신은 당신의 객관적 조언자가 대답을 제공하는 것을 시각화해도 된다.

당신은 다음과 같은 추가 질문을 할 수 있다. "최고로 잘할 수 있는 행동은 무엇인가?" "내가 어떻게 이 결정의 결과를 조정할 수 있는가?" 또는 "지금 당장 나에게 필요한 것은 무엇인가?" 당신이 완전히 당신의 인식 속 정보를 탐험하고 싶다면 당신 자신에게 당신이 이루기를 원하는 많은 질문을 하라.

당신에게 맞는 어떤 대답이든 적어 보고 그것이 상황에 있어서 즉흥적인 감정적 반응이 아니라는 것을 논리적으로 확신하여 생각하라.

만약 당신이 정답을 얻지 못하거나 당신의 생각이 분명한 정답을 얻기에 너무 뒤죽박죽이라면 당신이 차분해질 때까지 기다리고 그 활동을 다시 시도하라.

당신이 이 활동으로부터 얻은 통찰력을 사용하는 것은 당신이 당신의 결정과 함께 앞으로 나아가도록 도와준다. 이것을 믿을 만한 조언자들 또는 문제와 관련된 수행 조사로부터 얻은 피드백과 같이 유효한 정보들과 함께 사용하라.

당신이 이 활동을 하면서 더 많은 통찰력과 정보를 얻을수록 당신은 당신의 활동이나 결정에서 더 많은 자신감을 얻을 것이다.

참고자료

당신은 배리가 블로그에 포스팅한 「How to Make a Big Decision without Regret」이라는 글에 흥미를 느낄 것이다. 또한 직관적 결정하기(intuitive decision making)에 대한 조 심슨(Jo Simpson)의 TED Talk 〈Intuitive Decision Making〉을 보라.

#46. 마인드맵으로 생각을 정리하라

만약 당신이 창의적인 생각과 새로운 아이디어를 떠올리는 것이 필요한 직업을 갖고 있거나 당신의 사생활에서 창의적인 해결 방법을 얻기를 원한다면, 마인드맵을 만드는 것은 훌륭한 마음챙김 도구가 된다.

마인드맵은 중심 주제 또는 문제와 관련된 아이디어와 정보를 연결하는 지표이다. 이것은 많은 확장된 가지를 가지고 있는 나무와 같다. 가장 중심에 있는 것이 주요 아이디어이고, 가지들은 이 중심 주제와 관련된 부주제이다.

일렬로 적는 메모 정리 과정보다 마인드맵을 사용하는 것은 많은 방법에서 당신이 마음을 챙기는 데 도움을 준다. 당신은 단어, 이미지, 숫자, 그리고 색깔을 사용하기 때문에 마인드맵은 단어 하나만 사용하는 것보다 당신을 도와주는 정보를 보유하는 데 6배는 더 좋다.

작가이자 마인드맵을 대중화시킨 토니 부잔(Tony Buzan)에 따르면, 이 활동은 당신이 대뇌와 관련된 기술들을 전체적인 범위로 사용함으로써 당신의 뇌를 전체적으로 활성화시킨다. 마인드맵은 당신이 각각의 아이디어와 전략에 신경을 쓸 수 있는 역학적 방식으로 우리의 뇌 과정과 정보 회상에 영향을 준다.

마인드맵을 그리는 것은 또한 그 과정 동안 떠오르는 자연스러운 연결고리를 통해 개념들을 어울리게 그룹화하는 데 도움을 준다. 이것은 당신이 더 많은 아이디어를 떠올리도록 도와주고, 당신의 주제와 관련된 의미를 더 찾도록 도와준다.

당신이 생각하고, 글을 쓰고, 그리면서 당신의 뇌에는 자연스러운 연결고리가 생기고, 하나의 생각이 다른 생각과 연결되면서 '상태 몰입감(심리학 용어)'에 들어가 완전히 마인드맵 과정에 집중하게 될 것이다.

활동계획

방해와 간섭이 없는 조용한 장소를 찾으라. 당신의 마인드맵 활동을 위하여 짧은 명상 또는 호흡 활동을 통해 좋은 심리적 상태를 만들라.

몇 장의 종이와 펜을 집으라(또는 다른 색의 다양한 펜을 집으라). 당신은 또한 색이 있는 연필을 사용할 수 있다. (컴퓨터를 사용하는 것보다) 손으로 마인드맵을 작성하는 것은 더 인지적인 자극을 주며 마인드맵에 더 집중할 수 있도록 해 준다.

당신이 어떠한 주제를 떠올릴 때와 연관된 자유로운 생각과 아이디어를 이용해 당신의 주제를 가볍게 마인드맵 하는 것으로 시작하라. 당신은 이러한 생각들을 조직할 필요가 없다. 단지 그것들을 나열하고 써 내려가라.

종이의 중심에 네모 또는 동그라미를 그리고, 당신의 주요 생각, 주제, 또는 문제점을 추상화해서 그리라. 이미지를 그리는 것은 당신의 뇌가 더 많은 시각적 자극에 반응하게 하기 때문에 중요하다. 또한 주제를 드러내는 주요 단어를 사용하라.

다음으로, 각각의 가지에 다른 색을 사용하여 주제로부터 뻗어 나가라. 이 첫 번째 가지들은 당신의 중심 주제로부터 비롯된 주요 부주제들을 대표한다. 이런 부주제들을 설명하기 위해 주요 단어들을 사용하라.

마음속으로 이런 각각의 부주제들을 떠올려 가지들을 세세하게 마인드맵에 표현하고, 같은 부주제로 이루어진 가지들을 같은 색으로 나타내어 당신이 아이디어들을 색별로 분류할 수 있게 하라. 마찬가지로 당신의 주요 단어들 또는 구절들을 추가하라.

당신의 마인드맵으로 돌아가서 당신의 주제와 주요 단

어들을 반영하는 몇몇의 이미지 또는 상징을 포함시키라. 당신이 이런 이미지들을 그리는 데 있어 전문적인 예술가가 될 필요는 없다. 단지 당신의 창의력을 이용하여 그림을 그리는 것만으로도 이미지들이 시각적인 자극이 되면서 정보를 회상하고 가공하는 데 도움을 줄 것이다.

당신은 부잔이 제안한 마인드맵의 본질인 '풍부한 이미지 네트워크(image-rich network)'를 형성하기를 원한다. 당신은 선, 상징, 화살표, 박스 등을 사용하여 당신의 마인드맵과 생활을 연관 지을 수 있다. 당신이 추가적인 아이디어들과 영감을 떠올릴 때마다 계속해서 당신의 마인드맵을 가지치기하라. 당신은 당신의 몇몇 하위범주로 돌아가 창의적인 아이디어로써 더 많은 가지를 추가하여 흐름을 이어 갈 필요가 있다.

당신이 작업하고 있거나 또는 심지어 한번 완성된 마인드맵(또는 당신의 예술적 능력)을 평가하는 것을 피하라. 이 마인드맵을 형성하는 과정을 당신의 창의력을 증진시키고, 아이디어의 원천을 촉발하며, 당신이 마인드맵 이외의 것에 방해를 받지 않을 수 있도록 통찰력을 갖게 하는 즐거운 마음챙김 습관으로 간주하라.

당신은 마인드맵의 창시자인 토니 부잔의 TED Talk 〈The Power of a Mind to Map〉을 통해 창의력과 마음챙김에 있어서 마인드맵을 만드는 것의 힘에 대해 더 많은 것을 배울 수 있다. 또한 당신 자신만의 마인드맵을 형성하기 위한 더 많은 아이디어와 다양한 비디오를 토니의 웹사이트(https://tonybuzan.com)에서 참고하라.

당신은 또한 iMindMap과 MindMeister 같은 소프트웨어 프로그램을 통해 디지털 마인드맵을 만들 수 있다.

#47. 음악을 듣는 시간을 가지라

음악을 듣는 것은 스트레스를 줄이고, 당신의 감정을 좋게 만들고, 당신의 IQ를 증진시키며, 많은 다른 심리적·육체적 건강을 증진시켜 주는 강력한 마음챙김 습관이다(『10 Positive Benefits of Listening to Music, According to Science』).

당신이 하루에 몇 분 동안 활동적으로 음악을 듣는 시간을 갖는 것은 당신의 일에 더 긍정적으로, 평화적으로, 그리고 생산적인 틀의 마음가짐을 갖고 집중할 수 있도록 도와준다. 사실상 특히 클래식한 음악을 듣는 것은 당신의 뇌가 기억력과 학습 능력을 증진시킬 수 있는 방향으로 바뀔 수 있도록 해 준다(『A Brain Boost by

Listening to Classical Music: The Mozart Effect」).

음악을 즐기거나 감상하는 것은 단순하게 미적인 기쁨이나 우리가 알고 있는 즐거운 소리 그 이상이 될 수 있다. 활동적으로 음악을 듣는 것은 우리의 내부 세계로 가는 연결고리로서 우리가 우리의 생각들과 감정들을 더 많이 이해하도록 돕는다.

음악은 단어를 넘어서 공통적인 경험에 감동을 주면서 사회적·정치적, 그리고 언어적인 것을 포함하는 강력한 예술 형식이다.

이것은 치유가 되고, 활동적이며, 차분하고, 계몽적일 수 있다. 이것은 우리가 우리 자신이 깊게 음악을 듣는 데 몰두할 때 다른 생각들이 우리에게 접근하지 못하게 하는 우리 내부의 깊은 부분을 열어 준다.

미국인 작곡가 마이클 토키(Michael Torke)는 "왜 당신은 바흐의 미사곡 B단조(B Minor Mass)를 들을 수 있는데도 정신치료 요법에 돈을 낭비하는가?"라고 말한다.

음악을 듣는 것이 마음챙김 습관이 되려면, 당신의 모든 것이 음악을 듣는 데 몰두할 수 있도록 당신 자신을 열린 마음으로 만들어야만 한다. 마치 다른 마음챙김 활동들과 같이 음악을 듣는 것은 그 현재 순간에의 완전한 집중을 필요로 한다.

활동계획

방해나 간섭 없이 음악을 들을 수 있는 편안한 장소를

찾으라. 휴대폰과 컴퓨터, 그리고 알람처럼 당신을 방해할 만한 모든 것을 끄라.

만약 당신 가까이에 당신이 트는 음악으로 인해 방해받을 만한 사람이 있다면 헤드폰을 사용하라.

하루 동안 당신의 감정 또는 목표에 가장 적합한 종류의 음악 장르를 결정하라. 예를 들어, 만약 당신이 쉬거나 차분해지기를 원한다면 가벼운 재즈 또는 클래식한 음악을 고르는 것이 나을 것이다. 만약 당신이 감정을 개선하기를 원한다면, '기분이 좋아지는' 노래를 선택할 수 있다.

악기의 구성요소, 작곡가, 그리고 예술가의 연습 기간과 같이 음악을 형성하는 데 들어간 모든 것에 대해 생각하는 시간을 가지라. 당신이 즐기려 하는 그 음악 한 곡에 포함되는 모든 것에 대해 주의 깊게 생각하도록 노력하라. 다양하게 사용된 악기들, 리듬, 멜로디, 그리고 보컬의 나열 같은 것에 주목하라. 당신의 마음을 이 강렬한 소리의 느낌에 맡기라.

다음으로, 음악이 당신에게 무엇을 느끼게 하는지에 대해 주의를 집중하라. 당신이 음악을 들을 때 어떤 감정들이 떠오르는가? 당신은 차분한 감정을 느끼는가? 당신은 힘이 넘치는가? 당신은 음악이 가져오는 오래된 기억

또는 감정들을 알아차리는가? 어떠한 평가 없이 당신의 감정들을 지켜보라. 단순히 그것들에 주목하라.

당신 자신을 음악의 한 부분으로서 시각화하라. 당신은 소리와 리듬의 흐름을 타고 그것들과 동화될 것이다.

만약 당신의 주의가 음악을 듣는 동안 방해받는다면, 차분하게 당신의 주의를 음악으로 되돌리라.

한번 음악이 끝나면, 당신이 단순히 무엇을 들었는지에 대해 잠시 동안 생각하는 시간을 가지라. 음악에 대해 기억하려고 느끼면서 앉아 있으라. 깊은 호흡을 하고 눈을 뜨라.

참고자료

만약 당신이 휴식을 위해 음악을 듣기를 원한다면, 당신은 「The Most Relaxing Songs of All Time, According to Science」라는 기사에서 당신이 쉴 수 있도록 도와주기 위해 작곡된 10곡 정도의 음악을 찾을 수 있다. 또한 당신이 Amazon에서 CD, MP3 또는 카세트 형식으로 찾을 수 있는 〈Mozart for Meditation-Quiet Music for Quiet Times〉를 참고하라.

#48. 겸손함을 기르라

겸손함에 대해서 과소평가되고 잘못 이해된 부분들이 많이 있다. 특히 서양 문화와 오늘날의 정치적 성향에서 겸손함은 약함 또는 불안전함으로 여겨질 수 있다.

우리는 때때로 우리에게 위협을 준다고 느끼는 다른 사람들에게 반대하거나 그 사람들을 이기려고 경쟁적으로 반응을 한다.

겸손함은 마음챙김으로 가는 길을 열어 주는 가치 있는 미묘한 개념이다. '겸손함'이라는 단어는 '현실에 기반을 둔(grounded)'이라는 라틴어 humilis에서 유래한 것이다. 당신은 겸손할 때 충분한 자기확신에 차 있어서 스스로를 자랑할 필요가 없고, 방어적으로 행동하거나 자화자찬을 할 필요가 없는 상태에 기반을 둔다.

당신은 겸손함을 연습할 때 의도적으로 당신을 '나 먼저'라는 마음의 틀 속에서 자신이 남들보다 우위에 있다고 여기는 행동과 생각을 내보낸다. 겸손함을 향해 나아가는 것은 당신이 더 이상 당신을 다른 사람들보다 위에 있다고 여기거나 다른 사람들보다 아래에 있다고 여길 필요가 없는 성장 경험이다.

당신은 다른 사람들과 자신을 비교할 때 확실한 중립의 감정을 가져야 한다. 당신은 당신 자신의 강점과 약점을 정확하게 관찰하고, 심지어 어떤 상황에서 누군가 당신보다 '아래에' 위치해 있을 때도 모든 사람이 고유한 가치를 가지고 있다고 인식해야 한다.

불교와 같은 많은 영적인 전통에서는 겸손함을 일구는 것을 깨우침을 얻는 길에 있어서 필수적인 단계로 여긴다. 사실상 겸손함, 감사함, 그리고 마음챙김은 본질적으로 밀접하게 관련되어 있다.

당신이 다른 사람들에게 감사함에 집중할 때, 당신은 의도적으로 다른 사람들의 다양한 인생이 당신을 어떻게 도와줄지에 대해 주의 깊게 생각한다. 다른 사람들에 대한 감사함과 당신 내부의 의존성을 인식하면서 당신은 더 겸손해진다.

겸손함을 갖는 것은 당신을 더 매력 있고 다가가고 싶게 만들어 주는 부가적인 이점을 지닌다. 『The Journal of Positive Psychology』에서는 사람들이 낮은 겸손함을 가지고 있는 사람들보다 더 높은 겸손함을 가진 사람들과 데이트하기를 원한다는 내용의 논문인 「Social Benefits of Humility: Initiating and Maintaining Romantic Relationships」를 발표했다.

당신은 아마도 당신의 일하는 곳이나 사적인 생활에서 지도자의 위치에 있는 사람들과 겸손함을 연습한 사람들을 일반적으로 사람들이 더 좋아하고 존경한다고 느꼈을 것이다. 위대한 지도자들은 그들 자신을 보호하기 위하여 다른 사람들을 비난하거나 주목받는 것을 빼앗으려고 하지 않는다. 그들은 겸손함과 관대함을 통해 주위 사람들에게 이런 것들을 장려하거나 동기를 부여한다.

겸손함을 연습하는 것은 일상의 마음챙김 습관에 집중할 수 있게 해 주는 동시에 다른 사람들과의 일상적인 상호작용에서도 적용된다.

활동계획

당신이 방해받거나 간섭받지 않을 만한 조용한 공간을 찾으라. 당신의 디지털 기기를 모두 끄거나 무음 모드로 하라. 연습을 시작하기 전에 의자에 앉고, 심호흡을 하며, 차분하게 호흡을 하라.

당신의 마음이 차분하고 조용해지면 당신의 강점과 약점에 대해 잠시 동안 생각하라. 이런 특징들을 정직함과 명료함을 갖고, 자기방어적으로 생각하지 말고, 당신과 가장 친한 친구가 당신을 묘사하는 것처럼 생각하라.

다음으로, 당신이 당신의 강점을 발전시킬 수 있게 도와준 사람들과 당신이 강하지 않을 때 또는 무언가를 이뤄 냈을 때 당신을 지원해 준 사람들에 대해 생각하라. 이런 방법으로 당신의 인생에 영향을 준 사람들에 대한 감사함에 집중하라.

잠시 동안 당신의 하루를 검토하고 오늘날 어떠한 방법으로 당신을 도와주거나 당신의 삶을 더 안정되게 만들어 준 모든 사람을 조용히 떠올리라. 그 대상은 어떠한 사람이든 될 수 있다. 예를 들어, 당신이 과제를 완성하는 것을 도와준 동료 직원에게 커피를 만들어 준 스타벅스의 바리스타가 될 수도 있다.

마지막으로, 어떤 일에 대한 판단, 자기방어, 불안정,

또는 당신이 갖고 있는 자부심 등 어떤 감정이든 떠올리라. 어떻게 겸손함이 당신의 이런 감정들을 풀어 줄 수 있는가? 당신의 이런 부정적인 감정들을 겸손함과 함께 엮어 풀어내라. 당신이 알고 있는 것이 항상 최고는 아니며, 당신의 방법은 오직 하나의 방법이 아니고, 당신은 다른 사람들보다 더 낫거나 더 별로가 아니라는 것을 명심하라.

당신이 일상으로 돌아가기 전에 이 과정을 몇 번의 심호흡과 함께 끝내라. 앞서 10분의 과정을 하는 동안 당신이 발전시킨 겸손함의 에너지를 사용하고 이것을 하루 동안 당신이 만나는 사람들에게 적용하라. 감사함을 표현하고, 다른 사람들을 인식하고, 도움을 제공하고, 누군가를 챙겨 주며, 판단을 보류하라.

참고자료

겸손함을 인생에서 증명한 사람들의 이야기로부터 영감을 받고 싶다면, 팻 윌리엄스(Pat Williams)와 짐 데니(Jim Denney)의 책 『Humility: The Secret Ingredient of Success』를 참고하라.

또한 시기에 맞는 책인 에드워드 D. 헤스(Edward D. Hess)와 캐서린 루드윅(Katherine Ludwig)의 책 『Humility is the New Smart: Rethinking Human Excellence in the Smart Machine Age』를 참고

하라.

그리고 만약 당신이 영적인 연습으로서 겸손함에 관심이 있다면, 제이슨 그레고리(Jason Gregory)의 책 『The Science and Practice of Humility: The Path to Ultimate Freedom』을 참고하라.

#49. 성장하는 마음가짐을 연습하라

스탠퍼드 대학교(Stanford University)의 심리학 교수이자 동기 분야에서 세계적으로 저명한 학자 중 하나인 캐롤 드웩 박사(Dr. Carol Dweck)는 업적과 성공에 대한 연구를 수십 년간 해 왔고, 연구를 통해 그녀는 우리의 마음가짐(mind-set)의 힘에 대해 획기적인 무언가를 발견했다(『Mindset: The New Psychology of Success』).

그녀는 재능과 기술이 성공의 유일한 요소가 아니라는 것을 밝혔다. 가장 중요한 요소는 우리가 '고정된 마음가짐' 또는 '성장하는 마음가짐' 중 무엇을 갖고 있는가이다.

이런 고정된 마음가짐을 가진 사람들은 그들의 지능, 재능, 그리고 능력들이 고정되어 있다고 믿지만 그들은 이런 능력들을 계속해서 발전시키는 데 위기의식을 가지고 있다. 최종 목표는 모든 면에서 똑똑하고, 가능성 있고, 실패를 피하려고 하는 것이다. 이런 사람들이 실패를 겪으면, 그들은 그것이 그들의 능력과 자아가치에 직접적으로 영향을 준다고 생각한다.

성장하는 마음가짐을 가진다면, 당신은 변화가 가능하고 심지어 필수적이라고 믿는다. 당신은 실패를 세상의 끝이라 여기지 않으며 그것들을 배움의 기회로 삼는다. 당신은 위험이 와도 편안한 마음을 가지면서 심지어 위기가 기회가 될 수 있다는 것을 찾는다.

당신은 무언가를 더 열심히 시도하며 도전하기를 원하고, 당신이 인식하고 있는 한계를 넘어서려 하며, 다른 사람들이 어떤 일에 대해 당신이 성공할 가능성이 없다고 여기는 일들을 하게 된다.

드웩 박사의 연구는 성장하는 마음가짐이 배움의 기쁨과 중대한 성공을 위한 본질이 되는 회복력을 생성하게 해 줌을 보여 준다. 성장하는 마음가짐은 사업, 교육, 개인적인 습관, 인간관계, 그리고 운동에서 동기와 생산성을 제공한다.

드웩은 이렇게 말한다. "성장하는 마음가짐에서, 사람들은 그들의 가장 기본적인 능력들이 헌신과 힘든 일을 통해서 발전할 수 있다고 믿는다. 뇌와 재능은 단지 시작점이다."

운 좋게도, 드웩 박사는 당신의 마음가짐을 고정된 것에서 성장하는 것으로 바꿀 수 있는 가능성이 있다고 밝혔다. 우리의 마음가짐은 연속체로서 존재하고, 특정한 전략을 적용시킴으로써 당신은 성장을 향해 연속선상에서 더 나아갈 수 있다.

성장하는 마음가짐을 강화시키기 위한 전략은 마음챙김을 활용하는 것이다. 성장하는 마음가짐을 가진다면, 당신은 과거 또는 미래에 얽매이지 않는다(당신이 목표와 계획을 만드는 것을 제외하고). 당신은 새로운 가능성에 마음을 열며 현재에 집중하고, 지금 이 순간에 주의를 집중하며 당신의 한계를 늘린다.

당신이 다시 당신의 마음가짐에 주의를 집중하고 고정된 마음가짐에서 성장하는 마음가짐으로의 변화를 위해 노력한다면, 당신은 당신의 하루 동안의 방향을 바꿀 수 있다. 당신은 당신 자신과 당신의 능력에 대한 믿음을 변화시키는 노력을 하면서 간단히 마음의 평화를 향상시킬 수 있다.

활동계획

방해 없이 생각하기 위해 조용한 공간을 찾고 펜과 종이를 사용해 적으라. 당신 자신의 마음가짐에 대해 조용한 자기평가를 하는 것으로 시작하라. 눈을 감고, 심호흡을 하고, 숨을 고르며, 당신 자신에게 당신이 고정된 마음가짐을 어떻게 강화시키고 있는지에 대해 물어보라.

당신이 과거에 있었던 위기로 도전, 실패, 또는 가능성에 대해 어떻게 반응했는지에 주목하라. 당신이 얼마나 종종 자신의 한계를 단정 짓고, 잠재력을 낮추며, 또는 누군가가 당신이 잘못됐다고 말할 때 발끈하는가? 실수를 하거나 무언가에 실패했을 때, 당신은 어떤 자세를 취하는가? 당신의 대답을 적으라.

당신을 고정된 마음가짐으로 되돌려 놓는 요소들에 대해 생각하라. 특정한 도전을 마주할 때 불안정감을 느끼는 것은 당연하다. 어떤 믿음이나 사건들이 당신으로부터 그런 반응들을 유발하는가? 마찬가지로 이 질문들에 대한 당신의 대답을 적으라.

다음으로, 이런 고정된 마음가짐과 태도들에 대해 질문하라. 어떤 방법으로 당신이 더 열심히 노력하기 위해 스스로에게 도전하고, 당신의 고정된 한계를 넘어서며, 실패나 실수를 긍정적인 시선으로 바라볼 수 있는가? 어떤 방법을 사용해야 기회를 잃기보다 얻을 수 있는가? 이 질문들에 대한 당신의 생각을 적으라.

성장하는 마음가짐으로 변화하기 위한 중요한 부분은 이러한 개념 뒤에 있는 과학(「Dr. Dweck's Research into Growth Mindset Changed Education Forever」)을 이해하는 것이다. 드웩 박사는 사람들 각자가 가진 자신의 지능에 대한 믿음은 그들의 동기, 노력, 그리고 도전을 향한 접근에 상당한 영향을 끼친다고 밝혔다.

드웩의 연구와 신경가소성에 대한 이전의 수년간의 연구에 따르면, 뇌는 배움을 통해 성장할 수 있고 지능은 높일 수 있다.

잠시 동안 이런 연구들에 집중하고 그것들이 당신에게 어떤 의미를 주는지 생각하라. 당신 자신에게 긍정적인 말을 반복하라. "나는 내가 믿는 것보다 더 잘할 수 있고 성취할 수 있다. 나는 도전을 받아들인다. 나는 끊임없이 노력한다. 나는 노력을 성공을 위한 길로 여긴다. 나는 비판과 실패를 통해 배울 수 있다."

이 새로운 습관을 활성화시키기 위한 요점은 그것을 일상에서 적용하는 것이다. 마음가짐의 과학을 아는 것은 당신에게 가능성의 문을 열어 주고 당신의 한계를 넘어서는 방법을 찾아 준다. 당신이 목표를 향해 일하는 과정을 즐기는 동안 높은 기준을 세우고 당신이 그것을 이룰 수 있다고 가정하라.

참고자료

캐롤 드웩 박사의 책 『Mindset: The New Psychology of Success』를 읽고, 당신이 향상시킬 수 있는 믿음의 힘에 대한 그녀의 TED Talk 〈The Power of Believing That You Can Improve〉를 보라.

#50. 당신의 신체언어에 주목하라

─────

마음챙김 말하기와 적극적인 듣기를 연습하는 것은 당신의 인간관계의 질을 향상시켜 주는 고도로 가치 있는 전략이다. 하지만 효과 있는 마음챙김 의사소통은 당신의 입과 귀를 넘어서는 것을 포함한다. 이것은 당신의 몸 전체를 포함한다.

당신은 단어를 사용하기보다 당신의 몸과 얼굴에 드러나는 표현으로 당신의 진짜 감정과 의도를 다른 사람들과 소통한다.

사회심리학자이며 작가이자 문학가인 에이미 커디(Amy Cuddy)는 TED Talk 〈Your Body Language May Shape Who You Are〉에서 이렇게 말한다. "우리는 신체언어(body language)를 통해 광범위한 판단과 추론을 한다. 그리고 이런 판단들은 우리가 누구를 고용하거나 승진시킬 때, 데이트를 요청할 때, 정말로 의미 있는 삶의 결과들을 예측할 수 있게 해 준다."

하지만 우리의 신체언어는 단지 다른 사람들이 우리를 인식하는 방법에만 영향을 주지 않는다. 이것은 우리가 우리 자신을 느끼는 방법을 바꿀 수 있다. 에이미 커디의 연구에 따르면, 더 많은 '힘을 얻는 자세(power poses)'를 얻기 위해 우리의 신체언어를 바꾸는 것은 일, 인간관계, 그리고 당신의 모든 노력에 대한 성공에 영향을 줄 수 있다.

많은 자세는 당신의 몸을 열고 공간을 차지하면서 당신이 좀 더 자신감 있고 강력하다고 느낄 수 있게 해 준다.

당신의 얼굴이 찌푸려져 있는 상태이거나, 팔을 방어적으로 꼬고 있거나, 몸이 퍼져 있을 때, 당신이 당신 자신에 대해 어떻게 느끼는지에 대해 생각하라. 당신이 웃고, 똑바로 서거나 앉아 있고, 기지개를 펴고, 어깨를 똑바로 펼 때, 당신은 더 많이 긍정적이고 자기확신을 느낀다.

대부분의 우리는 얼굴 표정을 짓거나 신체적 표현을 하면서 다른 사람들에게 보내는 신체언어 메시지에 대해 의식하지 않는다. 하지만 다른 사람들을 단순히 관찰하면서, 당신은 그들의 신체언어가 당신이 그들을 어떻게 지각하는지에 영향을 줄 수 있다는 것을 인식한다. 이것은 당신에게도 똑같이 적용된다. 다른 사람들은 당신에게 주목하고, 이것은 그들이 당신에게 어떻게 반응할지에 영향을 준다.

당신이 말을 사용하지 않는 신호에 대해 마음챙김으로 대할 때, 당신은 다른 사람들이 당신을 보는 방법을 바꿀 수 있고 당신이 당신 자신을 느끼는 방법을 바꿀 수 있다. 에이미 커디는 독자들에게 "우리의 몸은 우리의 마음을 바꿀 수 있고, 우리의 마음은 우리의 행동을 바꿀 수 있으며, 우리의 행동은 우리의 결과를 바꿀 수 있다."라고 상기시킨다.

이것은 당신이 어떻게 세상에서 신체언어를 표현하는지, 당신이 신체언어로 의사소통하는 것이 무엇인지, 그리고 당신의 움직임이나 표현들이 당신 자신에 대해 어떻게 느끼게 하는지에 집중하는 것이다.

활동계획

당신이 방해받지 않을 만한 조용한 장소를 찾으라. 심호흡을 하고, 숨을 고르고, 당신의 몸에 대해 살피라. 당신이 의자에 앉을 때 어떻게 느끼는지에 주목하라. 어떤 육체적 느낌, 고통, 또는 불편함에 주목하라.

머리부터 발끝까지 빠르게 보디 스캔을 하고, 당신 몸의 각 부분에 대해 순간적으로 집중해서 당신의 몸을 온전히 느끼라.

당신이 감정적으로 어떻게 느끼는지에 집중하라. 당신은 차분한가, 긴장하고 있는가, 스트레스를 받고 있는가, 불안해하는가, 불안전한가, 지루한가, 이중적인가? 이런 활동을 통해 당신의 일반적인 마음 상태를 확인하고 당신의 몸의 위치를 바꾸기 시작하라.

다음으로, 당신이 지금 당장 어떻게 앉아 있는지에 대해 생각하라. 당신의 몸의 위치는 어떻게 되어 있는가? 당신은 '구부정한 자세로' 자기방어적인가 또는 개방적이고 수용적인가?

잠시 동안 곧게 앉고, 기지개를 펴고, 어깨를 펴며, 팔과 다리를 반대 방향으로 스트레칭해서 당신의 몸을 더 강렬하고, 열려 있고, 수용적인 상태로 만들라. 당신의 손을 머리 뒤로 하고 팔꿈치를 잡아 스트레칭 하고 편안한 CEO와 같이 의자에 기대라.

마치 당신이 완전한 자기확신과 행복감으로 따뜻한 불빛에 미소를 짓는 것처럼 당신의 얼굴에 온화한 미소를 보이라.

이 자세로 잠시 동안 앉아서 당신 안에 있는 힘, 자신감, 그리고 즐거움에 대해 열린 마음으로 자신을 느끼라. 당신이 육체적으로 더 공간에 열려 있고 공간을 차지하고 있을 때 당신 자신에 대한 감정이 어떻게 변하는지에 주의를 집중하라. 당신 자신에게 웃는 것이 어떻게 당신의 마음 상태를 바꾸는지에 주목하라.

이 자세로 잠시 동안 앉은 후에 까치발을 들며 일어서라. 어깨를 뒤로하고 턱을 들며 같은 자세를 유지하라. '슈퍼맨' 자세로 당신의 엉덩이에 손을 두고 다시 미소를 지으라. 그 이후에 마치 당신이 방금 큰 경기에서 이긴 것처럼 팔을 머리 위로 올려 V자 자세를 만들라.

약간 바보 같은 것을 제외하고, 이 자세는 당신에게 무엇을 느끼게 하는가? 당신 자신이 자신감을 뿜어내고 한 줄기 빛과 같이 가슴에서 나오는 매력을 풍기는 것을 상상하라.

다시 앉아서 당신의 감정을 재평가하라. 당신은 지금 어떤 감정을 느끼는가? 이런 자세들을 연습하는 것은 당신에게 좋은 종류의 감정을 느끼게 하는가? 당신은 당신의 신체언어가 당신 자신과 주변 사람들에게 어떻게 영향을 주는지에 대해 좀 더 알게 되었다고 느끼는가?

당신이 자기확신을 느끼고 드러내기를 원하는 다른 사람들과 함께 하는 일을 하기 전에 이 활동을 통해 다시 자신감과 힘을 얻으라.

당신은 일상에서 힘 있는 자세(power poses)를 연습함으로써 자존감을 계속 쌓을 것이고, 다른 사람들에게 자신을 표현할 때 더 마음을 챙길 수 있을 것이다.

참고자료

당신이 어떤 종류의 신체언어를 가지고 있는지 알기 위해 에이미 커디의 TED Talk 〈Your Body Language May Shape Who You Are〉를 시청하라. 또한 그녀의 책인 『Presence: Bringing Your Boldest Self to Your Biggest Challenges』를 참고하라.

만약 당신이 구체적인 몸짓과 자세가 무엇을 의미하는지, 그리고 그것들이 다른 사람들에게 어떻게 해석되는지에 대해 배우고 싶다면, 바바라 피즈(Barbara Pease)와 앨런 피즈(Allan Pease)의 책 『The Definitive Book of Body Language: The Hidden Meaning Behind People's Gestures and Expressions』를 읽으라.

#51. 웃으면서 쉬는 시간을 가지라

우리는 모두 웃음의 긍정적인 영향을 경험했다. 구약성서에서도 상기시키듯이 "즐거운 마음은 좋은 약과 같다."

유머는 당신이 어려운 상황을 더 현실감 있고 덜 주눅 들게 하는 방향으로 바라보게 해서 당신이 심리적 거리감을 두면서 좀 더 효과적으로 대처할 수 있게 해 준다.

이것은 또한 당신이 억울함, 평가, 비판, 그리고 의심으로부터 멀어지도록 도와준다. 다른 사람들과 웃음을 나누는 것은 당신의 인간관계를 강화시키고, 관계를 증진시켜 주며, 충돌을 완화시켜 준다.

유머는 모두에게 인정받는 국제적인 언어이다. 배리는 기분을 좋게 만들고 싶을 때 자신을 웃게 해 주는 가장 친한 친구를 부르고, 그렇게 함으로써 그녀에게는 힘이 생긴다.

「Scientists Hint at Why Laughter Feels So Good」이라는 연구 결과에서는 웃음이 다소 심오한 신체적 이득을 준다고 밝혔다. 이것은 엔도르핀이라고 불리는 고통을 죽이는 호르몬을 발생시켜 실제 고통을 감소시킬 수 있다. 이것은 또한 T세포와 인터페론, 그리고 면역 단백질을 생산해 면역체계를 강화시켜 준다. 그리고 상당한 수준으로 코르티솔 정도를 낮추어 스트레스를 감소시킨다.

웃음은 일반적으로 자발적이지 않은, 자신도 모르게 나오는 불수의적 반응이며, 당신이 당신 자신을 강요해서 나올 수 있는 것이 아니다. 이것은 당신의 뇌에 있는 메커니즘에 의해 유발되고, 당신의 숨 쉬는 패턴, 드러나는 감정 표현, 그리고 심지어 당신의 팔과 다리에 있는 근육에도 영향을 끼친다.

우리는 대부분의 시간을 심각한 일 혹은 보통의 일을 하면서 보내는데, 특별히 전문적인 태도를 요구하는 일을 할 때는 특별히 웃음과 같은 재미도 그만큼 필요하다. 부정적인 소식들, 당신이 마주하는 어떤 개인적이거나 직업적인 도전, 그리고 당신이 일상적인 책임을 져야 하는 경우에 웃음은 때때로 당신이 여유롭게 가질 수 없는 사치로 느껴진다.

하지만 웃음과 함께 당신의 하루를 보내는 것은 당신의 노력을 더 가치 있게 만드는 마음챙김 습관이다. 작가이자 웅변가이며 암을 극복한 데비 우드버리(Debbie Woodbury)는 『Huffington Post』지의 「Laughing Your Way to Mindfulness」라는 기사에서 이렇게 말한다.

> 만약 마음챙김이 활동적인 상태이고, 현재의 순간에 주의를 요하는 것이라면, 웃음보다 더 마음챙김적인 것이 어디 있는가? 무언가 스치듯이 당신을 재밌게 할 것이고, 당신은 웃을 것이다. 만약 당신이 이것을 분석한다면, 그것은 더 이상 재미있는 것이 아니게 된다. 그 순간 동안 웃음과 재미는 당신이 가지고 있는 모든 것이다. 당신은 다시 아이처럼 돌아가 그 순간을 당신의 반응을 조절하거나 분석하지 않고 즐길 수 있다.

마음챙김은 항상 주의를 집중하고 마음을 정리하는 것을 요구하지 않는다. 현재의 순간을 최고로 의식하는 것은 자연스럽게 배가 아플 정도로 웃는 것이다.

당신이 하루 동안 웃으면서 쉬는 시간을 가짐으로써, 당신은 더 편안하고 긍정적이고 즐겁게 인식하면서 하루를 즐길 수 있는, 더 높은 공간으로 이끌어 주는 정신적인 휴식처를 얻을 수 있다.

활동계획

웃음은 주변에 동료들이 있을 때 가장 잘 즐길 수 있지만, 당신은 다른 사람들이 당신의 주변에 없을 때에도 잠시 동안의 웃음을 즐기기 위해 당신만의 유머를 찾을 수 있다.

당신이 웃음과 함께 하는 휴식 시간을 가질 때에는 일을 치우고, 어떠한 업무나 과제로부터 멀어지면서, (당신이 그것을 웃음을 위해 사용하지 않는다면) 당신의 휴대폰을 끄고, 재미를 갖고 유머를 즐기기 위한 순간을 가져라.

여기 마음챙김 습관으로서 당신 자신만이 추구할 수 있는 11가지의 웃음 아이디어가 있다.

1. 당신의 일생에서 재미있는 사건 또는 상황에 대해 생각하라. 눈을 감고 그 순간을 다시 체험하며 크게

웃으라. 예를 들어, 배리의 약혼자인 론은 최근에 그들의 개에게 다운 조끼를 입혔다. 조끼를 입은 개가 집 주변을 뛰어다니는 것을 본 기억은 그녀를 웃게 만들었다.

2. 거울을 잡고 당신의 얼굴을 바보 같은 표정으로 만들라.

3. 이상한 방법으로 당신을 강제로 웃게 하라. 그러면 당신은 진짜로 당신 자신을 보고 웃기 시작할 것이다.

4. 유튜브 또는 페이스북에서 웃긴 영상들을 찾고, 그중 몇 개를 보며 당신이 크게 웃도록 만들라. 웃긴 영상들은 〈America's Funniest Home Videos〉(https://www.cracked.com)에서 찾으라.

5. Funny or Die(https://www.funnyordie.com)와 Cracked(https://www.cracked.com) 같은 유머 관련 블로그를 참고하라.

6. 다른 사람이 보고 웃었던 영상을 보면서 웃음이 얼마나 실제로 전염되는지 보라.

7. 당신의 컴퓨터나 휴대폰에 있는 Pandora 또는 iTunes의 '코미디' 장르에서 몇몇 코미디언이 만들어 놓은 것을 들으라.

8. 손에 들고 다닐 만한 유머러스한 내용의 책 또는 만화를 들고 다니면서 보라. 배리가 가장 좋아하는 유머 관련 작가 중 한 사람으로는 『Me Talk Pretty One Day』와 『When You Are Engulfed in Flames』의 작가인 데이비드 세다리스(David Sedaris)가 있다.

9. 만약 당신의 근처에 텔레비전이 있다면, 당신이 가장 좋아하는 재미있는 영화의 한 장면을 틀거나 당신이 한동안 보지 않았던 가장 좋아하는 코미디 쇼를 되돌려서 보라.

10. 재미있는 핀터레스트[Pinterest, 역자 주: 벽에 물건을 고정할 때 쓰는 핀(pin)과 '관심사'를 뜻하는 인터레스트(interest)의 합성어]를 이용해 보드에다 당신이 가장 좋아하는 만화와 영상들로 만들라.

11. 재미있는 음악과 노래를 틀고 그것에 맞춰 춤을 추라.

당신이 웃는 습관을 한 후에 심호흡을 하고 당신이 어떤 감정을 느꼈는지 떠올리라. 당신의 기분이 좀 나아졌는가? 당신의 스트레스는 해소되었는가? 당신은 당신의 일과 일상 활동으로 돌아가기 위한 더 많은 힘과 동기를 얻었는가?

만약 당신이 웃는 일을 일상의 마음챙김 습관으로 정했다면, 그것이 당신을 어떤 방법으로 육체적이며 감정적으로 변화시킬지에 주의를 집중하라. 당신이 웃음에 대한 가치를 인식할 때, 당신은 그것을 다른 사람들과 공유하기를 바랄 것이고, 이것은 더 나아가 당신에게 긍정적인 영향을 끼칠 것이다.

참고자료

유머와 웃음이 주는 건강의 이득에 대한 기사 「Laughter is the Best Medicine」과 당신의 삶에 더 많은 웃음을 가져다주는 22가지 방법에 대한 기사 「How to Laugh More-22 Ways to Bring More Laughter into Your Life」를 참고하라.

당신은 또한 우리가 왜 웃는지에 대한 소피 스콧(Sophie Scott)의 TED Talk〈Why We Laugh〉를 즐길 수 있다.

#52. 사랑과 친절의 명상을 연습하라

하루 동안 다른 사람들과 상호작용한다는 것은 마음을 챙기면서 사는 데 도전이 될 수 있다. 사람들은 종종 우리의 가장 민감한 부분을 건드리는 말을 하거나 행동을 한다. 그들이 의도했든 그렇지 않았든 상관없이 삶과 일에 완전히 집중하는 것을 어렵게 하는 우리의 불안정감을 조성할 수 있다.

우리 주위의 이런 사람들은 무심결에 우리에게 그들의 화, 부정적 태도, 그리고 억울함 같은 감정들을 전염시킬 수 있다. 그들은 우리가 차분하고 심사숙고하여 반응하는 것을 힘들게 한다. 어려운 상사, 질투가 많은 직장 동료, 또는 공격적인 성격을 가진 친구는 다른 사람들의 차분하고 행복한 날을 망칠 수 있다.

다른 사람들과의 쉽지 않은 상호작용으로 인해 생기는 고통으로부터 당신 자신을 지키는 최고의 방법 중 하나는 사랑과 친절의 명상법(loving-kindness meditation)을 연습하는 것이다.

사랑과 친절은 비판적이지 않고, 수용하는 자세를 가지며, 우리 자신과 다른 사람들에 대한 이해로 정의될 수 있다. 스티브와 배리는 그들의 책『Declutter Your Mind』에서 이렇게 말했다. "이런 종류의 명상법은 심지어 다른 사람들을 대하기 어려울 때에도 동정과 사랑을 받아들임으로써 다른 사람들에 대한 우리의 이해도를 높여 관계의 충돌을 줄이고 당신의 행복을 챙길 수 있게 한다."

사랑과 친절의 마음챙김은 조건이 없다는 것이다. 이것은 누군가 '가치가 있든' 없든 상관이 없다. 또한 이것은 당신의 친구들이나 가족에게만 국한되지 않는다. 더 나아가 사랑과 친절의 마음챙김법은 당신이 알고 있는 모든 지각 있는 것을 포함한 사람들로부터 퍼져 나갈 수 있다.

당신이 사랑과 친절의 명상법을 연습할 때, 당신은 보상에 대한 어떠한 기대도 가져서는 안 된다. 이 명상법은 조건이 없는 사랑의 활동으로 일상적인 명상 연습으로부터 발전한다. 하와이에 있는 Insight Meditation Society, Kyaswa Retreat Center의 지도 교사인 스티븐 스미스(Steven Smith)는 "그 연습은 마음과 감정을 부드럽게 하여 친절함과 순수한 사랑의 감정을 더 깊게 느끼게 한다."라고 말한다.

사랑과 친절의 명상법은 호의와 관련된 간단한 활동이 아니다. 이것은 당신의 관계와 세상을 보는 당신의 관점에 깊은 영향을 끼친다. 연구 결과는 이것이 사랑, 즐거움, 만족감, 감사함, 자신감, 희망, 흥미, 기쁨, 그리고 경외감 같은 감정을 북돋아 다른 사람과의 연결관계를 더 끈끈하게 만들어 준다고 밝혔다.

이것은 당신이 다른 사람들과 함께 있는 현재를 더 느끼게 하고, 더 많은 공감 능력을 길러 주며, 당신 주위의 부정적인 감정들에 덜 반응할 수 있게 도와준다.

활동계획

방해나 간섭을 받지 않는 조용한 장소를 찾으라. 편안한 자세로 의자 또는 바닥에 앉으라. 당신이 어떠한 명상을 하더라도 몇 번의 심호흡을 하고 시작하라.

심리적 또는 정서적인 괴로움, 자기비판, 또는 자기험

오 등 어떠한 영역에 주의를 집중하라. 당신은 먼저 당신 자신에게 동정과 사랑을 보여 주는 것으로 사랑과 친절의 명상법을 시작할 것이다.

편하게 숨을 쉬면서 다음의 구절들을 크게 말하거나 당신 자신에게 되새기라.

- "나는 내 안과 밖의 해로운 것과 위험한 것으로부터 안전하다."
- "나는 안전하고 보호받고 있다."
- "나는 정신적으로 고통받거나 괴로움을 받는 것으로부터 자유롭다."
- "나는 행복하다."
- "나는 육체적인 고통과 아픔으로부터 자유롭다."
- "나는 건강하고 강하다."
- "나는 이 세상을 편함과 함께 행복하게, 평화롭게, 즐겁게 살 수 있다."

당신이 이 구절들을 말한 후에 배우자, 부모님, 또는 아이들과 같이 당신의 삶에서 순수한 사랑의 감정을 가장 많이 준 사람에게 집중하라.

그 사람을 위해 같은 구절을 반복하라. "그 또는 그녀는 안과 밖의 해로운 것과 위험한 것으로부터 안전하다."와 같은 식으로 말하라. 이어지는 구절들도 마찬가지로 반복하라.

친한 친구를 위해 같은 활동을 똑같이 해 보라. 그 이후에 (당신이 좋아하지도 싫어하지도 않는) 중립적인 사람을 위해 활동을 하고, 또 그 이후에는 당신이 어렵다고 느끼거나 당신에게 분함과 고통을 안겨 준 누군가를 위해 같은 활동을 하라. 마지막으로, 모든 것을 위해 제시된 모든 구절을 말하는 것으로 끝내라. "모든 것은 행복하다. 모든 것은 건강하고 강하다."

당신이 (당신 자신을 포함해서) 각각의 사람에게 이 구절을 반복할 때, 따뜻한 빛과 같이 당신의 몸 전체에 이것의 의미를 각인시키라. 당신의 마음과 감정을 사랑, 친절함, 그리고 애정으로 채우라. 사랑과 친절함으로 이 명상법을 연습할 때 당신의 안에 활성화되는 보이지 않는 힘이 있음을 느끼도록 노력하라.

따뜻한 빛과 같은 사랑과 평화로 둘러싸인 이 행성의 모든 것을 떠올리는 것으로 이 명상을 끝내라. 당신이 일상으로 돌아가기 전에 심호흡을 하는 것으로 이 명상을 끝내라.

#53. 방해와 간섭을 받을 때는
ABC 방법을 사용하라

당신이 세금을 지불하거나, 조리법을 따르거나, 새로운 기술을
배우기 위해 업무에 집중하거나, 또는 집에서 무언가를 완성하든
상관없이 당신의 하루 동안 집중을 방해하는 것은 어쩔 수 없이 생
겨난다.

심지어 만약 당신이 잠재적인 집중을 방해하는 것들을 줄이려
고 시도한다 해도 당신의 생각, 감정, 그리고 예상치 못한 간섭은 당
신을 당신이 하고 있는 일로부터 멀어지게 하고 당신의 흐름을 끊
는다.

하지만 당신은 ABC 방법이라고 불리는 간단한 마음챙김 기술을 사용함으로써 당신의 집중도를 끌어올리고 당신이 해야 하는 일로 부터 벗어나게 하는 집중을 방해하는 것들을 자동적으로 멈추기 위해 당신의 뇌를 훈련시킬 수 있다.

활동계획

당신이 집중을 방해하는 것을 알아차렸을 때, ABC 방법의 'A' 방법으로 시작하라. 'A'는 인식(awareness)을 나타낸다. 이것은 당신이 그 순간에 하고 있는 모든 것을 멈추고 집중을 방해하는 것을 인지하게 한다. 당신은 "여기 집중을 방해하는 것이 있고, 나는 이것을 위해 선택을 해야만 한다."라고 말할 수 있다.

다음으로, 심호흡을 하고(breathing) 당신의 선택지를 반영하는 것을 나타내는 'B' 방법을 실행하라. 당신은 집중을 방해하거나 간섭하는 것을 지금 당장 처리하기를 원하는가, 또는 그것을 묵살시키기를 원하는가?

마지막으로, 당신이 어떻게 집중을 방해하는 것을 다루기 원하는지를 마음 챙겨 선택하는 것(choosing)을 나타내는 'C' 방법을 실행하라. 만약 당신이 그것을 묵살시키기를 원한다면, 당신은 간단히 당신의 일에 다시 집중하면 된다. 만약 당신이 집중을 방해하거나 간섭하는 것을

다루기로 결정했다면, 당신은 매우 의도적으로 그렇게
해야 한다.

참고자료

당신이 집중을 방해하는 것을 마주할 때 당신의 주의 집중 능력
을 강화시키기를 원한다면, 토마스 M. 스터너(Thomas M. Sterner)
의 책 『The Practicing Mind: Developing Focus and Discipline in
Your Life』 또는 대니얼 골먼의 책 『Focus: The Hidden Driver of
Excellence』를 읽으라.

당신은 또한 집중력을 기르기 위해 리처드 세인트 존(Richard St.
John)의 TED Talk 〈The Importance of Focus〉를 즐길 수 있다.

PART 6
저녁의
마음챙김 습관

#54. 당신의 하루를
마음챙김으로 끝내라

━━━━━━

우리는 지금까지 당신이 하루 동안 어떻게 마음을 챙겨야 하는지와 당신의 일과 관련된 업무들에 어떻게 더 생산적이고 더 집중할 수 있는지에 대한 많은 이야기를 했다. 하지만 하루가 끝날 때 당신은 지친 몸을 차에 싣고 마음을 챙기지 못한 채 집으로 향한다.

시계가 5시 또는 6시에 가까워질수록, 당신은 이전의 7시간 동안 다루었던 요구들과 활동들로부터 이미 지쳐서 생산적이 되기 어려워진다.

하지만 만약 당신의 일하는 날을 마음챙김으로 끝낼 수 있다면, 당신은 당신의 저녁 일상에서 마음을 더 편하게 할 수 있고 다음 날 더 생산적이고 평화롭게 일을 시작할 수 있다.

마음챙김 습관으로 당신의 하루를 끝내는 것은 매우 큰 발전이다. 당신이 일을 조금 더 하고 싶어 할지라도, 10분 안에 가게를 닫고 내일을 준비하는 것은 당신에게 더 나은 방향의 감각을 줄 것이다.

활동계획

눈을 감고, 심호흡을 하고, 당신이 하루 동안 이루어 낸 모든 것을 떠올리라. 당신 자신에게 당신이 이 모든 것을 오늘 하루 동안 끝냈다는 것을 인지시키고 당신이 이루어 놓은 것에 대해 감사하라.

당신이 내일 당장 해야 할 필요가 있는 아직 끝내지 못한 어떠한 업무 또는 과제에 대해 메모를 하라. 당신의 하루 동안의 전화, 활동, 그리고 계획의 개요를 짜는 것으로 다음 날을 계획하라. 당신이 문을 나설 때 1개 또는 2개의 마음챙김 습관을 행하는 것을 명심하라. 당신이 하루의 계획을 그 전날 구성한다면, 당신은 이미 아침에 일을 시작할 때 게임에서 한 걸음 앞서 나가 있는 것과 다름없다.

지워도 되거나 5분 안에 응답할 수 있는 이메일들이 있는지 한번에 확인하라. 이것은 아침에 당신이 해야 하는 업무량을 줄이는 데 도움을 준다.

브라우저로 가서 당신이 열어 놓은 창들을 보고 하나씩 닫아 가라. 어떤 파일이든지 닫고 당신의 집중을 방해하는 컴퓨터 위의 물건들을 치우라. 아침에 상쾌한 기분으로 시작할 수 있게 당신의 컴퓨터 주변을 치우라.

당신의 책상을 정리하고 잡동사니들을 제거해 당신이

다음 날 아침에 깨끗한 환경에서 일할 수 있게 하라.

　문을 나서기 전에 당신에게 이렇게 되물으라. "내가 지금 당장 해야 할 필요가 있는 것이 있는가? 내가 잊어버린 것은 없는가?" 잠시 앉아서 어떤 것들이 떠오르는지 생각하고, 만약 아무것도 없다면 방을 떠나라.

참고자료

　「16 Things You Should Do at the End of Every Work Day」라고 불리는 기사를 참고하라. 「Here's Why Everyone Should Have a Work Shutdown Ritual」이라는 기사는 How Exceptionally Productive People End The Workday에서 볼 수 있다.

#55. 정신적인 짧은 방학을 가지라

　일하는 날(또는 학생, 부모, 또는 주부로서의 하루)이 다가올수록, 당신의 몸과 마음에는 많은 스트레스가 쌓인다. 당신은 지치거나 정신적으로 진이 빠질 것이다. 심지어 컨디션이 좋은 날일지라도 사소한 도전, 결정, 그리고 당신을 힘들게 하는 악조건들을 마주하게 된다.

만약 당신이 당신의 저녁을 마주할 때 하루 동안의 요구들로부터 평화로운 변화를 만들어 내지 못한다면, 집에서까지 불안감을 갖게 되는 것은 당연하다. 당신이 문을 열 때는 당신의 개인적인 환경이 하루의 스트레스와 좌절의 찌꺼기들에 영향을 받지 않도록 해야 한다.

배리의 아이들이 어렸을 때, 그녀는 아이들이 학교에 있다가 방과 후 활동으로 넘어갈 때 어떤 변화가 필요한지에 대해 생각해 보았다. 그들은 정신적으로 학교에 종일 있었다는 느낌에서 벗어나기 위해 스트레스 해소를 위한 발산 수단이나 놀이 수단을 필요로 했다.

어른인 우리는 집으로 가는 길에 아이들이 잠깐 놀이터에 들러서 놀다 가게 하거나 친구들과 밖에서 뛰어놀게 하는 마음의 여유를 갖지 못한다. 우리는 종종 직장에서 가졌던 일련의 책임감에서 집에서 갖는 또 다른 책임감—아이들 돌보기, 식사 준비하기, 그리고 집안일 하기—으로 넘어간다.

하지만 당신은 간단한 시각화 훈련인 정신적 방학을 사용해 당신의 직장 생활에서 가정 생활까지 마음챙김으로 변화를 만들어 낼수 있다. 당신은 완벽한 휴식을 시각화함으로써 차분하고 편안하며 행복한 마음가짐을 가질 수 있는데, 이것은 당신이 다음 책임감들로 평화롭게 넘어가도록 도와준다.

활동계획

당신의 짧은 심리적 휴식을 시각화하기 위한 최적의 장소는 당신이 일에서 벗어나고 집에 도착하기 전인 당신의 차 안이다. 당신은 주차장에 차를 세우거나 당신이 방해받지 않을 만한 평화로운 곳에 자리를 잡아도 된다.

당신은 또한 일을 끝내고 집에 가기 전에 몇 분 동안 조용하고 사적인 보호를 받을 수 있는 곳이나, 집에 갔더라도 당신의 낮 시간의 의무가 저녁의 의무로 넘어가기 전에 어떠한 장소에서라도 이 시각화를 연습할 수 있다.

눈을 감고 차분한 호흡을 하며 더 편안한 상태의 마음을 만들라. 당신의 몸이 풀리고 당신의 마음이 하루의 요구와 스트레스로부터 해방될 때까지 몇십 초 동안 호흡을 하라. 당신의 몸이 깊은 휴식으로 더 깊게 빠지도록 만들라.

다음으로, 당신이 완전하게 행복하고, 고요하고, 쉴 수 있다는 느낌을 주는 장소를 떠올리라. 이 장소는 당신이 과거에 휴식을 했던 장소이거나 단순히 어떤 장소일 수도 있다.

당신은 해가 비추는 아름다운 해변에서 파도를 보는 것에 대해 생각할 것이다. 또는 바위 위의 물방울 같은, 고통을 덜어 주는 느낌을 주는 수증기와 함께 나무가 무성한 조용한 숲을 상상할 수 있다.

당신의 평화로운 장소가 어디든 간에, 당신은 심리적으로 당신 자신에게 모든 감각을 사용해 빠져들어야 한다. 예를 들어, 당신이 해변에 있다면, 햇빛이 어떻게 물에 비치는지에 주목하고 하늘과 바다가 얼마나 푸른지에 빠져들어야 한다.

파도가 당신의 발을 씻어 주는 것을 느끼고, 당신의 발 아래에 있는 따뜻한 모래를 느끼라. 파도가 해안에 부딪히는 소리, 갈매기가 우는 소리, 해변에서 아이들이 노는 소리를 들으라. 바다 냄새와 당신이 일찍이 몸에 발라 놓은 선크림의 냄새를 맡으라.

분 단위로 상세히 그 장소를 느끼라. 그 장소의 긍정적인 감정에 주의를 집중하는 것은 당신을 일깨워 준다. 심리적으로 그 순간에 있는 당신 자신을 되돌아보고 휴식 장소에 있는 자신을 보라. 당신은 무엇을 하고 있는가? 당신이 보고 있는 것이 얼마나 고요하고 편안한지에 주목하고, 당신이 존재한다는 것이 얼마나 행복한 것인지를 알아차리라. 당신 자신을 매우 대견하게 여기면서 얼굴 전체에 미소를 지으라.

이 아름다운 장소의 차분한 에너지를 당신 몸 주위의 하얀 빛으로 상상하고 그것이 당신 속에 천천히 스며드는 것을 상상하라. 이제 당신은 당신 하루의 다음 부분으로 되돌아갈 때 이 짧은 방학의 평화와 즐거움을 가져갈 수 있다.

당신 주위를 다시 한번 바라보라. 당신이 원할 때면 언제든지 이 장소로 돌아올 수 있다는 것을 인지하라. 심호흡을 몇 번 더 하고 눈을 뜨라.

참고자료

당신이 해변을 걷고 있는 것 같은 기분을 만들어 줄 시각화 가이드(https://www.youtube.com/watch?v=ar_W4jSzOlM)와 당신이 숲을 걷고 있는 것 같은 기분이 들게 해 줄 가이드(https://www.youtube.com/watch?v=lgSbF_xH9LU)를 즐기라.

당신은 또한 이 20분짜리 Secret Garden Guided Meditation (https://www.meditainment.com/secret-garden-meditation-clarity)을 즐길 수 있을 것이다.

#56. 마음챙김 마사지를 하라

당신의 몸은 당신의 심리적, 그리고 정서적 상태와 복잡하게 얽혀 있다. 만약 당신의 하루가 너무 많은 요구와 스트레스를 받았거나 또는 당신이 인생의 도전과 관련된 긴 시간의 스트레스를 받고 있는 중이라면, 당신에게는 몇몇 좋지 않은 육체적 반응이 있을 만하다.

작가이자 내과 의사인 버니 시걸 박사(Bernie Siegal, MD)는 이렇게 말한다. "몸과 마음은 분리된 구성 단위가 아니라 하나의 통합된 시스템이다. 우리가 어떻게 행동하는지, 그리고 우리가 생각하고, 먹고, 느끼는 것은 모두 우리의 건강과 관련이 있다."

당신은 당신의 몸에 주의를 집중하고 당신이 불편하다고 느끼는 것에 주목함으로써 스트레스가 발생시키는 통증을 처리할 수 있다.

당신의 몸에 스트레스가 발생하는 하나의 장소는 당신의 근육이다. 당신은 근육이 꽉 쪼이고, 경련이 일어나고, 아프거나 지속적인 통증을 유발하는 것을 느낀 적이 있을 것이다.

근육통은 당신이 하루 종일 컴퓨터 앞에 앉아 있거나 육체적인 활동을 위해 근육을 과도하게 사용했을 때 악화될 수 있다.

배리는 일하는 동안 컴퓨터 앞에서 많은 시간을 보낸 결과 스트레스를 받아 목과 어깨 근육에 통증이 있었다. 하지만 스트레스로부터 오는 근육통은 다양한 근육에 영향을 끼칠 수 있고, 심지어 한 부분에서 다른 부분으로 통증이 옮겨 갈 수도 있다. 당신은 턱, 얼굴, 뒤통수, 가슴, 팔, 다리, 발뿐만 아니라 추가로 어깨와 목에서도 통증을 느낄 수 있다.

당신이 스트레스를 받거나 불안할 때, 당신의 몸은 스트레스 호르몬을 분비하여 당신 몸의 다양한 부분을 돌아다닌다. 이런 스트레스 호르몬은 위협을 지각하고 싸울 준비를 하도록 당신의 몸에 방출된다.

이 호르몬 자극의 반응들 중 하나는 근육의 축소이다. 근육은 잠재적인 공격으로부터 회복할 수 있는 몸을 만들도록 되어 있다. 하지만 우리가 받는 스트레스는 대부분 육체적인 것이 아니다. 그것은 생각과 감정이다. 하지만 그럼에도 불구하고 근육은 비상 준비 상태에 머무르면서 줄어들며 꽉 조여진다.

그 결과, 당신은 근육의 스트레스 반응 자극의 흔한 증상들인 두통, 근육의 뻣뻣함, 통증, 그리고 긴장을 경험하게 된다. 추가로 스트레스와 불안감은 또한 통증을 조절해 주는 몸의 능력에 영향을 줄 수 있고, 이것은 근육통을 더 확산시킬 수 있다.

마사지 치료법은 근육 긴장의 가장 잘 알려진 치료법들 중 하나이다. 이것은 근육 조직으로 직접적으로 다가가 근육이 긴장을 해소하고 고통을 지우게 만들어 준다. 이것은 또한 당신의 맥박이 천천히 흐르고, 혈압을 낮추며, 당신이 스트레스 호르몬을 덜 생성하게 해 주는 '휴식 반응'을 일으킨다. 결국 마사지는 혈액 순환을 향상시킬 수 있고, 신경 압박을 줄여 줄 수 있다.

당신이 매일 마사지 치료사에게 가서 시간 또는 돈을 사용할 수는 없지만, 당신은 스스로 마사지를 할 수 있고 이를 통해 똑같이 많은 이득을 얻을 수 있다. 사실상 자기 마사지를 통해 당신은 근육들의 긴장과 스트레스가 쌓이는 '장소'를 알게 될 것이고, 스트레스 요소들에 대해 마음챙김으로 대하는 동안 근육 긴장을 해소시키는 방법을 배울 것이다.

활동계획

편안한 자세로 의자 또는 바닥에 앉으라. 더 편안한 마음의 상태를 얻기 위해 몇 분 동안 마음챙김 호흡을 시작하라.

당신의 머리부터 시작하여 심리적으로 당신의 몸 전체를 분석하라. 어떤 부분에 통증이 있는지, 근육 긴장이 있는지, 또는 불편함이 있는지 알아차리라. 당신이 한 부분의 통증을 마주할 때 당신 자신에게 물으라. "이 불편함의 원인은 무엇인가?" 대답을 떠올리기 위해 몇 초 동안 생각하라.

그 대답은 아마도 컴퓨터 앞에 구부정하게 있는 것으로부터 통증이 온다는 것일 것이다. 또는 다른 사람과의 언쟁으로 인한 긴장 또는 당신이 해결하지 못한 정서적인 문제로부터 생긴 것일 수 있다. 당신은 어떠한 답도 얻지 못할 수 있지만, 그 원인을 밝히기 위해 앉아서 생각하라. 만약 당신이 실천한다면, 그것에 대한 심리적 노트를 만들라.

당신이 몸의 분석을 수행한 후에는 자기 마사지를 시작할 수 있다. 당신이 당신 몸의 어떠한 고통스러운 곳을 알았을 때, 당신이 마사지를 하는 동안 이 부분들에 면밀하게 집중하라. 당신이 이 마사지를 수행할 때 어떠한 불편함이든 알아차리는 것을 명심하라.

여기 당신이 노력하여 집중할 수 있는 5가지 영역이 있다.

1. 머리와 얼굴

양손을 머리에 올리고 두피를 마사지하는 것으로 시작하라. 머리 옆을 눌러 가며 마사지하고, 엄지손가락으로 척추의 가장 꼭대기에 있는 머리의 기반을 마사지하라. 그 이후에 엄지손가락으로 관자놀이를 마사지하고 부드럽게 머리의 모든 부위를 마사지하라.

당신의 손가락을 사용해 머리 앞쪽, 눈썹, 그리고 당신이 걱정될 때 찌푸리고 꽉 쪼이게 되는 당신 눈썹 사이의 미간을 마사지하라. 눈썹을 위아래로 여러 번 문지르라.

당신의 손가락을 사용해 부드럽게 눈, 코, 그리고 양볼 주위를 마사지하라. 그 이후에 검지와 중지를 사용하여 턱 부분을 마사지하라. 입을 벌리고 긴장되어 있는 턱 부분을 가능한 한 넓게 늘리며 마사지하라.

양손으로 양쪽 귀를 잡고 부드럽게 귀와 귀 주변을 마사지하라.

2. 목과 어깨

당신의 목 뒤에 손을 대고 손가락을 각각의 부분에 놓으라. 약한 압력으로 손가락을 사용해 목 위아래를 문지르라. 당신의 귀가 어깨에 닿듯이 부드럽게 머리를 양쪽으로 구부리라.

당신의 손을 어깨와 승모근으로 옮기고 손가락을 사용해 부드러운 지압과 함께 마사지를 하라. 당신이 당신에게 가장 편안한 압력으로 할 수 있다면 등도 마사지하라.

3. 팔과 손

당신의 반대쪽 손을 사용하여 다른 쪽 팔에 닿게 하고 위쪽 팔을 마사지하라. 먼저 어깨를 하고 그다음 손으로 내려가라. 그 이후에 엄지손가락을 사용하여 손바닥을 마사지하라. 각각의 손가락을 마사지하고 그것들을 가볍게 당겨서 마사지하라.

다른 팔로 바꾸고 앞과 같이 반복하라.

4. 몸통

다음으로, 당신의 가슴에 있는 근육에 초점을 맞춰 겨

드랑이 부분에서 가슴 중심까지 작은 일정한 원을 그리며 마사지하라. 당신의 가슴 부분에 있는 근육을 풀어 주기 위해 손에 깍지를 끼면서 팔을 뒤로 빼라.

허리를 왼쪽, 그리고 오른쪽으로 구부리고 늑골쪽 근육을 마사지하라. 그 이후에 부드럽게 복부의 근육을 마사지하라.

아래쪽 등을 향해 손을 뻗고 손가락과 손끝을 사용해 당신의 아래쪽 척추와 엉덩이 주변의 근육을 마사지하라. 엉덩이로 넘어가 둔근을 마사지하라.

5. 다리와 발

당신의 손끝(또는 테니스공 또는 굴림대)을 사용하여 허벅지를 마사지해서 풀어 주라. 조그만 원을 그리며 허벅지 아래를 마사지하라. 그 이후에 종아리 근육을 손과 엄지 손가락을 사용해 문지르고, 당신의 발목으로 내려오라. 아킬레스건과 발뒤꿈치 주변의 근육을 마사지하고 발바닥으로 내려오라. 엄지손가락, 손끝, 또는 테니스공을 사용하여 발 표면 전체를 마사지하라.

손을 사용하여 당신의 발가락 하나하나를 앞으로 잡아 당기면서 가볍게 스트레칭하라. 그런 다음 부드럽게 모든 발가락을 문지르라.

마음챙김 마사지 완료하기

당신이 가벼운 마사지를 끝냈다면, 눈을 감고 심호흡을 한 후 당신이 느끼는 감정에 집중하라. 당신은 더 편해지고 차분해졌는가? 당신의 근육은 덜 긴장하게 되었는가? 당신은 전체적으로 스트레스를 덜 느끼는가?

몸 분석을 한 번 더 실행하여 당신이 여전히 불편함을 느끼는 곳이 있는지 확인하라. 당신은 그 부분을 집중적으로 더 마사지하거나 전문적인 마사지를 통해 그 근육의 긴장을 풀어 주는 것을 생각해 볼 수 있다.

이 부분을 끝내기 위해, 심리적으로 당신의 긴장과 스트레스의 원인을 검토하라. 당신의 스트레스를 줄여 주고 당신의 몸속에 스트레스를 덜 쌓이게 해 주는 당신의 행동, 반응, 마음가짐, 또는 생활 방법에 어떤 변화가 있는지 생각하라.

#57. 당신의 인간관계를 다시 연결하라

우리가 걱정하는 우리의 배우자, 아이, 가족, 그리고 친구들은 종종 우리에게 책임감으로 연결되어 있다는 느낌을 준다. 그들은 우리 모두가 행복하게 살기 위해 갈망하는 사랑, 지원, 그리고 애정을 제공한다. 이런 중요한 사람들이 없다면 우리가 아무리 성공을 하고 생산적이어도 공허함을 느낄 수밖에 없다.

가까운 인간관계는 우리의 육체적 건강과 웰빙을 증진시키는 데 도움을 준다. 연구 결과는 인간관계를 맺는 것이 당신을 더 오래 살게 해 주고, 스트레스의 감정을 줄여 주며, 당신의 전체적인 행복감을 높여 줌을 보여 준다.

마르셀 프루스트(Marcel Proust)는 이렇게 말한다. "우리를 행복하게 만드는 사람들에게 항상 감사하라. 그들은 우리의 영혼을 꽃 피우게 만드는 매력적인 정원사이다." 하지만 당신은 이 매력적인 정원사들을 당연하게 여기면서 얼마나 쉽게 당신의 일, 당신의 의무, 심지어 당신의 집중을 방해하는 것들보다 뒤에 두면서 잊고 있는지 잘 알고 있을 것이다.

스트레스를 받은 날, 당신은 스마트폰이나 컴퓨터의 유혹으로 인해 당신의 가족들로부터 멀어질 것이다. 당신은 아이들이 당신과 놀기를 갈망하는 시간을 무시하고 서둘러 저녁을 먹으러 가려 할 것이다. 당신은 매우 지쳐서 어머니에게 전화를 하지 않거나 친구가 당신을 만나고 싶어 해도 무시하게 된다.

우리가 인간관계에 높은 가치를 두고 있음에도 그것을 우리의 삶에서 우선시하는 데 어려움을 느끼는 것은 아이러니하다. 작가이자 통증완화치료(palliative care) 간호사인 브로니 웨어(Bronnie Ware)의 책『The Top Five Regrets of the Dying: A Life Transformed by the Dearly Departing』에서 그녀는 죽음을 앞두고 가장 흔히 후회하는 것에 대해 알려 준다. 5가지의 후회 중 2가지는 일과 생활로 인해 바빠서 놓쳐 버린 가족 및 친구들과 함께 시간을 보내지 못한 것에 관한 것이다.

다른 모든 요인이 사라질 때, 우리의 인간관계는 정말로 중요한 문제가 된다. 이런 중요한 인간관계를 키우는 것은 당신의 일상에서 마음챙김의 자세를 필요로 한다. 당신의 배우자(또는 파트너), 아이, 가족, 그리고 친구들은 당신의 시간과 존재를 필요로 하고, 당신 역시 완전한 삶의 만족감을 느끼기 위하여 그들의 시간과 존재들을 필요로 한다.

당신이 사랑하는 사람과 다시 연결되는 데 있어 가장 뚜렷한 시간 중 하나는 당신의 가족이 모두 집으로 다시 모이는 하루의 끝 시간이다. 가족과 '재연결 시간(reconnection time)'을 가짐으로써 당신은 행복감과 정서적인 행복을 얻는다. 당신이 당신의 삶을 되돌아볼 때 후회보다는 고마움이 더 많다고 느끼게 해 주는 강력한 유대감을 얻게 되는 것이다.

활동계획

당신의 인간관계를 마음챙김으로 다시 연결하기 위한 4가지 방법이 있다.

1. 당신의 인간관계의 가치를 다시 정하라

당신이 문을 나서기 전에, 당신의 가치와 삶의 우선순위에 대해 생각하라. 당신의 가족(그리고 친구들)은 목록의 가장 높은 곳에 있어야만 하고, 당신은 그에 대해 다시 자기 자신을 상기시키기 위한 잠깐의 순간을 필요로 한다. 하루가 끝날 때 그들과 함께 재연결되기 위한 시간을 만들라.

2. 먼저 당신의 배우자 또는 파트너와 함께하는 시간을 따로 만들라

당신의 결혼 또는 사랑의 관계는 반드시 당신의 가족에게 가장 중요한 사건이어야만 한다. 이런 관계가 강할 때 그것은 당신의 아이들이 안전하고 사랑받고 있다고 느끼게 한다. 당신이 집안일을 하거나 아이들에게 신경을 쓰기 전에 가능한 한 초저녁에 둘 다 집에 있을 때, 당신의 파트너에게 먼저 재접촉하는 시간을 가져 보라.

앉거나 산책을 하며 그날 겪었던 일들에 대해 이야기를 나누고, 안고 포옹하며, 다시 연결되어 있는 시간을 즐기라. 휴대폰과 컴퓨터를 볼 수도 있으니 그것들은 다른 곳에 두라.

적극적인 듣기를 연습하고, 방해 없이 완전히 당신의 배우자와 함께하는 순간에 집중하라. 파트너의 눈을 바라보고, 그 또는 그녀를 향한 당신의 사랑을 깊게 느끼라. 대화에서 당신의 참여도를 보여 주기 위해 파트너가 말하는 것에 대해 질문을 하거나 바로 반응하라.

단순히 10분 정도 함께하는 시간을 가지는 것은 당신에게 차분함의 감정과 스트레스를 줄여 줄 수 있는 연결성을 만들어 주고, 저녁 시간의 책임감과 씨름하는 데 더 많은 에너지를 제공해 준다.

3. 당신의 아이들과 재연결하라

당신의 아이들과 함께하는 것은 복잡하거나 과도하지 않아도 된다. 그것은 오직 10분이라도 어떤 일이든지 아이들과 함께 완전하게 빠져드는 것을 요구한다.

당신의 휴대폰 또는 전자기기를 치우고 당신의 아이들과 함께 10분가량 앉아서 하루의 마지막을 함께하라. 당신 아이들의 하루가 어땠는지 물어보고, 그들이 어떠한 감정을 느끼는지와 그들의 세계에서 무엇을 하기를 원하는지 물으라. 주의 깊게 듣고 당신의 아이들에게 심사숙고해서 반응하라. 만약 그들이 아주 어리다면 그들이 말하는 동안 아이를 당신의 품속에 안고 육체적인 애정을 주라.

만약 당신의 아이들이 말하고 싶어 하지 않는 상태라면, 그들과 함께 게임을 하거나 책을 읽으라. 또는 밖에 나가서 공 던지기를 하거나, 그네를 태워 주거나, 짧은 산책을 하라. 만약 당신의 아이들이 이미 어떤 활동에 빠져들어 있다면, 그들의 활동에 열정적으로 참여하라.

당신의 아이들에게 완전히 주의를 집중하면서 그들에게 당신이 현재 여기에 그들과 함께 있고, 일, 집안일, 또는 다른 생활적 요구로 인해 방해받지 않고 있다는 것을 보여 주라. 그들의 눈을 쳐다보고 그들에게 따뜻한 미소를 지으라. 당신이 사랑을 주고 있다는 표시를 하는 것은 당신의 아이들에게 안전함과 편안함을 제공하고 당신이 그들에게 미래를 열어 준다는 것을 암시한다.

4. 다른 가족 구성원들 또는 친구들과 재연결하라

만약 당신이 혼자 산다면, 당신 하루의 마지막에 당신의 인생에서 중요한 사람들과 재연결하는 것은 여전히 가치 있는 일이다. 마음을 챙기며 당신의 인간관계를 좋게 만들어 가면서 당신은 당신의 삶에 만족하게 되고 잘 살기 위해 더 발전할 수 있는 행동을 한다.

당신의 부모님, 형제자매, 친척, 또는 가까운 친구에

게 10분 정도 전화하는 시간을 가지라. 그들이 어떻게 사는지 물어보라. 그들로 하여금 당신이 그들에 대해 얼마나 생각하는지 알게 하라. 그들과 함께 보내는 시간을 정하라.

이런 인간관계가 당신의 인생에서 얼마나 중요한지 상기하고 얼마만큼 그들이 당신을 떠나지 않기를 원하는지 상기하라. 당신이 당신의 친구들 또는 가족에게 말할 수 없음에도 불구하고, 당신의 인생에서 그들의 존재에 대해 감사한 감정을 가지고 있는 것만으로도 당신의 스트레스가 경감되고 당신의 삶의 질에 대해 긍정적인 마음가짐을 갖게 될 것이다.

참고자료

『Anxious in Love』라는 책은 독자들이 그들의 파트너와 재연결하는 데 특별히 도움이 되고, 다른 많은 좋은 내용도 당신이 당신의 인생에서 다른 관계들을 재정립하는 데 사용할 수 있다.

#58. 걷기명상을 연습하라

걷기명상은 당신이 당신의 주위 환경에서 움직이는 활동적인 마음챙김 습관이다. 이것은 의자에 앉거나 바닥의 쿠션에 앉아 있는 것보다 밖에서 당신의 눈과 감각을 열면서 움직임을 유지하는 것이다.

당신 자신이나 당신의 호흡법에 있어서 앉아서 집중하는 명상과 달리, 걷기명상은 당신의 모든 감각을 사용할 것을 요구한다. 당신은 의도적으로 당신의 발이 땅에 닿는 것을 인지하고, 당신의 눈이 주위 환경을 돌아보는 것을 인지하며, 당신의 폐가 숨을 들이쉬고 내쉬는 것을 인지하고, 당신의 귀가 모든 소리를 듣는 것을 인지한다.

이것은 당신이 우리가 누구인지에 대한 본질적인 부분인 당신 주위의 환경과 더 연결되도록 도와주는 연습이다. 자연 속에 있는 것은 당신의 마음속 답답함으로부터 벗어날 수 있도록 도와주고 바깥의 아름다움을 더 알아차리도록 만들어 준다.

걷는 것을 마음챙김과 함께 결합함으로써 당신은 하루의 스트레스를 줄여 주는 훌륭한 습관을 연습해서 당신의 저녁 활동을 좀 더 조화로운 마음의 틀로 전환시킬 수 있다.

활동계획

당신이 걷기명상을 연습할 수 있도록 다른 사람들로부터 방해받지 않을 만한 바깥 공간을 찾으라. 그 장소는 조용한 공원 또는 당신의 집 근처 산책로가 될 수 있다.

시작하기 전에 몇 분가량 또는 두 번 심호흡을 하고 당신의 주의력이 몸 전체에 퍼지도록 하라. 똑바로 서고 집중하는 것을 돕기 위해 당신의 시선을 다소 아래로 향하는 것을 유지하라. 당신의 발을 엉덩이에 맞춰 일정한 폭을 유지해서 몸의 균형이 양쪽 발에 공평하게 유지되도록 만들라. 당신의 발아래에 있는 땅의 안정성을 의식적으로 느끼라.

작가이자 불교도 교사인 잭 콘필드는 이렇게 말한다. "편안함과 존엄성을 느끼면서 걸으라. 마치 당신이 궁전 복도를 걷는 왕 또는 왕비인 것처럼 편안하고 쉽고 자연스럽게 걸으라."

다음으로, 눈을 감고 몇 번의 심호흡을 하라. 당신의 발부터 머리까지 몸 전체를 스캔하면서 어떠한 불편함, 변화, 생각, 또는 감정에 주목하라. 당신의 몸에 대한 완전한 인식을 가지고 그 환경에서 당신의 육체적인 존재에 대한 인식을 가지라.

하나의 발이 다른 발 앞에 놓이게 천천히 앞으로 걷는

것으로 시작하라. 발을 들고 땅에 놓는 것에 주의를 집중하라. 당신의 뒤꿈치가 당신의 발톱이 닿기 전에 어떻게 땅에 놓이는지에 주목하라. 당신의 발아래에 있는 땅이 어떻게 느껴지는지에 주목하라.

이 방법으로 여러 단계를 밟고, 각각의 단계에서 마음을 챙기면서 주의를 집중하라. 만약 당신의 마음이 산만하다면, 다시 당신의 단계로 돌아가라. 당신이 걸을 때 당신의 마음이 각각의 단계를 세면서 집중을 유지하도록 하거나 "나는 여기에 있다." 또는 "나는 걷는 중이다."와 같이 당신이 반복할 수 있는 짧은 구절을 사용할 수 있다. 호흡을 천천히 유지하고 편안하게 하라.

몇 개의 단계를 밟은 후에 잠시 동안 멈추고 당신의 주위 환경에 주목하라. 나무, 풀, 그리고 하늘을 바라보라. 당신의 얼굴과 피부에 닿는 따뜻하거나 시원한 공기를 느끼라. 자연의 소리를 의도적으로 듣고 당신이 느낄 수 있는 어떠한 냄새 또는 향기에 주의를 집중하라. 당신의 몸에 다시 주목하고 당신이 경험하는 변화에 집중하라. 잠시 동안 당신의 생각에 주의를 집중하고 집착이나 판단 없이 그저 흐르는 대로 그것을 지켜보라.

만약 당신이 걷는 것을 10분으로 유지하고 싶다면, 되돌아가서 다시 걷는 것을 시작하라. 당신의 걷기명상으

로 되돌아와서 각각의 단계를 완전한 주의 집중으로 넘
어서라.

당신의 걷기명상이 거의 끝날 때쯤에 부드럽게 걷는
것을 멈추고, 주위 환경에 다시 주목하며 당신의 모든 감
각을 사용하라. 몇 번의 심호흡을 하고 당신의 일상 활동
으로 되돌아오라.

참고자료

만약 당신이 다른 종류의 걷기명상에 대해 더 배우고 싶다면
「The Ultimate Guide to Walking Meditation」이라고 불리는 기사
「Walking Meditation-The Ultimate Guide」를 읽으라.

#59. 저녁 식사 의식을 만들라

의식은 몇몇 방법으로 우리의 삶을 증진시키는 의미와 중요성을
풍부하게 해 주는 행동이다. 그것은 상황에 따르는 신성함의 요소
를 빌려 미리 정해진 방법으로 수행된다. 당신은 마찬가지로 종교
휴일, 가족 모임, 또는 생일 축하와 관련된 많은 의식을 경험한다.

배리의 아이들이 어렸을 때, 그녀와 그녀의 남편은 크리스마스트리가 놓이고, 음악이 켜지고, 아침 식사가 오븐에 들어가고, 기록을 위한 비디오 기록기가 준비되는 동안 아이들이 설레는 마음을 가지고 기다리는 크리스마스 아침 의식을 만들었다. 이러한 행동들은 아이들로 하여금 먼저 '산타'의 선물을 보기 위해 계단을 빠르게 내려오게 하고, 그리고 나서 자신의 산타 양말을 찾게 하며, 마지막으로 크리스마스트리 아래에 있는 선물을 열게 만든다. 이러한 틀은 절대로 변하지 않는다.

초기의 원시 사회에서부터 지금의 현대 사회까지 스포츠와 관련된 의식, 새해를 축하하기 위한 의식, 또는 추수감사절의 칠면조를 자르는 의식 등은 사람들이 사회적으로 친밀해질 수 있는 역할을 하고 있다.

『Cultural Anthropology』의 「Ritual」이라는 논문에서 케빈 캐리코(Kevin Carrico)는 "의식은 사실상 사회가 확장되면서 문화의 피할 수 없는 구성요소이고, 우리를 가장 친밀하게 만드는 정치적 과정이다."라고 말한다.

의식은 다양하고 어수선한 삶에서 구조와 안정성을 제공하고 우리가 사랑하는 사람들과 깊은 관계를 맺을 수 있도록 만들어 준다. 그리고 의식은 우리가 우리의 가치를 의미 있는 방법으로 축하하는 것을 가능하게 해 준다. 의식은 우리의 신념을 굳히고 믿음을 강화한다. 그리고 우리가 의식을 할 수 있게 해 준 상황에 대해 감사함을 느낄 수 있도록 해 준다.

「Rituals Enhance Consumption」이라는 최근의 연구에서는 음식

과 관련된 의식이 심지어 음식을 더 맛 있게 하고 더 가치 있는 향이 나게 한다고 밝혔다. 사실상 의식과 소비 사이의 기다림은 음식을 맛보는 즐거움을 높여 준다.

저녁 식사와 관련된 의식을 만드는 것은 당신의 가족과 함께 하는 이상적인 마음챙김 습관이다. 이것은 저녁을 축하하기 위한 상황으로 모든 좋은 점을 포함하고, 일생의 좋은 기억과 당신과 당신 아이들 사이의 친밀감을 이어 줄 수 있다.

가족끼리 저녁 식사를 같이하지 못하는 경우는 너무 흔하다. 바쁜 스케줄, 다양한 활동, 그리고 패스트푸드와 전자레인지로 조리할 수 있는 식사로 인해 가족끼리 저녁 식사를 하는 것은 이전보다 쉽지 않다. 하지만 저녁 식사 의식은 부활시키기 좋은 전통이다.

『New York Times』의 최근 기사 「Benefits of the Dinner Table Ritual」에서는 다음과 같은 연구 결과를 내놓았다.

> 2004년 출판된 『The Archives of Pediatrics and Adolescent Medicine』에서 진행한 11세부터 18세 사이의 4,746명의 아이에 대한 연구는 빈번한 가족 식사가 흡연, 음주와 마리화나의 위험성을 줄여 주고, 우울 증상이나 자살 충동을 줄여 주며, 성적도 높여 준다는 연구 결과를 밝혔다.

저녁 식사 의식은 강력한 방법으로 저녁에 당신의 가족과 재연결시켜 주고, 가족 구성원들이 가족을 사랑하고 축하해 주는 데 집중할 수 있도록 도와준다. 저녁 식사를 함께 하는 것은 일, 학교, 그리고 일상생활에서 받는 압박으로부터 쉴 수 있는 시간을 제공하고, 특히 당신이 저녁 식사 자리를 부정적인 것과 집중을 방해하는 것들을 허락하지 않는 불가침의 공간으로 강화한다면 더 좋은 효과를 얻을 수 있다.

활동계획

마음챙김 저녁 식사 의식을 만들기 위한 매우 많은 방법이 있는데, 그 어떠한 것도 비용이 들거나, 정성을 들이거나, 또는 시간을 소비하지 않아도 된다. 이 의식의 중요한 부분은 식사가 의미 있게 느껴지도록 만들면서 당신의 가족이 모두 함께 한 가지 방식으로 의식을 행하는 것이다.

비록 식사를 준비하고 그것을 먹기 위해 가족이 다 함께 앉는 것은 10분보다 살짝 더 많은 시간이 걸리겠지만, 꼭 그보다 시간이 더 걸리지 않아도 된다. 당신의 저녁 식사 의식이 무엇이 될 것인지에 대해 결정하고, 당신의 가족과 함께 그것에 대해 의사소통하라.

여기 스티브와 배리가 질 좋은 저녁 전통(의식)을 형성하기 위해 사용하는 6가지 아이디어가 있다.

1. 당신의 목적에 대해 의사소통하라

당신은 당신의 배우자와 아이들이 저녁 식사 동안 마음챙김 습관을 형성하기를 원한다는 것을 알려 주라. 한 주에 단지 몇 번이라도 저녁 식사를 함께 하는 것에 대한 좋은 점을 이야기하라. 무엇이 저녁 식사 시간을 특별하게 만들어 줄지에 대한 생각과 조언들을 물어보라. 모든 사람이 확실하게 이해하게 하고 저녁 식사 의식의 규칙에 동의하도록 하라.

2. 가족 전체가 함께 있도록 하라

저녁 식사를 준비하는 데 있어서 오직 엄마나 아빠만 하기보다는 가족 행사로 여겨서 모두 함께 하도록 하라. 어린아이들은 간단한 음식 준비를 도울 수 있고, 테이블을 세팅하는 것을 도울 수 있다. 더 나이가 든 아이들은 샐러드를 만들고, 파스타를 요리하며, 또는 요리 재료를 다듬는 것을 할 수 있다. 식사는 복잡하거나, 멋있거나, 근사할 필요가 없다. 당신은 가장 간단한 식사로 정다운 저녁 식사 의식을 만들 수 있다.

3. 특별한 환경을 조성하라

저녁 식사 테이블에 간단한 초를 놓으라. 편안한 음악을 틀으라. 약간 어두운 빛으로 차분한 분위기를 만들라. 텔레비전을 끄고 식사 테이블에서는 휴대폰을 사용하지 말라. 식사를 하기 전에 모든 사람이 앉아 있도록 하고,

양해를 구하기 전에는 그 누구도 테이블을 떠나지 않도록 하라. 모든 사람이 앉아서 먹을 때 테이블을 차분하고 긍정적인 분위기로 설정하라.

4. 먹기 전에 의식을 정하라

식사를 하기 전에 가족 기도를 하든, 단지 감사를 표하기 위해 잠시 시간을 갖든 간에 앞에 놓인 음식에 감사하고 그 준비에 관여했던 것을 마음속으로 인정하는 것은 사랑스러운 의식이다. 이것은 당신의 가족이 당신의 집에 얼마나 풍성한 건강식품이 있는지에 대해, 그리고 그 음식을 재배하고 준비하는 데 드는 노력에 대해 감사할 수 있게 해 준다.

5. 긍정적이고 밝은 분위기를 만들라

저녁 식사 시간이 아이들에게 좋은 매너에 대해 강의하거나, 최근의 정치적 문제에 대해 토론하거나, 어려운 상사에 대한 불만을 나누는 시간이 되지 않도록 한다. 대신 이 특별한 시간에 활기차고 가벼운 마음으로 신성함을 유지하라.

재미있는 이야기를 말하거나 좋은 기억을 공유하라. 당신의 아이들에게 당신이 무엇을 사랑하는지와 그들을 얼마나 사랑하는지에 대해 이야기하라. 대화를 여는 질문을 하라. 모든 사람이 말할 기회를 가질 수 있게 가족

중 1~2명이 대화를 지배하지 않도록 노력하라. 가족이 식사를 하면서 각 구성원이 감사하는 1가지 혹은 낮에 경험한 재미있는 1가지 일을 말하도록 이끌 수 있다.

6. 창조적이고 열린 마음을 가지라

당신의 저녁 식사의 전통과 의식은 바뀔 수 있다. 당신은 일요일 저녁 식사 시간에 할머니와 할아버지를 초대할 수도 있다. 당신의 아이들이 점점 성장하면서 아이들은 저녁 시간을 바쁜 스케줄로 보내지만 저녁 식사를 함께 할 수 있도록 식사 메뉴를 바꿀 수 있다. 당신이 '피자 먹는 날'로 정하고 주문을 해서 저녁 식사를 해도 가족 모두가 함께 앉아 있는 날로 정할 수 있다. 마음챙김 연습의 가장 중요한 부분은 함께 하는 것과 감사하는 마음이다.

참고자료

만약 당신이 더 많은 가족 의식을 만들고 싶다면, 제니 로젠스트레치(Jenny Rosenstrach)의 책 『How to Celebrate Everything: Recipes and Rituals for Birthdays, Holidays, Family Dinners, and Every Day In Between』을 참고하라.

또한 The Art of Manliness라는 블로그에서 가족 전통을 만들기 위한 60개가 넘는 아이디어와 관련된 기사 「60+Family Tradition Ideas」를 읽으라.

#60. 마음챙김으로 설거지를 하라

가족과 함께 마음 놓고 저녁 식사를 하고 나면, 밤에 해야 할 책임의 현실이 눈앞에 있게 된다. 테이블은 더러운 접시들로 정신이 없고, 싱크대는 더러운 냄비와 프라이팬으로 꽉 차 있다. 저녁 식사 후에 가족을 도와 치우는 것이 이상적이지만, 가끔은 그 난장판을 그대로 내버려 두기도 한다.

특히 식기세척기 없이 손으로 하는 설거지의 노력을 음미하는 사람은 많지 않다. 설거지를 하는 것은 화장실을 청소하는 것 다음으로 가장 힘든 취급을 받는 집안일 중 하나이다. 하지만 설거지를 하는 것은 다소 과소평가되는 마음챙김 습관이다. 사실상 「Washing Dishes to Wash the Dishes: Brief Instruction in an Informal Mindfulness Practice」라는 최근 연구에서는 설거지를 할 때 마음을 챙기며 한다면 스트레스 수준을 상당히 낮출 수 있다고 밝혔다.

연구에서 참여자들은 그들이 설거지를 하기 전에 다음의 문단을 읽도록 요청받았다.

> 설거지를 하는 동안 그 사람은 오직 설거지하는 데에만 집중해야 한다. 이것은 설거지를 하는 동안 그 사람이 완전히 자신이 설거지를 하고 있다는 사실을 인식하고 있어야 한다는 것을 의미한다. 처음 얼핏 생각하면, 그렇게 하는 것이 다소 바보같이 여겨질 수 있다. 왜 그 간단한 것에 많은 스트레스

를 받는가? 하지만 바로 이런 점들이 중요하다. 내가 그곳에 서서 설거지를 하는 것은 놀라운 현실이다. 나는 완전한 나 자신이 되고, 나의 호흡을 따라가며 내 존재의 의식을 인지하고, 마지막으로 나의 사고들과 행동들을 인식한다. 여기저기 파도에 부딪힌 병처럼 아무 생각 없이 내던져질 리가 없다.

마음챙김 지침서를 따른 참가자들은 그렇지 않은 참가자들과 비교해 영감(inspiration)이라는 감정이 상승하였고, 스트레스는 감소하는 경향을 보여 주었다.

집중이 거의 필요 없는 잡일들을 마음챙김으로 한다면 당신의 고리타분한 생각과 스트레스 가득한 생각으로부터 잠시 벗어날 수 있다. 이 일을 천천히 마음챙김으로 행하면 단순한 기쁨에 감사하게 되고 아름다움을 느낄 수 있다.

불교 수도승 틱낫한은 이렇게 말한다. "만약 설거지를 하면서 우리를 기다리고 있는 찻잔만 생각하여 귀찮은 듯이 서둘러 설거지를 하는 것이라면, 우리는 '설거지를 위해 설거지를 하는' 것이 아니다. 더구나 설거지를 하는 동안 우리는 살아 있지 않은 것이다."

당신은 매일 저녁 설거지를 하는 것을 원하지 않을 것이다. 하지만 이 일(식기세척기를 사용하건 그렇지 않건)을 위주로 한 마음챙김 습관을 형성하는 것은 당신의 경험을 강화할 뿐만 아니라 남아 있는 당신의 저녁 시간을 마음챙김 상태로 지속할 수 있도록 당신에게 영감을 줄 것이다.

활동계획

싱크대에 서서 더 마음을 챙기고 편안한 상태의 마음가짐을 얻기 위해 눈을 감고 심호흡을 하라. 싱크대를 정리하고 싱크대 옆에 있는 모든 접시, 식기류, 냄비, 그리고 프라이팬을 정리하라. 모든 고형 식품을 쓰레기나 폐기물에 긁어 넣기 시작하거나, 또는 당신이 애완동물이나 퇴비 더미를 가지고 있다면 적절한 찌꺼기를 저장하라. 설거지를 할 때 방금 먹은 식사에 대한 감사함에 초점을 맞추라.

그릇의 찌꺼기를 한번 긁어모았다면, 싱크대를 따뜻한 거품이 있는 물로 채우라. 깨끗한 물을 원할 때 바로 사용할 수 있다는 것에 대해 감사함을 느끼라. 물의 감촉과 식기세척용 비누에서 생기는 거품을 주목하라. 깨끗한 접시를 선반이나 수건 위에 놓으라. 아니면 그것들을 식수에 넣을 수도 있다.

물을 더 오랫동안 깨끗하게 유지하기 위해 기름기가 덜하거나 지저분한 접시를 시작으로, 한 번에 하나씩 설거지를 시작하라. 접시를 거품기 있는 물에 넣은 다음 당신의 손에 느껴지는 따뜻한 물을 느끼라. 스펀지 또는 수건을 사용해 접시를 전체적으로 닦고, 음식과 기름의 모든 찌꺼기를 확실히 제거하는 시간을 가지라.

따뜻한 물을 틀어 각각의 접시를 모두 헹구고 물의 느낌과 거품기 있는 물이 흐르는 느낌에 집중하라. 주방세제의 냄새가 어떤지, 닦은 접시가 빛을 받으면 어떻게 빛나는지에 주목하라. 접시를 선반, 수건, 또는 접시 탈수기에 천천히 놓으라.

계속해서 각 접시를 씻고, 모든 행동과 느낌을 알아차리면서 이 방법으로 닦으라. 접시를 닦는 현재에 완전히 집중하라. 만약 당신의 마음이 방황한다면, 다시 설거지를 하는 일에 천천히 되돌려 놓으라.

접시와 냄비가 많은데 물이 탁해지고 있다면 물을 빼내고 깨끗한 물과 비누로 다시 시작해야 할 수도 있다.

모든 접시를 마음챙김으로 닦는 것을 유지하고 당신이 설거지를 끝낸 후에는 물이 천천히 싱크대에서 빠지는 것을 지켜보라. 당신은 받침대 또는 접시 탈수기에서 접시를 말려야 한다. 혹은 마음을 챙기면서 행주를 말리고 접시를 치우는 노력에 온 신경을 쏟고 싶을지도 모른다.

당신이 이제 완전히 설거지를 끝냈다면, 심호흡을 하고 당신의 설거지를 끝낸 것에 감사하며 싱크대를 정리하라. 당신 자신이 스스로 이 일에 대해 마음을 챙기면서 했다는 것에 대해 칭찬하라.

참고자료

잭 콘필드의 책『Bringing Home the Dharma: Awakening Right Where You Are』를 통해서 어떻게 마음챙김을 당신의 평범한 일상 속으로 가져올 수 있을지 발견하라.

#61. 과업 의식을 만들라

저녁 식사가 끝날 때 설거지를 하는 것만이 당신이 접시와 관련해 갖게 되는 유일한 일은 아닐 것이다. 당신은 세탁하고 나서 몇 장의 빨래를 접거나, 잔디를 깎거나, 아이들을 목욕시키거나, 또는 집 주변의 다른 잡일을 처리해야 할 필요가 있을 것이다.

긴 하루를 보낸 후, 당신은 이러한 여분의 잡일에 분개하고 마침내 긴장을 풀 수 있도록 서둘러 집안일을 해치우려고 할 수도 있다. 하지만 당신의 과업에 도전하고 심지어 그것을 즐길 수 있는 좀 더 사려 깊은 방법이 있다.

다음과 같은 선(Zen)불교 속담을 생각하라. "깨달음을 얻기 전에 장작을 패고 물을 나른다. 깨달음을 얻은 후에도 장작을 패고 물을 나른다." 마음챙김이 당신의 노동을 부담에서 평화와 만족의 시간으로 변화시키기 때문에 우리는 평범한 일에서 의미를 찾을 수 있다고 생각한다.

간단한 업무에서 의미를 찾는다는 개념은 불교 전통뿐만 아니라 많은 종교적인 전통의 한 부분이다. 기독교인들은 신성의식 다음으로 깨끗함을 고려한다. 베네딕토 수녀회(Benedictines)는 기도와 일을 불가분의 관계로 본다. 유대인들은 안식일 준비의 일환으로 집을 청소해야 한다.

당신이 일상적인 집안일을 하는 것은 삶의 빵과 같은 존재이며, 더 나아가 영혼을 유지하는 것이다. 그것은 당신의 생활을 유지하는 데 필수적이고, 행복함에 기여하는 가치 있는 것으로 여겨져야 하며, 당신의 가족 구성원 모두의 건강에 가치 있는 것으로 여겨져야 한다.

서둘러 일을 끝낼 목적으로 이러한 일을 수행할 때, 당신은 스스로에 대한 불안과 산만함을 불러일으킬 뿐 아니라 사랑하는 사람들에게 자신의 분노를 전하고 있는 것이다. 당신의 일이 분노로 끝나면 그것은 당신의 노동의 결실을 해치고 당신과 당신 주변의 사람들에게 불안감을 준다.

단지 '일하는 것을 끝내기'를 하는 대신에, 당신은 당신의 일을 의식화하여, 사소하고 귀찮은 잡일로부터 사랑과 관심의 신성한 순간으로 바꿀 수 있다. 교사이자 작가인 카렌 매젠 밀러(Karen Maezen Miller)는 이렇게 말한다. "당신 자신이 관심을 가지는 것은 사물을 영적으로 만든다. 당신이 요리한 식사, 당신이 세탁한 옷에 주목하라. 주의 집중은 사랑이다. 그리고 그것은 변화하게 된다."

집안일을 마치면서 주의를 기울이는 이 행위는 반복적인 행동으로 의식의 정신을 잃게 되는 '명상 혹은 좌선(zazen)'을 실천하는 방법이다. 당면한 과업에 집중하여 명상 혹은 좌선을 실천하면 할수록 그것은 더 쉬워지고, 당신은 만족과 평화를 느끼게 될 것이다. 연습을 하면 당신의 집안일은 더 깊은 목적을 갖게 될 것이고, 시간이 흐르면 가장 보잘것없는 일조차도 가치가 있다는 것을 알게 될 것이다.

활동계획

당신이 집에서 어떤 일을 시작하기 전에 몇 분 동안 당신이 왜 그 일을 하고 있는지, 그것이 당신의 가치와 어떻게 연결되어 있는지, 그리고 그것이 당신과 당신의 가족에게 어떻게 긍정적인 영향을 주는지 생각해 보라. 당신은 당신의 생각을 적어서 그것을 다시 언급하는 것이 좋을 것이다.

예를 들어, 만약 당신이 빨래를 개고 있다면, 당신은 당신과 당신의 가족이 일주일 동안 신선하고 깨끗한 옷을 입을 수 있도록 이 일을 하고 있다고 쓸 수 있다. 당신은 청결함과 친밀감을 중요시하며, 당신의 가족과 당신 자신이 깨끗한 옷을 쉽게 구할 수 있는 즐거움을 누리기를 원한다. 일을 시작하기 전에 어떤 목적을 염두에 두는 것은 단순히 반복적이고 기계적인 활동을 하는 것보다 더 많은 동기와 인식을 가지게 하여 그것을 완성하는 데 도움을 준다.

어떤 일이 일어나든 간에 그 일을 하면서 당신의 편안함과 즐거움뿐만 아니라 신성한 것에 대한 당신의 감각을 증가시키는 방법으로 그 장면을 설정함으로써 그것을 의식으로 바꾸도록 하라. 보조 장비를 준비하라. 당신이 일할 공간을 마련하라. 조명을 조정하라. 평화롭고 잔잔한 음악을 틀라. 당신의 전화, 컴퓨터, 또는 텔레비전과 같은 방해물을 제거하여 당신이 그 경험에 완전히 빠질 수 있도록 하라.

일을 시작할 때 당신이 일하고 있는 것—당신이 개고 있는 옷들, 목욕할 공간을 제공하는 욕조, 당신이 가꾸어야 하는 아름다운 풀들—이 무엇이든 간에 감사함을 느끼기 위해 잠시 시간을 가지라. 이 과제에 대한 목적과 그 결과가 당신의 건강한 생활에 어떻게 작용하게 될지 당신 자신에게 상기시키라.

그 일을 명상의 한 형태로 간주하라. 명상할 때의 호흡을 따르듯이 과업의 행동에 충실하라. 그 일에 관련된 감각과 당신의 몸이 그것을 수행하는 느낌에 주목하라. 만약 당신의 마음이 방황한다면, 당신이 하고 있는 일에 관련된 당신의 행동으로 부드럽게 마음을 되돌리라.

일을 전체적으로 가능한 한 천천히 하고 주의를 집중하여 수행하라. 만약 당신이 그 일을 10분 정도 집중할 수 있다면, 과업들을 완성하기 위해 하루 이상이 필요하므로 과업들을 나누어서 하는 것을 고려하라.

당신이 일을 마무리할 쯤에 되돌아가서 당신이 무엇을 완료했는지 생각하라. 당신이 마무리한 과업과 그 과업을 마무리하기 위해 들인 당신의 노력을 자랑스럽게 여기라.

참고자료

당신은 앞의 내용과 관련된 기사(https://www.hearst.com/magazines/good-housekeeping/)를 'What the Buddhists Can Teach Us About Household Chores'에서 읽을 수 있다. 또한 「12 Essential Rules to Live More Like a Zen Monk」라는 마음챙김으로 업무를 수행하는 것에 대한 훌륭한 기사가 있다.

#62. 손으로 하는 작업에 참여하라

수작업은 당신의 손을 사용하여 하는 것으로, 어느 정도의 집중력을 수반하는 어떠한 종류의 일 또는 취미를 뜻한다. 니트를 짜는 것, 바느질을 하는 것, 자수 놓기, 장식품 엮어 만들기, 코바느질 하기, 구슬 장식 만들기, 종이접기, 모자이크 예술, 철사 세공, 나무 조각하기, 비누 만들기, 누비질하기, 책 만들기, 그리고 서예를 예로 들 수 있다.

수작업을 통해서 당신은 감각 표현 경험, 정신적 집중과 창의력 형성 간의 연결을 발달시킨다. 중요한 것은 그것이 너무 복잡해서 지나치게 도전적이지 않아야 한다는 것이다. 반면에 이러한 활동들은 매우 편안하고 성취감을 줄 수 있다.

예를 들어, 스티브의 할아버지는 그의 여가 시간을 목재 유인용 오리를 조각하는 데 사용하는 것을 좋아한다. 이 행동은 긴 시간 동안 일한 후의 스트레스를 해소하고 편안함을 갖는 그의 방식이다. 스티브의 아주 어린 시절 추억들 중 하나는 계단에 앉아서 그의 할아버지가 섬세하게 각각의 유인용 장난감을 제작하는 것을 지켜보는 것이었다. 이제 그가 그의 사무실에서 할아버지의 유인용 장난감들 중 하나를 볼 때, 스티브는 할아버지에 대해 추억하고 이것은 수작업에 대한 그의 즐거움이 된다.

활동계획

수작업을 배우는 것은 다른 기술에 기반을 둔 습관을 기르는 것과 같다. 그 과정을 이해하는 것으로 시작해서 매일 일을 하기로 약속하고, 마지막으로 숙달하기 위해 작은 이정표를 만든다. 여기 수작업 기술을 개발하기 시작하는 방법에 대한 간략한 개요가 있다.

먼저, 당신이 익히고 싶은 기술을 한 가지 고르라. 그런 다음 당신이 항상 배우고 싶어 했던 것을 확인하고 나서 이 분야에 완전히 몰두하는 것이다. 그것이 빨리 전문가가 되는 비결이다. 만약 당신이 본격적으로 시작하기를 원한다면, 여기 당신이 배울 수 있는 다양한 것의 목록이 있다.

다음으로, 당신이 이 하나의 기술에 대해 당신이 배울 수 있는 모든 것을 깊고 완벽하게 몰두해서 알아 가라.

시작하는 데 있어 당신이 선택한 기술에 가장 적합한 자원을 찾기 위해 다음 6가지 활동을 추천한다.

1. **최고 등급의 책을 사거나 빌리라.** 구글 검색으로 시작하여 이 업계 전문가들이 가장 추천하는 책을 찾아보라. 그런 다음 로컬 라이브러리인 Amazon이나 Audible(오디오북을 선호하는 경우)으로 가서 복사본을 얻으라. 어디서부터 시작해야 할지 잘 모르겠으면 For Dummies 또는 Complete Idiot's Guide To 시리즈에서 시작할 수 있다.

2. **여러 개의 팟캐스트를 들으라.** Stitcher 앱을 다운로드하고 장르별 팟캐스트를 검색한 후, 각 팟캐스트에서

몇 가지 에피소드를 들어 보라. 즐겨찾기 할 것을 몇 개 찾으면 Stitcher를 사용하여 큐(queuu)에 직접 스트리밍되는 재생 목록으로 구성하라. 보통 낭비되는 시간 동안에 이 쇼를 들으라.

3. **기술 또는 기계적 기술에 대한 시연이 필요한 경우 비디오 튜토리얼을 시청하라.** 유튜브 시청을 시작하고 하나의 주제에 대해 초점을 맞추는 채널들을 구독하라. 만약 당신이 추가적인 설명을 얻기를 원한다면 Lynda, Udemy, CreativeLive, Coursera, edX, 또는 Masterclass 같은 사이트들의 강좌를 신청하라. 마지막으로, TED Talk를 이용하여 당신이 배우고 있는 것에 대한 당신의 생각을 넓히라.

4. **실제 환경에서 학습하라.** 체인점, 커뮤니티 대학, 또는 당신이 살고 있는 지역의 도서관에서 제공하는 강의에 참석하라. 만약 당신이 빠르게 성취하고 싶다면, 초기 장애물과 도전을 쉽게 극복할 수 있는 개인 코치를 고용하라.

5. **온라인으로 배우라.** 장르와 관련된 블로그를 읽고 포럼과 페이스북 그룹을 통해 다른 것들과 상호작용하라. 추가로 전문 분야의 최고 권위자들과의 연결을 원한다면 팟캐스트를 시작하는 것을 고려하라.

6. **강좌의 요약본을 구매하라.** 만약 당신이 답답함을

느끼거나 단순히 짧은 시간 동안 가능한 한 많은 것을 배우고 싶다면 이 종류의 코스는 당신이 더 빠르게 강의를 배울 수 있도록 도와줄 것이다.

마지막으로, 매일 최소한 10분씩 당신의 새로운 수공예 기술을 연구하도록 하라. 이 시간 동안 우리는 8단계의 과정을 권장한다.

1. **핵심적인 것들을 이해하라.** 중요한 구성요소들을 확인하거나 집중하기 위한 구체적인 방식을 위해 (코치로부터) 추천서를 받으라.

2. **각각의 세부적인 요소들을 연습하라**(숙달하라). 당신의 목표는 1~3개 정도의 회기에서 각각의 기술 측면을 숙달하는 것이다. 이 시간 동안 숙달할 수 없는 경우, 더 작은 구성요소로 기술을 드릴다운(역자 주: 더 많은 정보를 찾기 위해 관련 텍스트나 아이콘 등을 클릭하여 마치 뚫고 들어가듯이 검색하는 것)할 수 있는 방법을 찾아보라.

3. **기술 전문가로부터 즉각적인 피드백을 받으라.** 만약 당신이 코치를 고용할 수 있다면, 그것은 가치 있는 투자가 될 것이다. 다른 방법으로, 다른 누군가가 그 기술을 증명하는 비디오를 찾고 친구에게 당신이 본 것을

토대로 비평해 달라고 부탁하라.

4. **당신의 실수를 받아들이라.** 이 회기 동안 실수를 하는 것을 두려워하지 말라. 물론 실수를 하는 것이 달갑지는 않겠지만, 과정을 배우는 동안 실수를 받아들이는 것은 중요한 부분이라는 것을 명심하라.

5. **신중하고 천천히 연습하라.** 당신은 그것을 숙달하기 위하여 속도를 낼 필요가 없다. 사실상 그것이 어떠한 원리로 작동하는지에 대해 가능한 한 천천히 이해하고, 그리고 나서 당신이 그 기술을 습득하기 시작할 때 당신의 속도를 올리면 된다.

6. **여러 번 반복을 하라.** 같은 행동을 계속해서 반복하는 것은 기술을 무의식적인 행동으로 바꾸는 데 중요한 역할을 하는 근육 기억을 형성할 것이다. 추가로 당신은 연습 회기의 난이도를 높이는 것을 고려해야 한다. 그것은 어떤 일이 일어나도 대처를 할 수 있도록 만들어 준다.

7. **연습하는 동안 잠깐의 휴식 시간을 가지라.** 당신이 회기를 더 작은 부분으로 쪼개서 빠른 휴식 시간을 갖는다면 정보를 얻고 기술을 숙달하기가 더 쉬워진다는 것을 깨달을 것이다. 나는 당신에게 25분 동안 일하고 5분 동안 쉬며 다시 25분 동안 일하는 포모도로 기법을 추천한다. 당신이 필요한 만큼 이 과정을 반복하라.

8. 당신의 성공을 기록하라. 당신의 진행 과정을 일지에 기록하고, 당신이 경험하는 어떠한 도전들에 대해서도 정직하게 기록하라. 나는 당신이 The Freedom Journal 같은 도구를 사용하는 것을 추천한다.

당신이 이 과정을 작은 구성요소로 분해하고 각각의 것을 숙달한다면, 수공예 기술을 습득하는 것이 어렵지 않다는 것을 알게 될 것이다.

참고자료

스티브의 책 『Novice to Expert』는 당신이 새로운 기술을 구조적으로 분해하는 과정을 알려 주고 그것을 일상의 습관으로서 작용하도록 하는 과정을 알려 줄 것이다.

#63. 텔레비전에서 벗어나 휴식 시간을 가지라

텔레비전은 대부분의 가정에서 끊임없는 동반자이자 여가 생활의 원천이 되었다. 미국 성인의 하루 평균 텔레비전 시청 시간은 4시간이 넘는다. 이 수치는 하루에 당신이 일어나 있는 시간의 약 1/4 가까이 되고, 1년에 3개월이 넘는 시간이다.

비록 텔레비전을 보는 것이 밤에 휴식을 취하는 의식처럼 보일 수 있지만 그것은 당신의 스트레스를 증가시킬 수 있다. 왜냐하면 텔레비전을 봄으로써 당신의 정신적, 그리고 육체적 건강을 위해 더 좋은 일을 할 수 있거나 해야만 하는 활동들로부터 멀어지기 때문이다.

「Too Much Sitting: The Population-Health Science of Sedentary Behavior」라는 연구 결과에서는 하루에 텔레비전을 3시간 또는 그 이상 보는 사람들은 그렇지 않은 사람들에 비해 비만이 될 확률이 높음을 보여 준다.

텔레비전을 시청하는 동안 우리는 자리에서 움직이지 않을 뿐만 아니라 아무런 생각 없이 간식을 먹는 경향이 있다. 우리는 우리가 이미 먹었던 간식이나 쿠키의 개수를 세지 않는다.

텔레비전은 마음을 산란하게 하고 감정적으로 메마르게 할 수 있다. 텔레비전을 보는 동안, 당신의 마음은 당신이 해야 하는 것들로부터 자극을 받는다. 이러한 자극들로 인해서 정신이 멍해지고 자주 마음이 괴로워진다.

실제로 텔레비전을 많이 시청하는 사람들은 텔레비전을 조금 시청하는 사람들보다 덜 행복하고 걱정을 더 많이 한다는 「Television Addiction is No Mere Metaphor」라는 연구 결과가 있다. 텔레비전을 자주 시청하는 사람들은 그들이 텔레비전을 시청하기 전에 느꼈던 감정과 비교해 볼 때 텔레비전을 시청한 후에 그들의 감정이 악화되었다고 말했다. 또한 메릴랜드 대학교(University of Maryland)의 교수진은 「Watching Television Channeling Unhappiness?」라는 연구에서 행복하지 않은 사람들은 행복한 사람보다 텔레비전을 30% 이상 더 많이 시청한다는 결과를 발표했다.

비록 많은 텔레비전 프로그램이 교육적이고 긍정적일지라도, 지나친 텔레비전 시청은 아이들의 성적, 수면 습관, 그리고 행동에 부정적 영향을 끼칠 수 있다.

당신은 가족과 함께 텔레비전 프로그램을 시청할 수 있고, 심지어 가족과 함께 특정한 프로그램을 시청하는 것을 하나의 의식으로 여길 수도 있다. 하지만 함께 텔레비전을 시청하는 것은 서로에게 신경을 쓰며 지금 현재에 집중하는 것과는 다르다. 모든 눈과 귀가 텔레비전이라는 것에 국한되어 있을 때는 가족과 서로 연결되어 있다고 느끼기 힘들다.

텔레비전 시청을 중단하는 것은 당신의 가족과 당신 자신 모두에게 매우 많은 마음챙김의 기회를 형성한다. 당신은 당신의 배우자, 아이들과 함께 더 많은 시간을 보낼 것이다. 당신은 잊고 있었던 취미와 흥미를 다시 시작할 수 있다. 당신은 수동적이고 지루한 일상에서 벗어나 과제, 명상, 운동, 또는 새로운 기술을 배울 수 있다.

만약 텔레비전을 시청하는 것이 당신의 저녁 활동의 큰 부분을 차지한다면, 이는 중독적인 측면을 가지고 있기 때문에 당신 스스로 그것으로부터 서서히 벗어나야만 한다. 저녁 동안 텔레비전을 끄고 있거나 '전원' 버튼을 누르기 전에 잠깐 기다리라. 이 시간을 이용해 당신의 긴장을 풀고 휴식할 수 있게 도와주는 마음챙김 활동을 하라.

당신이 텔레비전을 보는 시간을 다시 줄일 때, 당신은 또한 당신이 보는 것에 대해 더 많은 관심을 가질 수밖에 없다. 몇몇 텔레비전 프로그램은 현실적이고 교육적이지만, 평균적인 텔레비전의 편성표는 너무나 가치 없는 것들을 많이 포함하고 있다. 단순하게 텔레비전을 켜고 텔레비전에 나오는 모든 것을 그저 바라보기만 하기보다는 당신의 가치에 어울리는 생각 있는 선택을 하라.

텔레비전으로부터 벗어나는 것은 당신을 더 생동감 있게 만들어 준다. 텔레비전 앞에 수동적으로 앉아만 있는 것은 생동감 있는 삶이 아니다. 텔레비전에서 다른 사람들이 활동하고 삶을 즐기는 모습을 보는 것보다 당신과 당신의 가족은 자신들을 위해 더 즐기는 시간을 만들어 낼 수 있다.

활동계획

당신과 당신의 가족이 텔레비전 앞에서 얼마나 많은 시간을 소비하는지에 대한 현실을 직시하는 것으로 시작하라. 마음속으로 지난주를 검토하고 텔레비전이 몇 시간가량 켜져 있었는지 검토하라. 현실을 직시하는 것은 시간을 어떻게 보내는지에 대해 더 마음챙김을 갖고 의미 없는 시간을 줄이는 데 큰 동기가 될 수 있다.

당신의 배우자, 가족과 함께 앉아서 텔레비전 시청을 줄이겠다는 의지를 밝히라. 그들에게 텔레비전을 많이 시청함으로써 받게 되는 부정적인 영향과 텔레비전을 시청하지 않음으로써 얻는 이점들에 대해 설명하라. 당신이 당신의 아이들에게 이 생각을 표현하기 전에 당신과 당신의 배우자가 텔레비전을 시청하는 시간을 줄이는 것에 대해 확실하게 동의하게 하라.

당신이 줄이기를 원하는 텔레비전의 시청 시간을 정하거나 텔레비전 프로그램의 수를 정하라. 만약 당신이 텔레비전을 너무 많이 시청한다면, 조금씩 줄이면서 시작해 당신이 '텔레비전 포기'로부터 너무 많은 고통을 겪지 않도록 하라. 당신은 매일 저녁 평소보다 30분씩 일찍 텔레비전을 끄거나 식사를 하는 동안 텔레비전을 끄는 결정을 할 수 있다.

또한 무비판적으로 켜져 있는 텔레비전 프로그램을 시청하기보다는 당신이 시청하기를 원하는 텔레비전 프로그램에 대해 깊은 생각을 가지고 결정을 하라. 다른 것들보다 더 중독적이고, 더 시간을 소비하며, 더 부정적인 특정한 종류의 프로그램들이 있다. 당신은 리얼리티 프로그램, 주요 뉴스 논쟁 프로그램, 3시간짜리 스포츠 프로그램, 또는 많은 폭력 행위를 담고 있는 프로그램을 보지 않을 것을 고려해야 한다.

당신이 텔레비전을 시청하지 않는 시간을 긍정적인 방법으로 채울 수 있는 것이 무엇일지에 대해 생각하라. 당신이 텔레비전 시청을 하지 않도록 유지하게 하는 동기를 저하시키는 집안일이나 당신(또는 당신의 아이들)이 하기 싫어하는 어떠한 일도 그 시간에는 하지 말라. 이 시간을 이용해 휴식할 만한 취미 활동을 하거나 책을 읽으라. 당신은 당신의 가족과 함께 게임을 하거나, 저녁 산책을 하거나, 또는 함께 창의적인 과제를 해도 된다.

당신이 텔레비전 시청을 하지 않음으로써 어떤 것을 느끼는지에 주목하라. 당신은 텔레비전 소리가 들리지 않으면 더 불안해하거나 지루함을 느낄 것이다. 당신은 심지어 텔레비전을 다시 켜고 싶어 할 수도 있다. 이러한 감정을 알아차리되, 즉시 리모컨을 향해 손을 뻗지 말고 그 순간을 지나가게 하라. 현재 이 순간에 주의를 두면서 텔레비전을 시청하는 대신에 당신이 하고 있는 것에 다시 집중하라.

당신이 텔레비전 쇼에 집중할 때, 당신의 집에서 나는 소리, 당신 집 안의 불빛, 또는 반려견을 옆에 가까이 두었을 때 느끼는 평화로움을 자주 놓칠 수 있다는 점에 주의하라.

텔레비전 시청을 줄이는 것을 몇 주 동안 한 후에 당신과 당신의 가족이 더 많은 마음챙김 활동들을 위해 투자하는 시간에 대해 어떻게 느끼는지 다시 한번 돌아보라. 더 많은 시간을 함께 보내고, 더 매력적이고 긍정적인 일을 하는 것의 긍정적인 영향에 대해 이야기하라.

만약 이 텔레비전 시청 시간을 줄이는 것이 당신에게 긍정적이었다면, 그 시간을 더 줄이는 것을 고려하라. 텔레비전 프로그램을 보는 것이 일상이라기보다는 특별한 일이라고 생각하도록 하라.

참고자료

당신은 또한 30일 동안의 새로운 무언가를 시도하는 것의 가치에 대한 내용을 담고 있는 맷 컷츠(Matt Cutts)의 TED Talk 〈Try Something New for 30 Days〉를 참고할 수 있다.

#64. 마음챙김 육아 계획을 발달시키라

마음챙김 육아는 단순히 유명한 긍정적 문구가 아니다. 마음을 챙기는 부모를 둔 아이들은 우울, 긴장, 무기력함, 그리고 약물 사용을 피할 수 있는 뚜렷한 이점을 갖는다.

실제로 「The Association of Parent Mindfulness with Parenting and Youth Psychopathlogy Across Three Development Stages」라는 버몬트 대학교(University of Vermont)의 한 연구에서는 부모들의 마음챙김과 긍정적인 육아가 아이들의 행복에 영향을 미치는지에 대해 조사했다. 그들은 마음챙김 육아를 부모들이 얼마나 자녀들에게 주의 깊고, 판단하지 않으며, 반응하지 않는지에 중점을 둔 육아라고 정의했다. 긍정적인 육아는 아이들에게 조건 없는 사랑을 표현하는 행동을 보이고, 거친 육체적 처벌을 하는 것이 아니라, 제한을 두는 행동을 보이는 것을 의미한다.

긍정적이고 마음챙김적인 육아 접근은 아이들의 긍정적인 행동과 더 관련이 있다. 아이들은 덜 벗어나는 행동을 했고 긴장과 우울을 덜 경험했다.

연구에 따르면, 마음챙김 육아에 수반된 3가지 주요 요인이 있다.

1. 당신의 아이들과 충돌할 때 당신 스스로의 감정을 자각하라.
2. 당신 아이들의 대답을 듣기 전에 화가 난다면 잠깐 멈추라.
3. 아이의 의견에 동의하지 않아도 주의 깊게 귀를 기울이라.

비록 마음챙김 육아가 아이들에게 심오한 영향을 끼칠지라도 부모들은 그 순간의 부딪힘에 걸려 넘어진다. 아이가 행동할 때 인내심을 유지하는 것은, 심지어 당신이 의도적으로 마음을 챙기려고 할 때조차도 정말 도전적인 일이다.

당신이 바쁘고 정신없는 삶 속에서 당신의 아이들로 인해 미쳐 버릴 것 같은 순간에 침착해지기는 어렵다. 마음챙김 육아의 목적은 절대 반응하지 않는 완벽한 부모가 되는 것이 아니라 심지어 당신이 때때로 실패하더라도 현재에 더 집중하고 당신의 아이들에게 책임감을 갖는 것이다.

Gaiam과의 인터뷰에서 존 카밧진은 이렇게 말했다.

> 마음챙김 육아는 일생 동안의 연습이다. 이것은 당신이 결과에 영향을 덜 받고 당신의 삶과 당신 아이들의 삶에서 펼쳐지는 무언가에 마음을 챙기는 것을 의미한다. 마음챙김 육아는 순간적이고, 열린 마음이며, 판단이 없는 주의이다. 이것은 우리의 아이들을 우리가 원하는 대로 바라보는 것이 아닌 그들 자체로서 바라보는 것이다. 우리는 인생에서 펼쳐지는 모든 것을 우리의 육아를 위한 교과과정이 되도록 내버려 둔다. 왜냐하면 그것은 우리가 그것을 좋아하든 그렇지 않든 존재하기 때문이다.

만약 당신이 이런 방식의 육아가 끌린다면 10분 정도를 투자해 마음챙김 육아 계획을 짜라. 이것은 당신의 아이들에게 행복을 줄 뿐만 아니라 당신의 아이들과 당신의 관계를 의도적으로 더 의식 있고 끈끈하게 만들어 줄 것이다.

활동계획

마음챙김 육아 계획을 세우는 것은 당신이 부모로서 되고 싶은 사람, 아이들과 어떻게 교류하고 싶은지, 그리고 그러한 도전적이고 스트레스를 많이 받는 상황이 오면 어떻게 해야 할지를 결정하는 것을 포함한다.

이것을 시작하기 위한 최고의 방법은 당신이 현재 어떠한 육아 방식을 취하고 있는지와 당신이 더 마음챙김적인 육아 방식을 가지기 위해 어떤 것을 변화시켜야 할지에 대해 평가하는 것이다. 이것은 당신 스스로에게 다음과 같이 몇 가지 질문을 함으로써 할 수 있다.

- 육아에 접근하는 나의 방식은 좀 더 책임감이 있는가, 아니면 좀 더 반응적인가?
- 우리의 바쁜 계획 때문에 나의 아이들의 인생을 급하게 만드는 경향이 있는가?
- 아이와 함께 있을 때 내가 자주 산만해지는가?
- 나는 규칙에 접근하는 '나만의 길 또는 고집'을 가지고 있는가, 아니면 나의 아이들의 의견을 귀 기울여 듣는가?
- 나는 자주 화내거나, 소리 지르거나, 체벌을 하는가?
- 나의 아이들이 잘못된 행동을 하거나 벗어났을 때,

나는 한 번 생각하고 그다음에 결정하는가?

- 나는 아이들과 상호작용하는 동안 감정에만 충실하는가?

- 나는 아이들과 함께 지내는 시간보다 전자기기들을 사용하며 더 많은 시간을 보내는가?

- 나는 아이들과 시간을 보낼 때 현재에 집중하고 몰두하는가?

이러한 질문에 답할 때보다 신중한 접근으로 이득을 얻을 수 있는 영역에 대해 적어 두라. 과거에 부모로서 더 반응적이고 산만해졌다고 해도 여전히 패턴을 바꿀 수 있는 충분한 시간이 있다.

여기 당신이 마음을 챙기면서 육아를 하도록 도와줄 수 있는 7가지 아이디어가 있다.

1. 당신은 어떤 사람이 당신의 아이와 함께 하면 좋을지 생각해 보라. 당신의 아이가 자라서 자신의 어린 시절과 부모로서의 당신을 돌아볼 때, 그들은 누구를 기억할 것인가? 당신의 아이들이 기억하기를 원하는 사람이 되기 위해 당신은 무엇을 더 할 수 있는가?

2. 갈등과 나쁜 행동에 대해 '멈추고, 숙고하고, 응답하

기를 시행하라. 만약 당신의 아이들이 소리를 지르거나 예의가 없다면, 당신은 즉시 그에 대해 반응할 필요가 없다. 마음을 비우고 차분해진 후 당신이 어떻게 반응하고 싶은지와 어떤 말을 하고 싶은지 생각해 보라.

3. 당신의 아이들과 함께하는 모든 일상을 천천히 해 보라. 당신과 당신의 아이들 모두에게 너무 많은 긴장, 스트레스, 그리고 좌절은 어떤 일에서 다음 일로 급하게 넘어갈 때 나타난다. 활동들 사이에 충분한 시간을 갖고 하루 일과에 억지로 몰입하는 것을 줄이라. 아이들에게는 활동을 바꾸기 위한 시간이 필요하며, 정하지 않고 노는 시간이 필요하다.

4. 하루 동안 당신의 아이들(그리고 당신)이 휴대폰, 컴퓨터, 게임기기, 그리고 텔레비전에서 완전히 벗어나는 '전자기기에서 벗어나는' 시간을 만들라. 이런 장치들은 방해 수단이 될 뿐만 아니라 아이들을 과도하게 자극하고, 그들을 더 공격적이고 스트레스를 받게 만든다.

5. 당신이 아이들과 함께 있다면 그 순간에 더 집중하라. 연구 결과들은 당신의 아이들이 좋은 시간을 보내게 하는 데 당신이 많은 양의 시간을 투자할 필요

가 없다고 밝히고 있다. 하지만 당신이 아이들과 보
내는 시간의 질은 중요하다. 그것이 몇 시간이든 고
작 15분이든 상관없이 당신이 아이들과 함께 하는
어떤 것이든 그 순간에 충실하고 그 시간을 중요하
게 여기라.

6. **당신의 아이들의 말에 귀 기울이고 그들이 말하는
   단어에 주의하라.** 아이들의 눈을 쳐다봄으로써 당
   신이 아이들의 말을 듣고 있다는 것을 알게 하고, 당
   신이 듣는 이야기에 바로 반응하며 사랑과 보살핌으
   로 대답하라.

7. **유년기는 짧다는 것을 명심하라.** 만약 당신이 주의
   를 집중한다면 당신이 당신의 아이들과 함께할 수
   있는 마법 같은 순간들은 매우 많다. 작고, 재미있
   고, 평화롭고, 행복한 이 아이들의 시간은 짧은 몇
   년 안에 영원히 사라진다. 완전히 필요로 하지 않는
   업무들과 과제들은 제쳐 두고 이런 마법 같은 순간
   들을 더 우선시하라. 당신의 일상에서 정말로 중요
   한 것이 무엇인지에 대해 다시 생각해 보라.

마음챙김 육아에 대한 더 많은 정보를 원한다면, 셰팔리 차바리 박사(Dr. Shefali Tsabary)의 책 『The Conscious Parent』와 리슨 레이스 박사(Kristen Race, PhD)의 책 『Mindful Parenting: Simple and Powerful Solutions for Raising Creative, Engaged, Happy Kids in Today's Hectic World』를 참고하라.

#65. 갈망과 열망을 길들이라

마음챙김적으로 사는 것의 가장 큰 도전들 중 하나는 '더' 라는 우리의 욕구를 다루는 것이다. 우리는 더 많은 돈, 더 행복한 인간관계, 더 큰 집, 더 좋은 직업을 갈망한다. 우리는 이와 같은 것들을 얻기 위한 방법으로 무언가를 갈망하거나 그런 것들을 얻기 위해 계획한다. 우리는 고통, 실망, 그리고 불행을 끝내기를 갈망한다.

우리가 마음속에서 느끼는 갈망은 작게라도 끊임없이 존재하며 폭발한다. 우리는 이런 갈망하는 것들을 얻기 위해 이미 한번 행복함과 평화로운 마음을 느낀 적이 있기 때문에 마음속으로는 우리의 삶에 대해 만족하지 못하고 있다.

우리가 무언가를 갈망하는 것은 본능이다. 그것은 바로 해결해야 할 문제들이다. 우리는 아침에 일어나서 커피를 마시는 것을 갈망하며, 저녁에는 긴장을 풀고 휴식을 취하기 위해 칵테일 한 잔을 마시는 것을 갈망한다. 우리는 스마트폰이 고장 났을 때 바로 고치기를 갈망하고, 이메일 확인에 대한 즉각적인 만족을 갈망하며, 무의미하게 텔레비전을 시청하는 것의 마약 같은 효과를 갈망한다.

우리가 우리의 갈망과 열망에 굴복하면 할수록 그것들이 가지고 있는 힘은 우리를 더 제압한다. 그것들은 우리를 동요시키고, 불안하게 하고, 좌절하게 한다. 우리의 욕망이 충족되지 않을 때, 우리가 원하는 것을 가질 수 없을 때, 우리는 우리의 실망감을 마음속에서 반복하고 순환시켜 우리의 불행한 감정을 격화시킨다.

목표를 갖거나 당신의 상황을 개선시키는 데 잘못된 방법은 없다. 하지만 당신이 너무 열망하는 것을 가지려고 하면 그것들은 현재의 순간을 향유하는 당신의 능력을 방해하고 그 이후에는 당신에게 불필요한 고통을 줄 것이다.

마음챙김에 대한 기사 「Taming the Wanting Mind」에서 정신 요법 의사이자 작가인 샤샤 T. 로링(Sasha T. Loring)의 말에 따르면, "우리의 정신적인 에너지의 많은 부분은 우리가 원하는 것을 얻는 것에 초점을 둔다. 다행히도, 마음챙김의 길은 알아차리고, 느슨해지고, 결국 이런 끊임없는 갈망과 많은 욕심으로부터 우리 스스로를 자유롭게 한다."

당신은 하루의 끝에서 당신의 갈망과 애착이 가장 강해짐을 발결할지도 모른다. 당신이 긴장을 풀고 쉬고 있을 때, 당신은 당신의 삶에서 무엇을 놓쳤는지, 얼마나 당신이 필사적으로 그것을 원하는지, 그리고 당신이 이러한 갈망들을 충족시키기 위해 필요한 것들은 무엇인지 집착하는 데 많은 시간을 보낸다. 당신이 그것에 대해 더 생각하면 할수록 당신은 당신이 되고 싶은 것에 더 집착하게 된다.

진실은, 당신이 가지고 있지 못한 것에 너무 집착하게 되면 눈앞에 놓인 아름다운 현실을 볼 수 없다는 것이다. 『Loving What is: Four Questions That Can Change Your Life』의 작가 바이런 케이티(Byron Katie)는 "우리가 현실을 부정하는 것을 그만둘 때, 행동들은 단순해지고, 유연하고, 친절해지고, 두려움이 사라지게 된다."라고 말한다.

저녁에 10분가량 당신이 열망하고 갈망하는 것에 대해 검토하는 시간을 가지면 그것들을 내보내는 길을 만들 수 있다. '가지고 있지 않은 것'에서 벗어나면서, 당신은 이 순간 당신이 가지고 있는 것에 대해 감사하는 자유로운 마음을 발견할 것이다. 이로써 인생이 더 쉬워지고 더 평화로워진다.

활동계획

당신이 방해받거나 간섭받지 않을 만한 조용한 장소를 찾으라. 메모를 하기 위한 펜과 종이를 준비하라.

눈을 감고, 깊고 깔끔한 심호흡을 몇 번 하라. 당신의 감정과 신체의 느낌에 주의를 집중하라. 좌절, 불안함, 긴장감, 실망감, 또는 화남 등의 어떠한 감정에도 주목하라.

이러한 감정을 반영하는 신체적 증상들 — 근육통, 당김, 짧은 호흡, 혹은 복통 — 에 주목하라.

이런 부정적인 감정들과 신체 증상들을 유발하는 당신의 갈망과 열망이 무엇인지에 대해 스스로에게 조용히 물어보라. 당신이 집착하는 '무언가를 바라는 마음'은 무엇인가? 당신은 무언가가 충족되지 않을 때 어떠한 감정을 느끼는가? 당신의 열망과 관련하여 당신에게 드는 생각들은 무엇인가? 이런 물음에 대한 대답으로서 당신에게 떠오르는 어떤 것이든 적으라.

당신이 열망하고 갈망하는 것들이 무엇인지 확인했다면, 다시 눈을 감고 명상 속에서 당신의 생각들을 관찰하는 것처럼 그것들을 다시 돌아보라. 마치 그것이 당신의 의식 속에서 떠다니는 구름인 것처럼 열망하는 것을 관찰하라. 당신이 열망하는 것은 당신을 굴복시키는 힘을 가지고 있지 않은 생각일 뿐이라고 인지하라.

당신이 열망하고 갈망하는 것들로 인해 당신이 집중해야 할 것에서 얼마나 벗어나고 초점을 잃는지에 주목하고, 어떻게 그런 일이 일어나는지에 주목하라. 당신이 당신의 주의 집중력의 주인이라는 것을 스스로 상기하고 당신의 주의를 현재 이 순간에 두라. 이 활동을 하는 동안 집중력을 높이는 것을 돕기 위해 호흡법을 하나의 수

단으로 삼으라.

당신의 주의가 현재 이 순간으로 넘어왔다면, 그 순간을 감사함과 만족함의 시선으로 보라. 이 순간의 아름다움과 선함을 매우 밝게 빛나도록 해서 '잃어버린 것'을 보지 못하게 하라. 현재의 순간이 이상적이지는 않더라도 있는 그대로를 받아들이고 포용할 때 완벽함이 있다.

현재 이 순간에 여전히 집중하지 못하게 하는 갈망이나 불만족과 같은 감정들에 주의를 두라. 부드럽게 당신의 호흡법에 다시 주의를 두거나 당신 주위에 있는 것들에 대한 인식에 주의를 두라.

당신이 이 활동을 끝내면, 당신은 당신의 일상에서의 갈망과 애착에 대해 더 깨달음을 얻을 것이다. 이 깨달음을 이용해 중심으로 되돌아오라. 당신 스스로 현재 이 순간은 완벽하고 당신이 갈망하는 것으로부터 벗어남으로써 당신의 고통을 끝낼 수 있다는 것을 상기하라.

참고자료

바이런 케이티의 책『Loving What is: Four Questions That Can Change Your Life』와 데이비드 R. 호킨스(David R. Hawkins)의 책 『Letting Go: The Pathway of Surrender』를 참고하라.

#66. 마음챙김으로 당신의 하루를 되돌아보라

———

많은 사람은 새해가 오기 전에 지난해를 되돌아보고 그들이 무엇을 성취했는지에 대해 검토하는 시간을 가진다. 그들은 그들이 세웠던 목표와 그들이 그것을 성취하는 데 얼마나 많은 노력을 기울였는지에 대해 생각할 것이다. 해마다 이런 검토를 하는 것은 자기의식을 기르고 개선할 수 있게 해 준다. 이것은 당신이 무엇을 잘 했는지와 당신이 앞으로 얼마나 개선할 수 있는지에 대해 알게 해 주는 기회이다.

해마다 자기평가를 하는 것은 당신의 주요 인생 목표와 관련해 가치 있는 활동이다. 그러나 연말에 이러한 검토를 하지 않으면 당신이 삶의 질을 향상시키기 위해 할 수 있는 변화를 충분히 인식하지 못하게 된다.

우리가 이 책을 통해 언급했듯이, 당신이 가질 수 있는 최고의 값진 순간은 오직 지금 이 순간이다. 당신이 경험하는 현실은 오직 이 순간이다. 따라서 당신이 인생에서 어떤 행동을 하고 있는지에 대해 수행할 수 있는 최고의 분석은 현재에 얼마나 충실한지와 일상에서 당신이 얼마나 마음을 챙기고 있는지에 대한 확신이다.

당신이 완벽하게 현재에 100% 충실할 수는 없다. 하지만 당신이 이 책에 있는 활동을 통해 배웠듯이, 현재에 더 충실하기 위해 당신은 당신의 생각들, 행동들, 그리고 삶의 우선순위들을 조정할 수 있다.

만약 마음챙김적으로 산다는 생각이 당신에게 흥미를 불러일으키고 있다면, 당신의 발전을 지켜보고, 무엇이 당신에게 효과가 있는지, 무엇이 그렇지 않은지를 보고, 매일 매 순간 당신의 '마음챙김 근육'을 만들도록 도전하는 것이 중요하다.

당신은 "피드백을 받으면 더 나아진다."라는 말을 들어 봤을 것이다. 그리고 이것은 다른 어떠한 노력과 마찬가지로 마음챙김을 연습하는 데에도 적용이 된다. 일상의 마음챙김 습관을 형성하는 것은 인내심, 끈기, 그리고 전념을 필요로 한다. 그러나 당신 스스로의 발전과 이런 습관들이 당신의 마음 상태에 어떤 영향을 미치는지를 바라보는 것은 당신이 그것을 노력할 수 있게 하는 동기와 욕구를 줄 것이다.

토니 번하드 박사(Toni Bernhard, J.D.,)는 『Psychology Today』에 실린 그의 기사 「Change Your Painful Habits with A Mindful Review of Your Day」에서 이렇게 말한다. "우리가 우리의 생각, 감정, 말, 그리고 행동이 우리나 다른 사람들을 잘 도울 수 없었던 방식들을 더 많이 인식하면 할수록 미래에 우리의 행동을 바꿀 수 있는 가능성은 더 커질 것이다."

활동계획

하루가 마무리될 때, 집이 조용해지고 당신이 모든 과

업을 마쳤을 때 자기반성을 위해 몇 분가량 앉아 있으라. 당신이 방해받거나 간섭받지 않을 만한 조용한 장소를 찾으라.

눈을 감고 짧게 심호흡을 하여 차분해진 상태를 만들고 마음을 비우라.

먼저, 당신이 그날 하루에 일찍 하고자 했던 혹은 당신이 스스로 일반적으로 설정했던 구체적인 마음챙김 목표들이나 습관들에 대해 생각하라. 아마도 당신은 아침에 일기를 쓰거나 당신의 하루를 위한 목표를 설정하는 것을 생각할 수 있다. 당신은 아마도 당신의 가족 또는 동료 직원들과 함께 현재에 더 충실하는 것을 생각할 수도 있다. 또는 당신은 점심시간 동안 명상을 하는 계획을 가질 수도 있다.

이러한 구체적인 마음챙김 목표들과 관련하여 당신은 오늘 하루 동안 얼마나 그것을 잘했는가? 당신은 행동에 옮기는 것을 명심했는가? 당신은 어렵거나, 지루하거나, 또는 도움이 되지 않는 습관들을 찾았는가? 또는 이러한 마음챙김 활동들이 당신의 생산성, 행복, 일반적인 만족감, 그리고 내면의 평화를 향상시켰는가? 당신 스스로와 당신의 마음이 행했던 길에서 배운 것은 무엇인가?

만약 당신이 당신의 마음챙김 노력과 함께 어떠한 도

전을 경험했을 때, 당신은 무엇을 다르게 할 수 있었는가, 또는 당신을 향상시키기 위해 당신의 행동들을 어떻게 바꿀 수 있었는가? 당신은 다음 날 어떻게 해야 더 나아질 수 있는가?

당신 스스로 세운 마음챙김 목표 또는 습관들을 되돌아본 후에 다시 돌아가서 당신의 하루를 전체적으로 검토하라. 당신이 다른 사람들과 함께 했던 만남에 대해 살펴보라. 하루 동안 당신이 육체적, 그리고 정서적으로 어떤 감정을 느끼는지에 대해 다시 생각해 보라. 당신이 당신의 일 또는 일상 활동들을 할 때 얼마나 집중력 있고 생산적으로 했는지 생각하라.

당신이 무관심했고 신경을 쓰지 않았던 행동들이나 상황들은 무엇이었는가? 당신이 반응을 하지 못하고, 집중을 하지 못하거나, 다른 것들로부터 방해를 많이 받았던 시간들이 있었는가? 당신의 마음이 급하고, 같은 생각이 반복되고, 무언가를 갈망했던 시기가 있었는가?

이런 상황들에 대해 조심스럽게 들여다보고, 당신이 어디에 있었고, 무엇을 했고, 무엇이 그런 상황들을 유발했는지에 주의를 집중하라. 당신이 그 상황에서 좀 더 마음을 챙기기 위해 변화할 수 있는 것은 무엇이며 앞으로 이런 비슷한 일이 존재할 때 어떻게 마음을 챙길 것인가?

당신의 하루 동안 마음챙김으로 반응하고, 심사숙고하고, 집중하고, 현재에 충실하고, 집중했던 어떠한 사건이나 상호작용들이 있었는가? 이런 것들에 대해 당신은 자연스럽게 반응했는가, 또는 마음챙김을 연습하기 위해 스스로 의도했는가? 이런 상황들 속에서 당신의 감정은 어떠했는가? 당신이 더 의식적인 상황 속에 있었다면 그것들로부터 무엇을 얻어 당신을 도울 수 있었는가?

물론 지금의 목표는 당신의 상호작용과 행동들에 있어서 완벽해지는 것이 아니다. 그것은 불가능한 목표이고, 당신이 성취하기를 바라는 마음의 평화를 방해할 것이다.

목적은 자기의식을 길러서 당신의 인생에서의 사건들에 대해 더 자동적인 마음챙김 반응을 하는 것이다. 시간이 지나면 당신의 모든 행동과 상호작용에서 마음챙김을 실천하는 것은 예외가 아니라 더 많은 기준이 될 것이다.

참고자료

마음챙김 검토 습관을 발달시키는 하나의 방법은 꾸준히 일상의 일기를 적음으로써 당신의 나아진 점을 되돌아보는 것이다. 많은 종류의 기록이 있지만, 우리는 Moleskine Passion Wellness Journal을 추천한다. 왜냐하면 이것은 당신이 당신의 개인적인 발달에 대해 구체적인 코멘트를 적을 수 있는 빈 공간과 함께 개인적으로 발전할 수 있는 동기를 부여하는 내용들이 포함되어 있기 때문이다.

#67. 내일을 위한 계획을 세우라

하루를 검토한 후에 이어서 할 수 있는 훌륭한 습관은 내일을 위해 계획하는 것이다. 다음 날이 오기 전날 밤에 계획을 세우는 것은 아침에 시간을 낭비하지 않게 할 뿐만 아니라 당신이 검토하면서 배웠던 것을 사용할 기회를 준다.

당신은 저녁에 쉬고 싶은 마음이 크기 때문에 이 습관을 무시하고 넘어가려는 유혹에 빠지기 쉬울 것이다. 하지만 내일을 위한 당신의 목표와 계획들에 대해 오직 10분이라도 생각하는 것은 당신의 정신없는 아침에 잠재적으로 도움을 줄 것이다.

계획 그 자체는 마음챙김 연습이 될 수 있고, 전날 밤에 당신의 아침 준비 작업의 일부를 끝낼 수 있다. 당신의 삶을 더 조용하고, 더 단순하고, 더 능률적으로 만드는 것은 당신의 모든 마음챙김 노력을 지원하고, 당신이 앞으로 다가오는 것에 **반응하는 것보다** 가장 중요한 것에 집중하도록 도움을 준다.

당신의 많은 계획은 당신이 완료해야 할 과제들, 스케줄에 의한 약속, 그리고 이행해야 할 의무들과 관련하여 자연스럽게 실용적이게 될 것이다. 당신은 또한 점심 요리하기, 입을 옷을 준비하기, 그리고 차에 실어야 할 짐들을 미리 싸기와 같은 작업들을 완료할 수 있다. 만약 당신에게 아이들이 있다면, 당신은 아이들의 옷과 음식을 준비할 수 있다.

당신은 또한 이 시간을 이용해 당신의 마음챙김 목표와 당신이 이전의 날들에서 배웠던 것에 기초하여 내일을 위해 개선하기를 원하는 것에 대해 생각할 수 있다. 만약 당신에게 이런 노력들과 마음 변화를 위한 계획이 없다면, 당신은 그것을 실행하는 것을 잊을 것이다. 어떠한 습관과 마찬가지로 마음챙김은 당신이 그것을 몇 주 동안 연습하기 전까지는 자연스러워지지 않는다.

활동계획

펜과 종이를 가지고 앉은 후 심호흡을 몇 번 하라. 당신이 당신의 계획에 완전히 집중할 수 있도록 어떠한 방해도 무시하라.

점심을 준비하거나 옷을 준비하는 것과 같이 실제 생활의 일들을 검토하는 것으로 하루를 시작하는 것은 당신의 아침을 더 매끄럽게 지나가도록 만들 수 있다. 아침에 서두르지 않도록 오늘 밤 할 수 있는 일들의 목록을 적어 두라.

다음으로, 이미 내일로 예정되어 있는 이벤트, 회의, 또는 약속을 나열하고, 각각의 활동이 얼마나 오래 걸릴지, 그리고 하루 중에 시간이 얼마나 걸릴지를 기록하라.

마음챙김 습관 #15에서 언급했듯이 내일 성취하기를 원하는 당신의 3가지 주요 목표에 대해 생각하라. 당신은 아침에 좀 더 많은 여유를 갖기 위해 이것을 아침 습관에서 저녁 습관으로 바꾸길 원할 수도 있다. 이러한 각 과제를 완료할 수 있는 충분한 시간을 할당하라.

이 3가지 목표 외에 당신이 오늘(또는 주초에) 끝내지 못한 채 남겨 둔 업무나 내일 해결해야 할 과제가 남아 있는가? 만약 그렇다면 그것들을 나열하고 각각의 것을 완성하는 데 필요한 시간을 할당하라.

명상, 음악 휴식, 가족과 함께 여분의 시간 보내기 등과 같이 당신이 하루 동안 포함시키고 싶은 어떠한 마음챙김 운동도 반드시 고려하도록 하고, 당신이 하루 동안 이러한 습관에 부여하고 싶은 시간의 양을 포함시키도록 하라.

당신이 열거한 목표와 활동에 기초하여 다음 날의 스케줄을 아침부터 초저녁까지 매 시간 대략적으로 잡으라. 만약 당신이 당신의 스케줄을 너무 꽉 채웠다고 여겨지면, 우선순위가 낮은 항목들을 제거하라. 당신의 목표와 과제를 완성할 수 있는 충분한 시간을 자신에게 주어서 당신이 산만해지거나 일에 끌려가지 않고 각 활동에 주의 깊게 집중할 수 있도록 하라.

당신이 당신의 내일을 위해 하루 동안 더 현재에 충실하고 더 마음챙김을 얻을 수 있는 방법에 대해 생각하라. 당신의 일 속에서, 당신 주위의 사람들에게서, 그리고 당신의 하루 동안의 간단한 활동들에서 당신이 다음 날 집중하고자 하는 어떠한 것들이라도 목록으로 적으라.

눈을 감고, 다음 날을 위해 당신 스스로 계획했던 것들을 마음속으로 검토하라. 당신 스스로 모든 활동과 업무에 대해 차분하고 즐겁게 되돌아보라. 당신 스스로 다른 사람들과 함께 그 순간에 집중하고 당신이 무엇에 집중하고 있는지 상상하라.

눈을 뜨고, 당신이 아침에 쉽게 볼 수 있는 장소에 계획 목록을 놓으라. 취침 전에 완료하려는 준비 작업에 대해 조치를 취하기 시작하라.

참고자료

스티브가 가장 좋아하는 책 중 하나는 잭 캔필드의 『The Success Principles』이다. 이 책에서 당신은 진정으로 중요한 일에 집중하도록 당신의 하루를 계획하는 방법에 대한 조언을 포함하여 당신의 삶을 향상시키기 위한 64가지 전략을 알 수 있다.

#68. '셧다운' 의식을 실행하라

당신이 잠들기 전 1시간 동안 하는 전형적인 습관은 무엇인가? 아마도 당신은 불을 끄기 전에 텔레비전을 보거나, 소셜 미디어에서 시간을 보내거나, 뉴스를 확인할 것이다. 또는 잠들기 바로 전 당신의 일상에는 집안일을 하거나, 아이들을 안정시키거나, 당신의 배우자와 심각한 대화를 나누는 것이 포함될 수도 있다.

배리의 아이들이 학교를 다닐 때, 그녀는 아이들의 방과 후 활동 전후로 아이들을 태워다 주었고, 때로는 밤 10시에 집에 도착하기도 했다. 아이들을 안정시키고 마지막 남은 집안일을 한 후, 그녀는 하루의 분주한 활동에 지쳐서 바로 침대로 쓰러지곤 했다.

당신의 인생이 얼마나 바쁠지, 혹은 당신이 전자기기로부터 얼마나 유혹을 받고 있는지와 상관없이 당신이 단순히 잠자기 직전에 그 시간을 얼마나 더 마음챙김적으로 보낼 수 있는지에 대해 더 신경을 쓰기만 해도 육체적(그리고 정신적인) 행복을 향상시킬 수 있다.

텔레비전과 전자기기는 자극적이고 잠을 방해한다. 당신이 보거나 읽는 것은 특히 그 정보가 불안하거나 자극적인 경우 당신의 뇌를 바짝 긴장시킬 수 있다. 당신이 보는 전자기기와 텔레비전에서 방출되는 블루 라이트는 당신의 24시간 주기 리듬을 조절해 주는 호르몬인 멜라토닌의 생성을 방해하며, 이것은 우리가 잠에 들지 못하게 하고 잠에 든다 해도 편하게 자지 못하게 한다.

자기 전에 논쟁을 하거나 심각한 대화를 하는 것은 아드레날린의 생산을 자극하며, 당신이 휴식을 취하고 잠드는 것을 방해하는 반추 주기 형성을 시작하게 한다. 심지어 잠들기 직전에 육체적인 업무를 하는 것은 당신의 심박수와 체온을 증가시킬 수 있고, 이것 역시 당신을 쉽게 잠들지 못하게 한다.

잠은 당신의 정신적·육체적 건강과 인생의 질에 있어서 매우 중대한 역할을 한다. 잠은 당신의 집중력과 생산성을 향상시키며, 하루 동안 당신의 능력이 적절하게 기능하는 데 영향을 미친다. 잠을 제대로 자지 못하는 것은 비만, 심장병, 그리고 뇌졸중의 큰 위험성을 포함하는 모든 종류의 육체적인 문제와 연관성이 있다. 이것은 또한 우울증에 걸릴 위험성과도 관련이 있다.

여기서 중요한 것은 당신의 수면 습관에 대해 부주의한 것은 당신의 건강과 행복에 극도로 해로울 수 있다는 것이다. 잠들기 전 한 시간 동안의 당신의 행동은 빨리 잠드는 능력을 만들거나 깨트릴 수 있고, 수면의 질에 영향을 줄 수 있다. 그래서 우리는 이불을 덮고 불을 끄기 전에 진정을 하며 잠을 유도하는 의식을 만드는 마음챙김 습관을 제안하는 것이다.

가장 좋은 것은, 당신이 이 의식을 자기 전 30분에서 1시간 사이에 시작하는 것이다. 하지만 당신은 저녁 스케줄을 10~15분 정도 미루고 긴장을 푸는 과도기 시간을 설정하는 것으로 시작할 수 있다. 당신은 잠을 방해하는 몇몇 저녁 활동을 배제함으로써 이 습관에 더 많은 시간을 점점 추가하여 지속할 수 있다.

활동계획

잠들기 전에 취할 수 있는 행동에는 긴장을 풀고, 휴식을 취하며, 숙면을 준비하는 데 도움이 될 수 있는 다양한 활동이 있다. 당신이 우리가 다음에 언급하는 모든 활동을 포함시킬 필요는 없지만, 당신에게 가장 편안한 느낌을 주는 활동들을 선택할 수 있고, 그것을 합리적으로 당신의 계획에 포함시킬 수 있다.

1. **불을 일찍 *끄라*.** 국제 수면 협회(The National Sleep Foundation)가 수행한 「How Much Sleep Do We Really Need?」라는 연구에 따르면, 대부분의 성인은 하루에 7시간에서 9시간의 수면 시간을 필요로 한다. 그러나 CDC의 연구 「1 in 3 Adults Don't Get Enough Sleep」에 따르면, 성인의 1/3은 규칙적으로 충분한 수면을 취하지 못하고 있다. 당신이 15분 안에 잠을 잔다고 한다면, 최소한 7시간은 잠을 잘 수 있도록 당신이 불을 꺼야 하는 시간을 생각해 보라. 만약 당신이 아침 6시에 일어나야 한다면, 당신은 밤 11시까지는 잠들어야 한다. 그것은 당신이 밤 10시 45분 또는 그쯤에는 불을 꺼야 한다는 것을 의미한다. 처음에는 10분씩 불을 끄는 시간을 앞으로 당겨

스케줄에 맞는 최적의 취침 시간까지 작업하는 것부터 시작하라.

2. **잠을 잘 수 있도록 방을 구성하라.** 잠을 자기 위한 최고의 환경은 조용하고, 어둡고, 시원한 방이다. 창문을 가리거나 눈가리개로 빛을 차단하라. 온도조절 장치를 섭씨 65도에서 섭씨 70도 사이로 맞추고, 상황에 따라 담요를 적절히 조절하라. 만약 소음이 문제가 된다면, 백색소음 기계를 사용하는 것을 고려하라. 또한 자기 전 당신의 마음을 정리하는 효과를 갖기 위해 당신이 잠을 자는 공간을 청소하라.

3. **전자기기를 꺼라.** 텔레비전 또는 컴퓨터를 켜서 당신이 만들어 낸 수면 환경을 망치지 말라. 편안한 상태의 마음을 유지하기 위해 자기 전에는 당신의 스마트폰을 포함한 모든 전자기기를 꺼라.

4. **목욕을 하라.** 욕실의 조명을 조절하거나 촛불을 이용해 조용하고 편안한 분위기를 연출하라. 당신의 욕조를 따뜻한 물로 채우고 라벤더 오일처럼 수면을 유도해 주는 목욕 오일을 풀라. 따뜻한 물은 근육의 고통을 덜고 자기 전에 당신의 몸을 편안하게 하는 데 도움을 줄 수 있다. 잠들기 전 당신의 몸이 시원해지도록 목욕을 한 후 몇 분 정도 휴식을 취하라.

5. **가벼운 마사지를 받으라.** 만약 당신을 위해 마사지를 기꺼이 해 줄 파트너가 있다면 당신의 머리, 어깨, 그리고 등을 가볍게 마사지해 줄 것을 요청하라. 당신은 당신을 아프게 할 수 있는 깊은 조직 마사지를 원하지 않고, 오히려 마음을 진정시키고 긴장을 풀어 주는 마사지를 원할 것이다.

6. **가볍고 긍정적인 내용을 가진 글을 읽으라.** 당신이 읽는 글의 내용이 우울하거나 속상한 내용이 아닌 한 자기 전에 몇 분 동안 글을 읽는 것은 잠이 오는 데 도움을 줄 수 있다. 저녁은 기분을 북돋우고 영감을 주는 어떤 것을 읽기에 좋은 시간인데, 그것은 당신이 잠을 자기에 좋은 생각들로 당신의 마음을 가득 채우기 때문이다.

7. **저녁 감사 의식을 연습하라.** 자기 전에 감사 일기를 쓰는 것에 대한 더 자세한 내용은 다음 마음챙김 습관 #69에서 볼 수 있다. 또는 단순하게 잠이 들 때 당신이 감사하는 모든 것에 대한 생각을 떠올릴 수 있다. 당신은 자기 전에 양을 세기보다는 당신의 목록에 있는 각각의 항목으로부터 얻은 즐거움에 초점을 맞춘 축복들을 셀 수 있다.

8. **마음을 진정시키는 음악을 들으라.** 시트콤(드라마)이

나 뉴스를 배경 소리로 하여 요란하게 울리게 두기보다는 몸을 식히고 잠잘 준비를 하면서 마음을 진정시키는 음악을 틀어 놓으라. 스파 음악(spa music), 클래식한 음악, 가벼운 재즈 음악, 또는 당신을 편안하게 해 주는 어떠한 음악이든지 상관없다. 당신은 잠을 잘 준비를 하거나, 목욕을 하거나, 또는 책을 읽을 때 이런 음악을 틀어 놓을 수 있다. 만약 그것이 잠을 자는 데 도움을 준다면 귀에 이어폰을 꽂고 들으면서 자라.

9. **명상하라.** 자기 전 짧게 명상을 하는 시간을 갖는 것은 당신이 잡생각들과 걱정들로부터 벗어나는 데 도움을 줄 수 있다. 명상은 또한 당신의 혈압을 낮추고 호흡을 편안하게 해서 당신의 몸을 잠자기에 최상의 조건으로 만드는 데 도움을 줄 수 있다.

10. **단계적인 전신 이완 운동을 하라.** 침대에 누워 잠들기 전에, 몸 전체를 편안하게 하고 휴식을 취하라. 당신의 발가락부터 시작해서 머리까지, 움직이는 모든 부분에 집중하고 정신적으로 신체의 어떤 부분이 이완될 필요가 있는지 생각하라. 점점 더 나른해짐을 느끼면서 각 신체 부위에 집중하며 숨을 들이쉬라. 당신은 머리까지 가기도 전에 이 활

동을 하는 동안 잠드는 당신을 발견할 것이다.

11. **기도하라.** 만약 당신이 종교를 가지고 있는 사람이라면, 잠자기 직전은 당신의 더 높은 자아뿐만 아니라 당신이 믿는 더 높은 힘과 접촉할 수 있는 가장 좋은 시간이다. 이 시간을 이용하여 하루와 그 날의 걱정을 더 높은 존재에게 맡김으로써 평화로운 마음으로 잠들 수 있다.

참고자료

당신은 『Daily Routine Makeover: Evening Edition: Evening Tactics to Preserve Your Health, Sleep Restfully and Power Up for Tomorrow』라는 책에서 당신의 건강과 행복을 향상시켜 주는 더 많은 저녁 습관과 의식을 참고할 수 있다.

#69. 저녁 감사 일기를 쓰라

두 번째 마음챙김 습관에서 우리는 아침에 감사 일기를 쓰면서 다가오는 날에 대한 두려움과 불안의 생각을 떨쳐 버리고 긍정적인 태도로 바꾸는 방법에 대해 언급했다. 저녁에도 같은 규칙이 적용되지만, 저녁에는 반대로 적용된다.

당신은 오늘 긴 하루를 보냈고 잠자리에 들려고 한다. 당신이 의식적으로 16시간이 넘는 시간 동안 마음을 챙겼어도 당신은 아마 스트레스가 쌓였거나 풀리지 않은 몇몇 문제를 경험했을 것이다.

명확하게 해결을 보지 못한 마음으로 잠자리에 든다면 해결되지 않은 문제들이 밤새도록 마음에 응어리로 남아 편안하게 잠을 자는 데 어려움을 느끼게 될 것이다.

반면, 당신이 잠자기 전에 감사 일기를 꾸준히 쓴다면 당신은 당신의 수면이 좋아지는 것에 놀랄 것이다. 예를 들어, 「The Association Between Trait Gratitude and Self-Reported Sleep Quality is Mediated by Depressive Mood State」라는 한 연구에서는 저녁에 감사 일기를 쓰는 습관이 우울증을 감소시킨다는 것을 발견했고, 또 다른 연구(「The Impact of a Brief Gratitude Intervention on Subjective Well-Being, Biology and Sleep」)에서는 저녁에 감사함을 표현하는 것이 낙관주의, 수면의 질, 그리고 전반적으로 건강해지는 데 도움을 주며, 혈압을 낮추는 효과를 가지고 있다고 밝혔다.

따라서 당신이 더 나은 수면의 질과 함께 밤에 잠을 더 쉽게 자기를 원한다면 저녁 감사 일기를 쓰는 것을 고려하라.

활동계획

이 습관은 당신이 침대에 눕기 전 마지막 활동이 될 것이다. 이 활동을 한 후, 당신은 당신의 머릿속에 오직 좋은 생각들로만 가득 채워 잠을 자게 될 것이다.

과정은 간단하다. 첫째, 심지어 당신이 아침에도 일기를 사용할 수 있도록 일기장을 당신의 침대 옆에 두는 것을 명심하라. 그렇다면 그것이 당신의 생각들을 적어 내려가는 시각적인 신호로서 작용할 것이다.

다음으로, 일기를 열고 당신의 하루를 반성하는 시간을 가지라. 그날 일어났던 좋은 일들에 대해 생각하고 그 이후에 당신이 경험했던 몇몇 어려움에 대해 생각하는 시간을 가지라. 이상하게도, 당신은 당신이 경험했던 대부분의 '문제'가 거대한 계획의 틀 안에서는 의미가 없다는 것을 깨달을 것이다.

마지막으로, 당신의 생각들을 적고 당신이 무엇에 대해 감사하는지 적으라. 여기 당신이 쓸 수 있는 5가지의 예시가 있다.

1. 일기에 "나는 내가 건강하고 잘 사는 것에 대해 감사한다."와 같은 말로 감사 항목을 적으라.
2. 당신의 심장 박동 리듬에 집중하고 그것이 얼마나

따뜻하고 편안한지에 주목하라.

3. 당신의 생각들을 몸의 다른 구체적인 사항으로 옮기라. 당신의 근육은 아프지만 그것은 운동을 해서 생기는 좋은 느낌의 아픔이다. 당신의 호흡에 집중하라. 안정되고 고른 호흡, 부드러운 이불, 푹신푹신한 베개, 그리고 당신의 몸을 잡아 주는 매트리스를 느끼라.

4. 만약 당신이 육체적으로 지금보다 안 좋은 상황이었다면 당신의 인생이 어떨지에 대해 생각해 보라. 만약 당신이 지속적인 고통을 얻는다면? 만약 당신이 장애를 가지고 있다면? 심지어 당신의 몸이 문제를 가지고 있다면, 그것은 항상 최악일 수 있다. 부정적인 것들에 대해 생각해 보고 그것과 비교하여 당신이 얼마나 많은 행운을 가지고 있는지 생각하라.

5. 2~3개의 물건 또는 심지어 사람에 대해서도 이런 식의 긍정적인 사고를 해 보고 나서 하룻밤을 쉬라.

밤 시간대에 감사 일기를 쓰는 것은 많은 시간이 드는 습관이 아니다. 사실상 당신이 왜 감사한지에 대해 적는 것과 같은 느낌 대신에 침대에 누워서 머릿속으로 감사함을 느끼는 활동들을 해 볼 수 있다.

참고자료

만약 당신이 감사함을 어떻게 표현해야 하는지에 대해 더 알고 싶다면, 우리는 〈A Prayer of Gratitude〉와 같은 간단한 감사 기도를 추천한다.

#70. 방향 요법을 사용하라

방향 요법(아로마테라피)은 당신의 육체적 건강과 정신적 건강 모두에 영향을 주는 식물들로부터 추출한 오일을 사용하는 대안적 약품의 한 형태이다. 이것은 2가지의 다른 방법으로 소개된다. 하나는 논란이 많은 방법이고, 다른 하나는 구체적인 사실에 근거하는 방법이다. 우선 논란이 많은 방법에 대해 알아보자.

방향 요법을 사용하는 치료사들은 많은 오일이 몸에 직접적인 영향을 끼친다고 주장한다. 몇몇 오일은 피부를 통해 흡수되고, 우리의 혈류 속으로 들어온다. 또 다른 오일들은 점액막을 통해 흡수되어 뇌로 직접 들어간다. 이론에 따르면, 한번 흡수되는 경우 추출된 오일들의 화학적인 성분들은 식물의 구성요소들이 가지는 효과와 같거나 더 큰 효과를 가질 것이다.

한 예로, 생강 추출 오일의 사용에 대해 이야기해 보자. 생강은 잘 알려진 '건강한' 식물이다. 이것은 염증을 줄여 주고, 설탕의 갈망을 줄여 주며, 소화를 도와주고, 영양분이 체내에 흡수되도록 도와준다. 이 모든 것이 생강이 건강하게 살을 빼도록 도와주는 좋은 식물로 만들어 준다. 이런 사실 때문에 많은 방향 요법을 이용한 '몸무게 감량' 혼합물들은 생강을 포함시킬 것이다. 그리고 이것은 논란이 되고 있다.

대체요법 치료사(holistic practitioners)들과 방향 요법 치료사들은 다양한 질병에 대해 이러한 추출 오일의 효능을 보여 주는 많은 연구를 지지할 것이다. 반면에 어떤 과학자들은 그러한 연구가 항상 '올바른' 방식으로 진행되지 않았고, 원인과 인과관계의 연관성이 희박하다고 말할 것이다.

과연 누가 맞는 것인가?

우리가 100%의 확신을 가지고 말할 수는 없다. 우리는 추출 오일에 대한 모든 주장을 믿지는 않지만, 이런 종류의 제품을 사용함으로써 육체적·정신적 이득이 있다고 믿는다.

이것은 추출 오일을 사용하는 두 번째 방법으로 이어진다. 즉, 향기의 힘을 활성화시키는 것이다.

냄새에 대한 감각은 우리가 가지고 있는 가장 강력한 감각들 중 하나이다.

향기는 생생하고 현실적인 기억들을 떠올리게 할 수 있다. 우리는 좋은 냄새를 맡을 때 기분이 좋아진다. 그리고 우리가 좋지 않은 냄새를 맡을 때, 이런 감각들은 부정적인 감정들을 불러일으킨다(그리고 종종 우리에게 과거의 고통스러운 기억들을 남긴다).

향기는 힘을 가지고 있고, 방향 요법은 당신을 둘러싸는 기분 좋은 향기들을 기초로 한다.

당신이 즐기는 향기를 찾는 것은 당신의 전체 행복감을 상승시켜 줄 것이다. 그것은 스트레스를 줄여 주고, 당신을 차분하게 하며, 편안한 분위기를 조성해 줄 것이다.

이제 만약 당신이 방향 요법과 관련된 마음챙김 습관을 형성하기를 원한다면, 그것을 행하기에 가장 간단한 방법은 잠들기 직전인 저녁에 행하는 것이다.

활동계획

여기 방향 요법을 실행하기 위한 4가지의 다른 방법이 있다.

1. 몸을 물에 담그기(water immersion): 캐리어(화학 물질)와 오일을 섞은 후 욕조에 넣고 들어가 몸을 적시라. 많은 입욕 오일이 이 아이디어에 기초해 만들어진다.

2. 국소처리법(topical application): 마사지를 하는 사람들은 호호바 오일처럼 '캐리어(화학 물질)'에 기초하여 희석한 추출 오일을 자주 사용한다. 이것은 또한 페이스 크림, 보디 오일, 로션, 그리고 집에서 만드는 추출 오일 혼합물이 될 수 있다.

3. 직접 흡입(direct inhalation): 단순하게 추출 오일이 담긴 병의 뚜껑을 열고 직접적으로 심호흡을 하는 것이다(행복한 생각들을 하면서).

4. 간접 흡입(indirect inhalation): 여기서 디퓨저의 역할이 나온다. 디퓨저(diffusers)는 방대한 양의 물에 소량의 오일을 첨가시킬 수 있는 기계이다. 물은 열이나 초음파로 인해 천천히 증발한다. 그 결과 발생하는 미스트는 대부분 소량의 방향유가 섞인 물이다. 이 미스트는 건강에 좋은 효과가 있고, 좋은 향기는 심리적으로 편안함을 준다.

이 모든 방법이 다 효과가 있지만, 우리는 디퓨저를 사용하는 것을 추천한다. 왜냐하면 그것이 사용하기에 쉽고, 당신의 일상 속에서 쉽게 해 볼 수 있는 것이기 때문이다. 우리가 좋아하는 구체적인 추출 오일은 라벤더(lavender), 캐모마일(chamomile), 베르가모트(bergamot), 그리고 일랑일랑(ylang ylang)이다. 이 모두가 편안한 수면에 아주 많은 도움을 주기 때문이다.

방향 요법은 꽤 큰 주제이다. 방향 요법과 추출 오일을 혼합하는 다른 방법들에 대해 자세히 설명해 주는 꽤 많은 책과 블로그가 있다. 모든 추출 오일 외에도 구매 가능한 미리 만들어진 혼합물이 많이 있다. 또한 아직 새우 요리법만큼이나 많은 DIY 혼합물이 있다.

만약 당신이 추출 오일의 세계에 대해 더 많이 찾아보기를 원한다면, 스티브가 이 주제에 대해 많은 시리즈의 포스트를 해 놓았다. 시작하기에 가장 좋은 것은 좋은 수면을 위한 추출 오일을 사용하는 방법에 대한 그의 포스트 「19 Best Essential Oils for Sleep (Aromatherapy Oils, Blends and DIY for the Rest You Deserve)」를 보는 것이다. 그리고 그는 또한 5개의 가장 좋은 추출 오일 디퓨저에 대한 리뷰 「11 Best Rated Essential Oil Diffusers(2021 Review)」를 남겼다.

#71. 가이드가 있는
수면 명상을 연습하라

우리는 이미 명상에 관한 마음챙김 습관에 대해 다루었다. 하지만 전통적인 명상은 특히 당신이 시작하는 단계에 있을 때 정신적인 노력을 필요로 한다. 규칙적인 명상은 좀 더 차분하고 여유로워지더라도 경각심을 갖고 실천해야 한다.

하지만 가이드가 있는 수면 명상은 당신이 잠드는 데 도움을 주고 편안함을 느끼게 해 주는 훌륭한 마음챙김 습관이다. 이미 방법이 정해져 있는 명상을 하면 명상 순서를 기록한 사람에 의해 더 쉽게 명상 상태로 들어간다. 이 가이드는 당신이 정신 작업을 할 필요가 없도록 단계별로 과정을 안내해 줄 것이다(따라야 할 지침은 제외). 당신은 단순히 듣고, 실천하고, 편히 잘 수 있다.

가이드가 있는 수면 명상에는 호흡 운동, 전신 이완 순서, 영상, 시각화, 당신을 진정시키는 배경음악이 포함된다. 최고의 가이드 수면 명상에서 안내자는 편안한 상태로 긴장을 푸는 데 방해가 되지 않도록 차분하고 달래는 목소리로 말할 것이다.

가이드의 말을 듣고 휴식을 유도하는 수면과 휴식을 취할 때, 잠이 오지 않도록 하는 생각(자신의 생각과 걱정)에 덜 집중하게 될 것이다. 유도 수면 명상의 진정한 효과는 종종 명상이 끝나기도 전에 당신을 잠들게 한다는 것이다.

이 명상은 만약 당신이 긴장을 풀고 잠드는 것에 어려움을 겪는 사람이라면, 당신의 수면 일상에 포함시키기 좋은 마음챙김 습관이다. 당신이 또한 자는 중간에 깨어서 다시 쉽게 잠들 수 없다면 이 가이드 명상을 들을 수 있다.

활동계획

자려고 할 때 신경이 쓰이지 않을 만한 편안한 이어폰을 준비하라. 이어폰을 끼는 것은 당신이 함께 자는 사람으로부터 방해받지 않게 해 줄 뿐만 아니라 명상을 좀 더 직접적이고 가까운 방식으로 할 수 있게 도와준다.

가이드와 내용이 자신에게 잘 맞는지 확인하고 싶다면, 시작하기 전에 먼저 몇 가지 안내되어 있는 수면 명상을 연구하고 들어 보라. 배리는 특히 제니퍼 피어시(Jennifer Piercy)의 'Yoga Nidra for Sleep(https://www.doyogawithme.com/content/yoga-nidra-sleep)'과 Quiet Mind Cafe의 'Into Sleep(https://www.quietmindcafe.com/into-sleep.html)'이라는 수면 명상 가이드를 좋아한다. 당신은 수면 명상과 관련된 수많은 앱뿐만 아니라 유튜브에 있는 다양한 수면 명상 동영상을 찾아볼 수 있다.

만약 당신이 이런 녹음된 명상 가이드의 목소리 중에서 마음에 드는 목소리를 찾지 못했다면, 당신이 스스로 명상 가이드로서 자신의 목소리를 녹음할 수 있다. 당신 자신의 목소리는 휴식을 위한 반응을 유도하는 데 특히 효과적일 수 있는데, 대부분의 사람은 스스로 제공하는 제안에 가장 잘 반응하는 경향이 있기 때문이다. 당신은 「Sleep Relaxation Script: Quickly and Easily Fall Asleep」

이라는 대본을 당신만의 명상을 녹음하는 데 사용할 수
도 있고, 당신이 직접 당신에게 맞는 새로운 대본을 작성
할 수도 있다.

　당신이 고른 가이드 명상을 당신의 스마트폰, 아이패
드, 또는 다른 기기에 다운로드하거나 업로드하라. 당신
이 침대에 눕고 잘 준비가 되었다면, 이어폰을 귀에 꽂고
명상 가이드를 틀라.

참고자료

　만약 당신이 명상 가이드를 찾는 것이 즐겁다면, 당신은 워싱턴
에 있는 Insight Meditation Community의 설립자 타라 브랙이 주
관하는 방대한 명상 가이드의 모음집(https://www.tarabrach.com/
guided-meditations)을 즐길 수 있을 것이다.

PART 7
결론

당신의 처음 마음챙김 습관을
형성하는 방법

━━━

이미 알고 있듯이, 이 책은 매일의 일정에 추가할 수 있는 71가지의 마음챙김 습관을 탐구한다. 그렇기는 하지만, 모든 것을 하는 것은 불가능하다. 하나의 습관을 행하는 데 5~10분이 걸리기 때문에 이런 습관을 들이는 데에는 총 6~12시간이 걸릴 것이다. 그렇게 하는 것은 당신을 마음챙김 습관의 전문가로 만들 수도 있지만, 당신은 당신의 직업, 관계, 그리고 생활방식을 유지하는 데 도움을 주는 현실 세계의 필수적인 것들 중 일부를 소홀히 하게 될 수도 있다 (그리고 당신은 확실히 당신의 삶의 경험과 일상생활에 마음챙김을 적용할 수 있다).

우리는 이 책에서 다루었던 마음챙김 습관 중에서 3가지 습관을 매일 특정한 시간에 하나의 습관을 연습하면서 작게 시작하는 것을 추천한다.

적어도 한 달 동안은 이렇게 하고, 그런 습관들이 제2의 본성이 되면 하루의 또 다른 시간에 더 많은 습관을 들이거나 새로운 일과를 추가하는 것으로 넘어갈 수 있다.

당신의 습관 만들기 기술을 개발하는 것이 중요하다는 점을 인식하는 데 도움이 되도록 하기 위해 우리는 스티브가 그의 책 『Habit Stacking』에서 설명한 일상을 만들기 위한 13단계 전략을 추천한다.

1. 당신이 개발하고 싶은 당신의 생활 속 한 분야를 정하라. 당신은 아침에 더 활기참을 느끼기를 원하는가? 일하면서 스트레스를 덜 받고 싶은가? 저녁에 당신의 가족과 함께 있는 '순간에 더' 집중하고 싶은가? 당신의 인생에서 가장 큰 '고통'을 결정하고, 그러고 나서 당신이 그것을 극복하도록 도와줄 마음챙김 습관을 형성하라.

2. 많은 의지를 필요로 하지 않는 마음챙김 습관을 선택하라. 예를 들어, 감사함을 느끼며 일어나기, 침대 정리하기, 책상 정리하기, 디지털 기기 사용 줄이기, 그리고 걷기명상이 있다. 이 습관이 자동적으로 묻어날 때까지 몇 주가량 이런 활동들을 계속하고, 몸에 완전히 익힌 후에 더 많은 습관을 추가하라.

명심할 것: 비록 이 책에서는 71가지의 습관을 언급하지만, 당신의 인생을 긍정적으로 변화시키기 위해서는 단지 몇 개의 습관만 연습해도 된다.

3. 당신이 이 습관을 실천할 시간과 장소를 정하라. 당신은 마음챙김을 연습할 시간을 하루에 네 번 정도로 정할 수 있다. 당신이 개발하고자 하는 인생의 분야를 떠올리고 하루라는 시간 동안 그 습관을 형성하라.

4. 당신이 매일 자동적으로 하는 기존의 습관에 마음챙김을 적용하라. 예를 들어, 샤워를 하거나, 양치질을 하거나, 휴대폰을 확인하거나, 냉장고에 가거나, 책상에 앉을 때 마음챙김을 연습해 본다.

5. 연속적인 습관적 행동, 각각의 목록을 완성시키는 데 걸리는

시간, 그리고 그 습관들을 어디서 행할 것인지를 포함하는 논리적인 체크리스트를 만들라.

6. 당신의 진행 여부를 되돌아볼 수 있는 Coach.me와 같은 앱을 사용하여 책임감을 가지고 당신의 돌파구, 도전, 그리고 미래 계획들에 대해 공유할 수 있는 파트너와 책임감에 대해 자주 이야기하라.

7. 당신이 이 일과를 유지하고 중요한 목표를 달성하는 데 도움이 되는 작고 즐거운 보상을 만들라. 이런 보상에는 당신이 가장 좋아하는 텔레비전 쇼 시청하기, 맛있는 간식을 먹기, 또는 몇 분가량 휴식을 취하기 등이 포함될 수 있다.

8. 마음챙김 연습을 하루도 놓치지 말고 반복하는 것에 집중하라. 심지어 당신이 1개 또는 2개의 습관을 생략하더라도 당신의 일과를 유지하는 것은 굉장히 중요하다. 지속성은 그 어떠한 것보다도 중요하다.

9. 어떠한 변명도 하지 말고 하루의 일과를 깨 버리는 것을 피하라. 어떠한 상황에서도 행할 수 있는 일상의 목표를 형성하고 당신이 그것에서 벗어나지 않도록 만들라. 아마도 당신은 오직 2개나 3개의 활동을 실천하는 작은 목표를 설정할 것이다. 가장 중요한 것은 심지어 당신이 쉬는 날에도 성취할 수 있는 목표를 정하는 것이다.

10. 때때로 일어나는 도전이나 좌절을 예상하라. 사실상 그것들이 발생할 것이라고 가정하고 그것을 다룰 수 있도록 미리 계획을 만들어 놓는 것이 좋다. 만약 당신이 주춤거린다면, 우리가 앞서 행했던 6개의 도전을 검토하고, 당신 고유의 장애물을 위한 충고를 따

르라.

11. 이 습관을 일별, 주별, 또는 월별 일련의 활동으로 편집하여 빈도를 미리 설정하라. 나의 제안은 단순한 일상의 습관으로 시작하는 것이지만, 만약 당신이 더 많은 습관을 형성하기를 원한다면 주별 또는 월별 업무를 추가하라.

12. 더 많은 습관을 추가하고 습관의 총 소요 시간을 늘림으로써 마음챙김 습관을 늘려 나가라. 하지만 이 단계는 매우 조심스러울 필요가 있다. 만약 당신이 하루의 습관을 시작하는 데 어려움을 느낀다면(예: 당신이 미루는 행동을 하는 것), 습관의 개수를 줄이거나 또는 왜 당신이 하루를 건너뛰고 싶은가를 생각하라. 당신이 당신의 동기 부족에 대해 더 많이 이해하면 할수록 그만큼 그것을 극복하는 것이 쉬워진다.

13. 한 번에 하나의 습관을 형성하라. 왜냐하면 각각의 추가적인 새로운 습관들은 당신이 현재 진행 중인 습관들을 유지하는 데 어려움을 가중시키기 때문이다. 오직 당신이 현재 해 보고자 하는 마음챙김 습관들이 영구적인 행동이 되었다고 느꼈을 때 비로소 새로운 습관을 추가하는 것을 고려하면 된다.

이것이 전부이다. 이상의 13단계는 당신의 인생에 긍정적이고, 긴 기간의 변화를 형성해 주는 마음챙김 습관을 만든다. (만약 당신이 인쇄할 수 있는 버전으로 이 단계들에 대한 설명을 보기를 원한다면, **우리가 올려놓은 관련 사이트의 PDF 버전을 참고하라.**)

우리는 앞서 제시한 단계들을 실행하는 것이 100% 쉬울 것이라고 거짓말을 하지는 않겠다. 하지만 만약 당신이 그 단계들을 실행하고 유지한다면 앞으로 다가올 어떠한 역경들도 극복할 수 있을 것이라고 단언한다. 덧붙여 말하면, 심지어 당신이 앞의 단계들을 이행하며 어떤 고난을 겪더라도 그것을 마음챙김으로 실천한다면, 당신은 당신만의 새로운 마음챙김 연습을 강화할 수 있을 것이다!

마음챙김 습관에 대한 최종 생각

비록 우리가 이 책에서 많은 종류의 마음챙김 습관을 서술했지만, 이 마음챙김의 **실천**은 일련의 긍정적인 새로운 행동을 받아들이는 것 그 이상이다. 이것은 새롭게 자기를 돕는 방법이나 스트레스 해소법 그 이상이다.

마음챙김은 인생의 한 방식이다.

이것은 마치 당신이 마지막인 것처럼 매 순간을 포옹하기 위한 선택이다.

마음챙김 역시 무언가를 놓아 버리는 과정이다. 당신은 미래에 대한 걱정을 놓아 버리고 과거에 대한 후회를 놓아 버린다. 당신은 당신을 고통스럽게 만들었던 부정적이고 아픈 생각들을 내보낸다. 당신은 당신을 괴롭히고 공격했던 사람들과 물건들에 대한 생각들을 내보낸다. 당신은 인생을 심하게 조정하지 않고 대신 인생이 자연스럽게 흘러가고 매 순간 즐겁게 흘러가도록 놓아둔다.

우리 대부분은 우리의 모든 걱정, 희망, 꿈, 열망이 다급하고 생생한 현실이라는 착각 속에 살아간다. 하지만 그것들은 그렇지 않다. 그것들은 우리 자신의 불안한 상상력으로 만들어진 먼지 구름이다. 진짜는 **지금** 이 순간이다. 바로 지금, 이 완벽한 순간. 정신을 차리라. 그 안에서 살 것인가?

틱낫한은 이렇게 말한다. "오늘날 당신은 자유를 만끽하는 결정을 할 수 있다. 당신은 다르게 나아갈 수 있다. 당신은 매 순간을 즐기며 한 사람의 자유인으로서 나아갈 수 있다."

우리는 이 나아가는 걸음이 쉽다고 말할 수 없다. 매 순간 속에 살아가는 것은 마치 바늘의 끝에서 균형을 유지하는 것과 같다. 하지만 당신이 마음챙김 습관을 실천하고 당신의 인생을 마음챙김으로 포옹한다면, 당신은 당신만의 길을 찾고 현재에 더 충실하게 될 것이다.

당신은 노력함으로써 당신의 불안감을 줄이고, 스트레스를 완화하며, 정신적으로나 육체적으로 더 건강해지면서 아주 달라질 것이다. 당신은 인간관계를 개선할 것이고, 당신의 일에 대해 더 많은 즐거움을 찾으며, 당신이 이전에 간과했거나 피했던 것들에서 기쁨을 발견할 것이다.

가끔 당신은 당신의 시간 속에 더 좋은 것들과 더 시급한 것들이 있다고 당신에게 말해 주는 마음속의 매우 작은 목소리를 들을 것이다. 당신이 이 경지에 도달한다면, 조용한 곳에 가서 문을 닫고, 당신의 감정을 확인하며, 심호흡을 하고, 당신이 '지금 이 순간'에 있다는 것을 상기하라. 이보다 더 좋은 곳은 없다.

우리는 당신에게 마음챙김을 실천하기 위한 71가지의 생각을 알려 주었다. 이 도구들은 세상이 당신을 산만함, 의무감, 그리고 쾌락으로 이끌어도 당신이 현재 상태를 유지하도록 도와줄 수 있다. 우리 모두는 변화를 시작하고 우리의 노력에 전념할 수 있는 도구가 필요하다. 그리고 그것이 우리가 이 책을 통해 제공한 것이기를 바란다.

하지만 이 책을 통해 다른 습관을 들이지 못한다면, 이것만은 명심하라. 그냥 주의를 집중하라. 당신이 기억할 수 있는 가능한 한 많은 '지금 이 순간'에 당신이 하고 있는 것에 주의를 집중하라. 만약 당신이 그것을 행한다면, 당신은 마음챙김을 수용하게 될 것이다.

우리는 당신에게 최고의 행운이 있기를 바라며 당신이 **현재**에 **집중하게 되기**를 소망한다. 지금 당장 시작하라!

당신을 응원하며,

배리 데이븐포트(Barrie Davenport)와 스티브 스콧(Steve Scott)

마지막 한 가지 알림

우리는 이 책에 가치 있는 정보들을 담았지만 그것이 당신이 자기 스스로 깨우치는 노력이 여기서 끝이라는 것을 의미하지는 않는다. 우리는 『10분 마음챙김』을 통해 전한 많은 자료를 포함하고 있는 작은 자매 웹사이트를 만들었다.

이곳에 우리가 포함하고 있는 몇 가지 정보가 있다.

- 13단계의 빠른 시작 체크리스트는 가장 좋은 마음챙김 습관을 신속하게 파악한 다음, 이러한 행동들을 중심으로 일상을 구축한다.
- 각각의 링크와 자료는 이 책 안에 언급되어 있다.
- 감사용 워크시트는 다운로드할 수 있는 PDF 파일로 저장되어 있다.
- 긍정적인 단언하기(affirmation)의 광범위한 목록은 다운로드할 수 있는 PDF 파일에 있다.
- 몇 가지의 마음챙김에 관련된 질문들은 다운로드할 수 있는 PDF 파일에 있다.
- Headspace 앱에 비디오 개요가 있다.
- 목표 또는 업무를 달성하기 위해 당신 자신에게 보상을 주는 155가지의 방법이 있다.

게다가 우리는 앞으로 몇 달 안에 이 웹사이트에 더 많은 좋은 것을 추가할 것이다. 이 책에서 배운 내용에 대해 추가적으로 배우고 싶다면 이 웹사이트에 오늘 바로 방문하라.

https://mindfulnesshabit.com/10mm

감사함을 전하며!

당신이 떠나기 전에, 우리는 당신이 이 책을 구입한 것에 대해 감사함을 전한다.

당신은 습관 개발에 대한 수십 권의 책을 고를 수 있었음에도 불구하고 이 책을 선택했다.

따라서 이 책을 선택한 것에 대해 감사함을 전하며 이 책을 끝까지 읽은 것에 대해 감사함을 전한다.

이제 우리는 작은 부탁 하나를 하고자 한다. **당신은 1분 혹은 2분가량을 투자하여 Amazon에서 이 책의 감상평을 남겨 줄 수 있는가?**

이 피드백은 우리가 좋은 책들을 계속 쓰는 데 도움을 줄 것이다. 그리고 만약 당신이 도움을 받았고 만족했다면 우리에게 알려 주기를 원한다. *^^*

스티브의 책

- 『Novice to Expert: 6 Steps to Learn Anything, Increase Your Knowledge, and Master New Skills』
- 『Declutter Your Mind: How to Stop Worrying, Relieve Anxiety, and Eliminate Negative Thinking』
- 『The Miracle Morning for Writers: How to Build a Writing Ritual That Increases Your Impact and Your Income』
- 『10-Minute Digital Declutter: The Simple Habit to Eliminate Technology Overload』
- 『10-Minute Declutter: The Stress-Free Habit for Simplifying Your Home』
- 『The Accountability Manifesto: How Accountability Helps You Stick to Goals』
- 『Confident You: An Introvert's Guide to Success in Life and Business』
- 『Exercise Every Day: 32 Tactics for Building the Exercise Habit(Even If You Hate Working Out)』
- 『The Daily Entrepreneur: 33 Success Habits for Small Business Owners, Freelancers and Aspiring 9-to-5 Escape Artists』
- 『Master Evernote: The Unofficial Guide to Organizing Your Life with Evernote(Plus 75 Ideas for Getting Started)』
- 『Bad Habits No More: 25 steps to Break Any Bad Habit』

- 『Habit Stacking: 97 Small Life Changes That Take Five Minutes or Less』
- 『To-Do List Makeover: A Simple Guide to Getting the Important Things Done』
- 『23 Anti-Procrastination Habits: Overcome Your Procrastination and Get Results in Your Life』
- 『S.M.A.R.T. Goals Made Simple: 10 Steps to Master Your Personal and Career Goals』
- 『115 Productivity Apps to Maximize Your Time: Apps for iPhone, iPad, Android, Kindle Fire and PC/iOS Desktop Computers』
- 『Writing Habit Mastery: How to Write 2000 Words a Day and Forever Cure Writer's Block』
- 『Daily Inbox Zero: 9 Proven Steps to Eliminate Email Overload』
- 『Wake Up Successful: How to Increase Your Energy and Achieve Any Goal with a Morning Routine』
- 『10000 Steps Blueprint: The Daily Walking Habit for Healthy Weight Loss and Lifelong Fitness』
- 『70 Healthy Habits: How to Eat Better, Feel Great, Get More Energy and Live a Healthy Lifestyle』
- 『Resolutions That Stick! How 12 Habits Can Transform Your New Year』

배리의 책

- 『Declutter Your Mind: How to Stop Worrying, Relive Anxiety, and Eliminate Negative Thinking』
- 『10-Minute Digital Declutter: The Simple Habit to Eliminate Technology Overload』
- 『10-Minute Declutter: The Stress-Free Habit for Simplifying Your Home』
- 『201 Relationship Questions: The Couple's Guide to Building Trust and Emotional Intimacy』
- 『Self-Discovery Questions: 155 Breakthrough Questions to Accelerate Massive Action』
- 『Sticky Habits: 6 Simple Steps to Create Good Habits That Stick』
- 『Finely Tuned: How To Thrive As A Highly Sensitive Person or Empath』
- 『Peace of Mindfulness: Everyday Rituals to Conquer Anxiety and Claim Unlimited Inner Peace』
- 『Confidence Hacks: 99 Small Actions to Massively Boost Your Confidence』
- 『Building Confidence: Get Motivated, Overcome Social Fear, Be Assertive, and Empower Your Life for Success』
- 『The 52-Week Life passion Project: The Path to Uncover Your Life Passion』

찾아보기

내용

저자 소개

S. J. Scott과 Barrie Davenport는 월 스트리트 저널 베스트셀러 작가이다.

S. J. Scott은 우리의 삶, 즉 건강, 일, 그리고 대인관계에서 마음을 챙기기 위해 실제로 매일 어떻게 구체적으로 활동계획을 세우면서 실천할 수 있는지에 대해 전문적인 지식을 갖고 있다.

Barrie Davenport는 자격을 갖춘 코치심리사이며, 사람들이 더 행복하고 더 성공적인 삶을 살기 위해 실제적이고 증거 기반적인(evidence—based) 해결과 전략들을 적용할 수 있도록 도와주고 있다. 또한 세 아이의 엄마이며, 긍정적인 습관, 삶의 열정, 자신감 세우기, 마음챙김에 관한 시리즈 책의 저자이기도 하다.

역자 소개

전현민(Jun HyunMin)
이화여자대학교 교육심리학과 학사
이화여자대학교 대학원 심리학과 석사
이화여자대학교 대학원 심리학과 박사
임상심리전문가(한국심리학회)
정신건강임상심리사 1급(보건복지부)
현 이화심리상담센터(since 1999) 원장
　　진 앤 헬레나(Jin & Helena) 대표
　　광운대학교 산업심리학과 겸임교수
　　경희사이버대학교 상담심리학과 겸임교수
　　한국예술인복지재단 예술인심리상담전문가
　　(사)한국 EAP협회 상담사
　　네이버 지식iN eXpert 임상심리사

저서 · 역서
『부모상담』(학지사, 2019),
『이상심리학』(역, 시그마프레스, 2003)

10분 마음챙김

지금 이 순간을 살기 위한 하루하루 마음챙김 71가지

10-Minute Mindfulness
71 Simple Habits for Living in the Present Moment

2021년 8월 20일 1판 1쇄 인쇄
2021년 8월 30일 1판 1쇄 발행

지은이 • S. J. Scott · Barrie Davenport
옮긴이 • 전현민
펴낸이 • 김진환
펴낸곳 • (주) **학지사**
　　　　04031 서울특별시 마포구 양화로 15길 20 마인드월드빌딩
대표전화 • 02)330-5114　　　팩스 • 02)324-2345
등록번호 • 제313-2006-000265호

홈페이지 • https://www.hakjisa.co.kr
페이스북 • https://www.facebook.com/hakjisabook

ISBN 978-89-997-2477-0 03180

정가 15,000원

│ 출판 · 교육 · 미디어기업 학지사

간호보건의학출판 **학지사메디컬** www.hakjisamd.co.kr
심리검사연구소 **인싸이트** www.inpsyt.co.kr
학술논문서비스 **뉴논문** www.newnonmun.com
교육연수원 **카운피아** www.counpia.com